Les plaisirs de l'amour
lesbien

Collection dirigée par Jacques Laurin

Catalogage avant publication
de la Bibliothèque nationale du Canada

Newman, Felice
Les plaisirs de l'amour lesbien

Traduction de : The whole lesbian sex book.

1. Éducation sexuelle des lesbiennes. 2. Lesbiennes - Sexualité.
I. Titre.

HQ75.51.N4814 2003 613.9'6'086643 C2003-941502-3

L'ouvrage original a été publié
par Cleis Press Inc.
sous le titre *The Whole Lesbian Sex Book*

Dépôt légal : 3e trimestre 2003
Bibliothèque nationale du Québec

ISBN 2-8911-7038-5

DISTRIBUTEURS EXCLUSIFS:

- Pour le Canada
et les États-Unis:
MESSAGERIES ADP*
955, rue Amherst
Montréal, Québec
H2L 3K4
Tél.: (514) 523-1182
Télécopieur: (514) 939-0406
* Filiale de Sogides ltée

- Pour la France et les autres pays:
VIVENDI UNIVERSAL PUBLISHING SERVICES
Immeuble Paryseine, 3, Allée de la Seine
94854 Ivry Cedex
Tél.: 01 49 59 11 89/91
Télécopieur: 01 49 59 11 96
Commandes: Tél.: 02 38 32 71 00
Télécopieur: 02 38 32 71 28

- Pour la Suisse:
VIVENDI UNIVERSAL PUBLISHING SERVICES SUISSE
Case postale 69 - 1701 Fribourg - Suisse
Tél.: (41-26) 460-80-60
Télécopieur: (41-26) 460-80-68
Internet: www.havas.ch
Email: office@havas.ch
DISTRIBUTION: OLF SA
Z.I. 3, Corminbœuf
Case postale 1061
CH-1701 FRIBOURG
Commandes: Tél.: (41-26) 467-53-33
Télécopieur: (41-26) 467-54-66
Email: commande@ofl.ch

- Pour la Belgique et le Luxembourg:
VIVENDI UNIVERSAL PUBLISHING SERVICES BENELUX
Boulevard de l'Europe 117
B-1301 Wavre
Tél.: (010) 42-03-20
Télécopieur: (010) 41-20-24
http://www.vups.be
Email: info@vups.be

Gouvernement du Québec – Programme de crédit d'impôt pour l'édition de livres – Gestion SODEC – www.sodec.gouv.qc.ca

L'Éditeur bénéficie du soutien de la Société de développement des entreprises culturelles du Québec pour son programme d'édition.

Nous reconnaissons l'aide financière du gouvernement du Canada par l'entremise du Programme d'aide au développement de l'industrie de l'édition (PADIÉ) pour nos activités d'édition.

Les plaisirs de l'amour lesbien

FELICE NEWMAN

Traduit de l'américain
par Marie Perron

LE SEXE EN LIBERTÉ
Les Presses Libres

Introduction

J'ai toujours aimé les femmes. J'ai pris conscience de mon lesbianisme il y a fort longtemps. Quand j'étais petite, je tombais follement amoureuse de filles plus âgées. Mon plus grand souhait était de m'asseoir sur les genoux de l'adolescente la plus disponible et d'y rester à tout jamais.

J'étais un garçon manqué ; je défiais les garçons à leurs propres jeux et je résistais aux membres de ma famille qui s'efforçaient de m'enfermer dans une féminité qui me contraignait et m'étouffait comme un vêtement trop petit. Au secondaire, je me tenais avec une bande de garçons et j'admirais avec eux les filles les plus futées de ma classe. J'aspirais avant tout à attirer leur regard.

Du plus loin que je me souvienne, mon désir des femmes a été le moteur de mon existence. Je savourais les petites attentions, j'imaginais des complicités, des touchers « fortuits » qui se transformaient en baisers brûlants puis en relations sexuelles. Faire l'amour avec une femme – voilà qui attise en moi la passion comme rien d'autre au monde. J'ai eu des relations sexuelles avec un grand nombre de femmes, et j'ai eu le bonheur d'avoir des amantes qui m'ont désirée avec audace et passion.

Suis-je une spécialiste?

Je ne suis ni une spécialiste des sciences sociales, ni une thérapeute, ni une professionnelle de la santé. Je suis lesbienne et j'ai passé des années de ma vie à approfondir mes connaissances sexuelles. En ma qualité d'éditeur chez Cleis Press, j'ai conçu et publié les ouvrages de plusieurs « sexpertes », de Susie Bright à Annie Sprinkle. J'ai reçu une formation et j'ai agi comme bénévole au service de téléassistance San Francisco Sex Information. Leur atelier en sexualité humaine, d'une durée de cinquante-cinq heures, est le plus exhaustif du genre. J'ai prononcé des conférences sur la sexualité lesbienne devant des auditoires extrêmement diversifiés : enseignants inscrits à des classes d'éducation permanente en Pennsylvanie, étudiants d'une université chrétienne dans une banlieue du Minnesota, étudiants de premier cycle de l'Université de la Californie à Berkeley, et ainsi de suite.

Mais c'est ma curiosité insatiable pour l'érotisme qui fait de moi une experte en sexualité lesbienne. Ma vie sexuelle est pour moi l'égal d'un récit d'aventure qui se corse un peu plus à chaque chapitre. Je suis curieuse de nature. Qui vais-je rencontrer aujourd'hui ? Que va-t-il se passer ? Je recherche l'abondance. Le plaisir multiplié. D'innombrables orgasmes. Une volupté explosive et chargée d'érotisme. Je crois que nous avons *toutes* droit au maximum de plaisir érotique que la vie peut offrir – ce qui est beaucoup plus qu'on ne saurait imaginer.

Je crois aussi que nous pouvons nous enseigner les unes les autres à faire l'amour. Après tout, qui d'autre le fera ?

Personne ne nous a jamais dit comment être lesbiennes et bisexuelles. Personne ne nous a donné de leçons de choses adaptées à nos penchants (« Voici un clitoris. Il s'engorge sous l'effet de l'excitation sexuelle et entre en érection quand on le caresse... »). Personne ne nous a appris à inviter une fille à sortir ni à recevoir ou à donner des marques d'attention sexuelle.

Personnellement, je n'aurais pas détesté être conseillée. Pendant des années, ma vie sexuelle ne me satisfaisait pas du tout, mais j'ignorais quoi faire pour l'améliorer et même quelles étaient mes préférences. Puisque je n'avais pas su explorer mes propres réactions sexuelles, j'ignorais ce qui pouvait le mieux me stimuler. J'étais persuadée qu'il me manquait quelque chose, que certains secrets partagés par d'autres m'échappaient totalement.

Des années ont passé. Comme beaucoup d'autres femmes, j'avais de la sexualité une vision très romantique. Je croyais que mes orgasmes étaient la responsabilité de ma partenaire et qu'elle devait se débrouiller pour apprendre à me les « donner ». Je m'attendais à ce qu'elle lise dans mes pensées. En même temps, j'étais persuadée que c'était « ma faute » si je n'étais pas heureuse.

Mes orgasmes n'étaient que des hors-d'œuvre qui me laissaient sur ma faim et me rendaient nerveuse. Parfois, je mettais une éternité à jouir. Il me semblait être trop exigeante, égocentrique, impossible à satisfaire. Au fond de moi, je croyais que je ne méritais pas de connaître le plaisir sexuel.

Comme tant de femmes, je ne savais pas très bien parler de sexe. Avec mes partenaires nous avons très certainement parlé de sexualité, mais je ne leur ai jamais fait part de mes insécurités à ce propos. Il était en outre hors de question que je me masturbe ou que j'utilise un godemiché ou un vibromasseur en faisant l'amour. Mes relations amoureuses définissaient ma sexualité. Si ma partenaire n'appréciait pas les gadgets sexuels, je laissais ceux-ci au fond d'un tiroir. Je n'avais pas beaucoup d'imagination et une opinion arrêtée de ce qui était ou n'était pas acceptable pour une féministe telle que moi.

Autrement dit, j'étais coincée.

On Our Backs, la revue qui a changé ma vie

C'est d'abord mon poste chez Cleis Press qui a brisé la glace. À la fin des années 1980, le livre de Frédérique Delacoste, *Sex Work: Writings by Women in the Sex Industry*, avait enragé les féministes d'Amérique et d'Europe. *Sex Work* m'irritait. Si les travailleuses du sexe pouvaient affronter deux siècles de stigmatisation sociale et définir leur sexualité (certaines avouaient même que leur métier améliorait leur vie sexuelle), comment diable pouvais-je *me justifier* ?

Par la suite, Susie Bright, éditrice de *On Our Backs*, a enterré les derniers vestiges de mon abnégation. Mis sur le marché au milieu des années

1980, ce livre s'adressait aux « lesbiennes sexuellement audacieuses ». Pour la première fois, un magazine publiait des descriptions explicites de la sexualité lesbienne.

Tout le monde en parlait. Certaines personnes s'offusquaient du manque de rectitude politique des lesbiennes qui s'offraient ainsi sexuellement aux regards d'autrui. D'autres se distançaient du magazine en remettant en question le style de ses articles ou la qualité de sa production. De nombreuses libraires féministes refusaient de vendre *On Our Backs* tandis que d'autres le cachaient sous le meuble-caisse.

Je regardais les images de ce magazine et j'en relisais les articles jusqu'à plus soif. J'aurais tout donné pour me sentir aussi bien dans ma peau, aussi forte, aussi confiante dans mon érotisme. Mais j'étais persuadée que ce n'était qu'exagération, comme dans toute matière pornographique : certes, aucune des lesbiennes de ma connaissance ne vivait ainsi, bien que j'aie souhaité que ce soit le cas.

Mais en collaborant avec Susie Bright à sa chronique *Susie Sexpert's Lesbian Sex World*, j'ai compris que ce qui me paraissait incroyable était pour elle monnaie courante. Dans l'univers de Susie, les lesbiennes s'adonnaient à la pénétration vaginale du poing (et moi qui croyais que c'était anatomiquement impossible !), elles avaient des relations anales, assistaient à des spectacles de strip-tease lesbiens, fréquentaient des clubs échangistes, bref, elles étaient animées d'un extraordinaire dynamisme érotique.

Mon imagination éclata comme une poudrière. Une insatisfaction torturante l'emporta dès lors sur ma complaisance et ma résignation.

Je passais à côté de la vie, et cela me mettait hors de moi ! Je fis un bilan sévère de mon existence et entrepris de la transformer. J'étais maladroite et intimidée. Je sortais encore une fois du placard en quelque sorte. Heureusement, mes amies et mes amantes m'ont aidée et m'ont fait partager les joies de l'exploration sexuelle et du développement personnel. Elles m'ont encouragée à oser et elles ont applaudi mon courage. Grâce à elles, il m'a été possible d'aller au-delà des bavardages et des circonlocutions pour entrer dans les détails pratico-pratiques. Qu'as-tu fait ? C'était bon ? Puis-je le faire aussi ? Grâce à mes amies, j'ai su exprimer la totalité de mes expériences.

Je ne suis jamais retournée en arrière. Je peux maintenant parler de sexe sans inhibition. Je suis capable de faire ce dont j'ai envie et de demander ce que je veux. Ma vie fantasmatique est étonnamment active. Je décide d'extérioriser – ou non – mes fantasmes. Je sais ce qui m'excite le plus. Je suis responsable de ma vie sexuelle.

Les plaisirs de l'amour lesbien

J'ai écrit *Les plaisirs de l'amour lesbien* pour mettre à votre disposition toute l'information nécessaire et pour vous encourager à vivre enfin la sexualité dont vous rêvez.

Le marché ne regorge-t-il pas déjà d'ouvrages sur le sexe ? Oui, et on en publie chaque jour de nouveaux. Vous avez sans doute lu des commentaires inimaginables sur la sexualité lesbienne dans les manuels de sexe les plus réputés. Certes, les ouvrages récents, destinés à un lectorat de masse, offrent un portrait plus compétent de notre vie sexuelle. Mais le besoin d'un livre qui s'adresse directement à nous se faisait cruellement sentir.

Souvent, les manuels de sexe lesbiens traitent des détails de façon détournée. *Sapphistry*, supposé le meilleur des guides sexuels lesbiens, a été publié en 1979 ; il a incontestablement vieilli. D'autres se concentrent sur la vie du couple et sur les problèmes psychologiques, ou bien ils sont purement décoratifs et ne vous apprennent rien que vous ne sachiez déjà.

Les plaisirs de l'amour lesbien est un guide exhaustif et objectif de la sexualité entre femmes. Il ne vous dit pas qui vous devriez être ni quelles devraient être vos opinions. Il vous renseigne sur une grande variété de techniques sexuelles, il vous aide à mieux comprendre vos réactions physiologiques, il vous initie aux secrets de l'orgasme du point G, des orgasmes en série, des orgasmes prolongés… et beaucoup plus encore.

En 1999, j'ai mis au point une série de questionnaires sur la sexualité lesbienne dont les questions, très spécifiques et extrêmement personnelles, avaient pour but de susciter des réponses qualitatives plutôt que quantitatives. À un long questionnaire général s'ajoutaient des questionnaires destinés aux femmes lesbiennes et bisexuelles ayant survécu à un cancer, de même qu'à celles qui souffraient de MST virales telles que l'herpès, le papillomavirus, l'hépatite et le VIH. Ces questionnaires ont été publicisés dans le monde entier par démarchage Internet et par bon nombre de publications gaies et lesbiennes. Plus de 250 répondantes des États-Unis, du Canada, du Royaume-Uni, de Suède, de Finlande, de France, d'Allemagne, d'Australie et de Nouvelle-Zélande, m'ont fait parvenir quelque 300 questionnaires complétés (certaines personnes ont rempli plus d'un questionnaire).

Les réponses de certaines femmes occupaient plusieurs pages. D'autres ont affirmé avoir consacré plusieurs heures à rédiger leurs commentaires. D'autres encore m'ont fait parvenir une évaluation critique de mes questions ; quelques-unes de leurs remarques m'ont inspiré des révisions. La candeur et le dynamisme de ces femmes ont été remarquables ; leurs réponses rempliraient des volumes entiers. Je les cite anonymement tout au long du présent ouvrage.

Vive le sexe lesbien ! Puissent tous vos désirs se réaliser.

Felice Newman

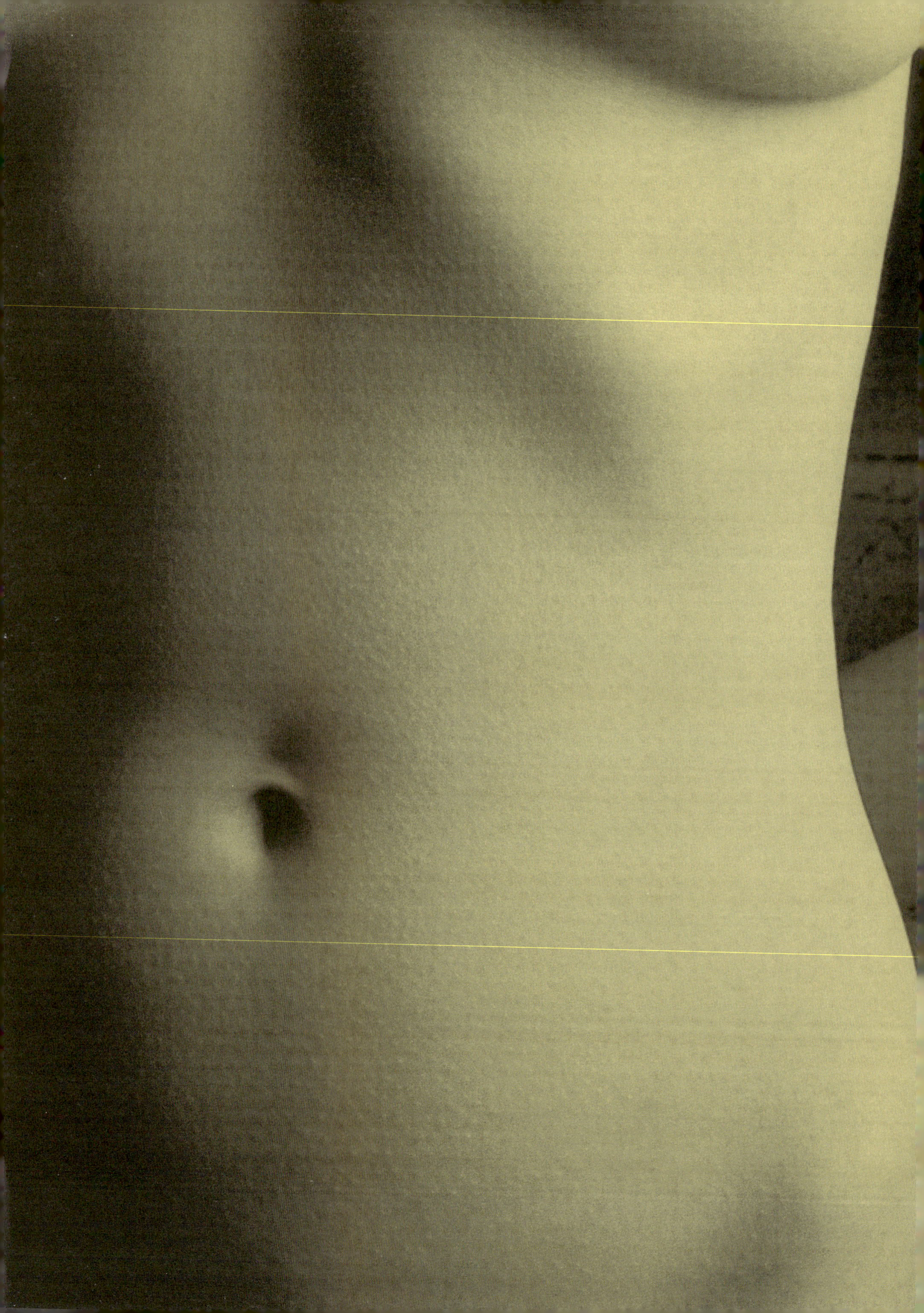

1

Soyez les bienvenues

Les lesbiennes adorent le sexe. Nous baisons avec nos amantes de longue date, nos béguins, nos ex-copines, nos nouvelles conquêtes, nos partenaires de jeux et notre groupe d'amies. Nous nous faisons jouir toutes seules. À deux, nos âmes fusionnent, nos cœurs se fondent l'un dans l'autre, et, certains après-midis chauds et sensuels, les draps sont imbibés de nous. Nous baisons à tue-tête, dégoulinantes de sueur, et nous réveillons le quartier. Nous crions nos orgasmes en série. Nous prenons notre pied à la limite du supportable. Nous *baisons*.

Les femmes ont des relations sexuelles avec d'autres femmes depuis que le monde est monde. Nous nous sommes aimées et désirées dans toutes les sociétés et à tous les âges. Certes, depuis l'époque biblique, c'est en lisant entre les lignes que nous avons pu constater la place que nous occupions dans l'histoire (« Où que tu ailles... »), mais nous n'avons eu de cesse de savourer entre nous les plaisirs érotiques féminins.

On vous a peut-être laissé croire que les lesbiennes ne font pas l'amour (elles se « caressent ») ou qu'elles n'ont pas de vraies relations sexuelles (puisque deux femmes « peuvent faire tout ce qu'un homme fait – à l'exception d'un petit détail »[1]). Vous avez sans doute lu (grâce à Dear Abby ou à

1. Dr David Reuben, *Everything you always wanted to know about sex*... etc. 2e édition. Dans l'édition originale, la citation se lisait ainsi : « un vagin plus un vagin égale zéro. »

Anne Landers) que les femmes préfèrent les câlins à une bonne baise, ou que la vie sexuelle des lesbiennes en couple est fossilisée (un matelas neuf, avec ça ?).

Ou, au contraire, vous avez peut-être appris que les lesbiennes sont des expertes du sexe (des sexpertes !) et qu'au fil des siècles, elles ont raffiné de précieux secrets saphiques qui ont été transmis de « professeur à élève ». Saviez-vous que des leçons entières sur l'érotisme lesbien ont été rayées du *Kama Sutra* original ? S'il est vrai que nous savons si bien exciter et satisfaire les femmes, il faut nous rayer de l'histoire.

Les pratiques sexuelles lesbiennes ont suscité l'envie, elles ont été interdites par la loi, elles ont été repoussées dans la clandestinité, commercialisées, starisées, rayées de la carte, « pathologisées » – si j'ose dire – et elles ont obsédé les bien-pensants depuis que la femme a découvert son clitoris. Pourtant, les femmes continuent d'éprouver du désir pour d'autres femmes.

Il y a autant de pratiques sexuelles lesbiennes qu'il y a de lesbiennes, de femmes bisexuelles *et* de femmes qui ont des rapports sexuels toute leur vie avec d'autres femmes sans jamais identifier nommément leur désir.

Ce livre regorge de renseignements, de suggestions, de trucs et de techniques qui vous aideront à découvrir le type de sexualité qui *vous* convient.

Ce livre traite de sexualité entre femmes. Que vous soyez lesbienne ou bisexuelle, *butch*, fem[2] ou androgyne, conformiste sexuelle ou transgenderiste, et même si vous ne songez que depuis peu à la possibilité que vous, une femme, puissiez avoir des rapports sexuels avec une autre femme, j'ai écrit ce livre pour vous.

Si tu viens

J'aurai pour toi
des coussins frais
où tu pourras
te reposer.

. . .

J'étais si heureuse

Crois-moi, j'ai prié
pour que cette nuit
soit pour nous deux
fois plus longue.

. . .

Nous y prendrons plaisir.

Que la bêtise et
l'affliction s'emparent
de celui qui
nous condamnera !

SAPPHO

2. Nous privilégions la graphie « fem », de plus en plus courante, pour marquer clairement la différence entre les termes « fem » et « femme ». Ce terme se définit ainsi : lesbienne qui adopte une apparence conforme aux codes de la féminité. *NdT.*

2

*f*antasmes ET DÉSIRS

Comme les rêves et les mythes, les fantasmes
sont les propos que nous nous tenons à nous-mêmes
sur nos vérités les plus enfouies.
DOSSIE EASTON[3]

Qu'est-ce que nous, lesbiennes et bisexuelles, attendons de notre amante ? Eh bien… tout ce que l'on peut imaginer, et même davantage ! Nous désirons la plénitude d'un sexe de femme dans nos mains, dans notre bouche et entre nos cuisses. Nous voulons lécher notre cyprine sur ses doigts. Nous désirons toucher ses seins et savourer ses mamelons.

Nous voulons des plaisirs généreux, délectables, hallucinatoires. Nous nourrissons des rêves que nous n'oserions jamais réaliser et des rêves que nous concrétiserions sur-le-champ à la première occasion : le regard désirant d'une inconnue, l'expression étonnée de l'amante éperdue d'orgasme, ces corps pareils au nôtre ou différents de lui, des découvertes, des métamorphoses, des dévoilements, des secrets, le besoin qui cède à la force et le besoin qui cède au besoin. Et puis, une caresse inattendue, ce carré de peau dans la lumière tamisée, le goût d'un sexe… et nous basculons dans le souvenir.

3. Dossie Easton, atelier de formation continue de la San Francisco Sex Information, San Francisco, 22 mars, 1999.

Quels sont *vos* désirs sexuels ? Sont-ils identiques aujourd'hui à ceux d'il y a dix ans ? À ceux de l'an dernier ? À ceux de la semaine dernière ? Ce qui vous excitait à douze ans vous semblait peut-être stupide à seize ans, mais vous avez peut-être aujourd'hui la nostalgie de ce que vous aimiez à seize ans ? Pourquoi pensez-vous que ce qui vous comble aujourd'hui vous comblera jusqu'à la fin de votre vie sexuelle active ?

Quels désirs vous permettez-vous ? Est-il normal qu'une homosexuelle fantasme sur les hommes ? Qu'elle s'imagine faire l'amour *comme un homme* ? Est-il acceptable qu'une victime de violence ait des fantasmes de viol lorsqu'elle se masturbe ? Si vous pensez à quelqu'un d'autre en faisant l'amour avec votre amante (par exemple, à sa meilleure amie), est-ce de la trahison ?

Le désir ne se laisse pas cerner facilement. Ce qui vous excite le plus ressemble sans doute fort peu à ce que vous *dites* vouloir. Ou à ce que vous pensez *devoir* désirer. Vous ignorez probablement pourquoi tel ou tel scénario vous fait battre le cœur. Le fait de comprendre, voire d'approuver vos désirs ne sert strictement à rien. Vous aurez beau vous tenir au courant des théories les plus à la mode, vous ne saurez sans doute jamais pourquoi vous désirez les femmes, les hommes ou les deux.

Vos désirs n'appartiennent qu'à vous. Vous possédez un répertoire de fantasmes, de besoins, d'amorces, et tout un passé d'expériences et d'attirances sexuelles. Vos désirs vous révèlent, ils témoignent de votre histoire, de ce qui compte pour vous, de vos aspirations et de vos appréhensions. Inutile de mouler vos désirs sur ceux des autres : c'est la meilleure façon de les éteindre. Le secret d'une sexualité stimulante et agréable consiste plutôt à accueillir avec joie les détours inattendus et les folles surprises de votre imagination érotique.

Je suis une exhibitionniste invétérée. J'adore les tissus transparents, les dentelles, les lacets, et la chair révélée. Je porte des jupes fendues jusque-là... J'attire beaucoup l'attention...

Quels sont vos fétiches ?

Les talons aiguilles vous excitent-ils ? Les bottes de travail polies comme un miroir ? Un superbe corset victorien vous fait-il battre le cœur ? Est-ce que le cuir vous allume ? Le latex ? Le caoutchouc ? La fourrure ?

Le fétichisme est un attachement érotique à une activité, à un objet inanimé ou à une partie du corps normalement dénués de caractère sexuel. Ce qui constitue un fétiche est cependant affaire de point de vue. Selon Freud, un fétiche « a un certain lien avec l'objet sexuel normal tout en n'étant pas apte à rencontrer des objectifs sexuels normaux » – Freud avait ici en tête une sexualité hétérosexuelle ayant la procréation pour objectif[4]. Il serait possible, selon cette définition, d'affirmer que *toutes* les lesbiennes et les bisexuelles sont des fétichistes puisqu'elles sont toutes attirées par des pratiques sexuelles qui s'écartent des « objectifs sexuels normaux » selon Freud.

Ce que Freud considérait comme un fétiche fait peut-être partie de votre menu érotique habituel, et ce qui vous semble exotique s'intègre sans doute au quotidien érotique de quelqu'un d'autre. Bon nombre de personnes

4. Sigmund Freud, « Three Essays on Sexuality », dans Standard Edition of *The Complete Psychological Works,* vol. 7 (Hogarth Press, 1953). Cité dans The Deviant's Dictionary, Dictionnaire encyclopédique en ligne des termes associés au sadomasochisme, 1997. www.queernet.org/deviant.

jugent « non conformistes » ou fétichistes les pratiques sexuelles inhabituelles tout simplement parce qu'elles ne leur sont pas familières. (Pat Califia affirme, railleuse, que de nombreux comportements authentiquement fétichistes sont si répandus qu'ils passent maintenant inaperçus et sont considérés normaux. On pense notamment à la passion de l'homme nord-américain moyen pour les gros seins[5].)

Traditionnellement, un fétiche est un objet auquel on attribue un pouvoir magique : par exemple, la statuette d'un animal censée protéger ou guérir son propriétaire. On lui accorde « une valeur exagérée [...] comme s'il était l'incarnation d'un esprit tout-puissant[6]. » Ainsi, une ceinture gode peut être vue comme un fétiche au sens strict, c'est-à-dire qu'il s'agit d'un objet investi de désir et de passion érotique. Les butchs et transsexuels féminins qui n'entérineraient pas ce point de vue sont cependant nombreux ; dans leur cas, la ceinture gode est l'expression d'une profonde identité sexuelle masculine[7].

Les fétiches acquièrent parfois une valeur rituelle pour des raisons de nécessité, par exemple, la sexualité sans risque. Dans certains cercles lesbiens, il suffit d'enfiler un gant de latex pour attirer l'attention. Les vêtements que l'on réserve à un usage érotique sont jugés fétichistes. Souvent, la tenue fétichiste est trop audacieuse pour qu'on la porte dans la rue : par exemple, une combinaison à fourche découpée. Mais ce n'est pas toujours le cas. Il arrive que la charge érotique d'une tenue soit fonction du contexte. Un homme qui entre dans un club échangiste vêtu d'un complet veston paraîtra déplacé : on pourrait lui demander de quitter les lieux. Une lesbienne en veston cravate n'a pas à s'inquiéter de la mention « Tenue fétichiste obligatoire », car elle sait qu'on la trouvera délicieusement excentrique. Cette même transgenderiste passerait sans doute inaperçue dans la rue. De même, des chaussures Charles IX en cuir verni, des socquettes blanches et une jupe d'écolière en lainage écossais n'attireront pas l'attention à moins que la personne qui les porte ne soit une femme adulte dont le chemisier moulant révèle une poitrine voluptueuse.

> La voix intérieure de l'Éros est arbitraire, non conformiste, impeccablement honnête, généreuse et forte jusqu'à la cruauté. Il en faut du courage pour entendre ses ordres et pour lui obéir.
>
> PAT CALIFIA

Le fétichisme vestimentaire est sans doute le plus connu et le plus répandu. Les guêtres en cuir, les sous-vêtements affriolants, les corsets sévères, les robes en latex, les cagoules en caoutchouc et les corsages en cotte de maille sont très populaires. De nombreuses femmes qu'excite le port de l'uniforme font l'impossible pour se procurer des tenues authentiques de l'armée, de la marine et de la police – matraque comprise. Les fétichistes de l'uniforme peuvent être ou non exhibitionnistes.

---

5. Pat Califia, *Public Sex : The Culture of Radical Sex,* (Cleis Press, 1994), p. 172. Elle poursuit : « Toutefois, certains types de fétichismes sont souvent considérés comme des pratiques sexuelles "normales" (non fétichistes), dès lors que leurs déclencheurs sont si courants et faciles à obtenir qu'on oublie à quel point ils sont nécessaires. »
6. *Webster's Unabridged Encyclopedic Dictionary* (édition de 1989), cité dans alt.sex.fetish.fashion, Voir www.sexuality.org/l/fetish/fashion.html
7. Les spécialistes font une distinction (pas toujours très nette) entre *identité de genre, identité sexuelle, identité d'orientation sexuelle et identité de préférence sexuelle,* etc. L'original n'étant guère plus précis, pour éviter à la traductrice et aux lectrices d'avoir à se débattre dans un océan de facteurs personnels confondants, les expressions « identité sexuelle » et « orientation sexuelle » ont été privilégiées dans cet ouvrage. À chacune d'y lire les nuances qui lui conviennent. *NdT.*

De nombreuses femmes aiment certaines pratiques érotiques telles que la fessée, le ligotage et les sports aquatiques (urolagnie, ondinisme, douches dorées) : oui, certaines femmes trouvent extrêmement excitant de se faire arroser d'urine chaude. (Par mesure de précaution, évitez tout contact de l'urine avec une éraflure, les yeux ou la bouche.)

Les modifications corporelles telles que le tatouage, le perçage, la scarification ou l'incision ont parfois beaucoup d'importance. Pour certaines femmes, c'est l'expérience même de la modification corporelle donnée ou reçue qui est érotique ; d'autres s'attachent davantage aux résultats. Le rasage des parties génitales représente une modification corporelle provisoire. Le fait de se raser peut exacerber l'attente d'un rendez-vous passionné. Le fait de raser le sexe de sa partenaire est très excitant. Voir la section « Le rasage génital » du Chapitre huit, « Jeux clitoridiens ».

Que vos préférences érotiques soient pour vous des fétiches ou de simples déclencheurs ne regarde que vous. L'important est que vous vous sentiez libre de mettre vos préférences en pratique. Les lesbiennes et les bisexuelles s'adonnent à beaucoup plus de pratiques fétichistes que nous ne pourrions énumérer ici. Il existe cependant des regroupements, des livres, des magazines, des sites Web et des forums spécialisés dans certains fétiches.

Un jour, nous avons fait l'amour à bord d'un avion. Nous avons remonté la couverture et elle m'a pénétrée de ses doigts. J'ai joui tout doucement, au-dessus de la Nouvelle-Orléans.

Laissez-vous aller

Mais... qu'en est-il si vous ne savez pas ce que vous *voulez* ? Plusieurs femmes ont une notion très vague de leurs préférences sexuelles. Certes, votre clitoris répond merveilleusement au désir de votre partenaire, mais quand vous êtes seule, vous ne savez pas ce que vous voulez. Vous avez beau connaître assez bien ce qui vous excite, la honte vous empêche de réaliser pleinement vos désirs. Pis, elle vous affirme que vous avez tort, quels que soient ces désirs. Désespérez-vous de rencontrer la femme dont les goûts s'accorderont aux vôtres ? Si elle ne s'est pas encore présentée à l'heure qu'il est, pourquoi vous donner tant de peine ? Pendant ce temps, vos fantasmes se gâtent et meurent sur la branche comme des fruits qu'on a oublié de cueillir.

Laissez-vous emporter par votre imagination. Ne portez pas de jugements. Vos fantasmes érotiques n'ont rien d'un contrat social. Il n'est pas nécessaire de les transposer dans la réalité – à moins d'en avoir envie ! Qu'importe si vos fantasmes n'ont aucune qualité cinématographique ? Qu'importe s'ils ne sont guère plausibles ? Ce qui compte ici est de savoir ce qui vous excite Oubliez la rectitude politique. (Et au lieu de vous culpabiliser si vous avez un fantasme de viol, rassurez-vous en faisant du bénévolat pour un service de téléassistance.)

Réalisez vos rêves

Bien entendu, il est paradoxal que, pour développer son assurance sexuelle, il faille feindre d'en être déjà pourvue. Voici quelques suggestions qui vous aideront à démarrer :

Mes jambes sont les ailes d'un cygne ; je vois ses ailes l'emporter au-dessus de l'eau.

Que voulez-vous ?

- Écoutez ce que vous dit votre intuition. Non ! Écoutez plutôt ce que vous dit votre chatte ! Le désir habite votre corps. Qu'est-ce qui engorge votre clitoris ?
- Examinez vos fantasmes. Quelles images surgissent dans votre esprit quand vous n'êtes pas sur vos gardes ? Juste avant l'orgasme ? Votre imagination érotique est un champ très propice à la découverte de vos désirs.
- Creusez-vous les méninges. Attrapez un crayon et une feuille de papier et préparez trois listes : (1) toutes les pratiques sexuelles dont vous avez fait l'expérience ; (2) toutes les pratiques sexuelles dont vous avez entendu parler et dont vous aimeriez faire l'expérience ; (3) tous les scénarios sexuels que vous ayez jamais imaginés. Enrichissez ces listes à mesure que d'autres idées vous viennent. Ne vous inquiétez pas de savoir si vous ferez ou non ces choses ; contentez-vous de les noter. (J'ai fait cet exercice avec d'autres femmes ; les déclencheurs des autres sont étonnamment inspirant.) Voir la section « Jeux érotiques » plus avant dans le présent chapitre.
- Tenez un journal érotique. Vous serez heureuse d'avoir ainsi un registre de votre évolution sexuelle. Un jour, qui sait, vos textes pourraient être inclus dans une anthologie de textes érotiques ?
- Lisez des textes érotiques. Les ouvrages tels le recueil de nouvelles annuel *Lesbian Erotica* témoignent avec éloquence de l'imaginaire sexuel d'une vingtaine d'écrivains de talent.
- Consultez des manuels de sexe. Vous y trouverez des descriptions détaillées de ce que les autres font ou aimeraient faire.
- Louez une vidéocassette. La pornographie est une excellente source d'inspiration érotique.

Rendez-vous service

- Vous êtes sûre de ne jamais connaître la vie sexuelle dont vous rêvez ? Accordez-vous chaque jour un plaisir érotique, fût-il petit. Achetez le dernier numéro de *On Our Backs*, le magazine qui traite de sexualité lesbienne. Faites l'essai de votre vibromasseur de poche à l'heure du déjeuner. Imaginez que vous baisez la nouvelle réceptionniste du bureau du gynécologue : « D'abord, j'entre avec elle dans la salle d'examen, puis je la fais s'étendre et poser ses pieds dans les étriers... »
- « Ne vous interdisez rien » : c'est le slogan de Stormy Leather, une boutique fétichiste de San Francisco. Les créateurs de ces superbes tenues en latex et en cuir en savent quelque chose ! Offrez-vous une gâterie : des vêtements neufs, un gadget sexuel, une coupe de cheveux, le tatouage ou le perçage dont vous rêvez...
- Fantasmez sur ce qui vous fait plaisir, sur ce qui vous effraie et sur ce qui vous excite le plus. Fantasmez même sur ce qui vous révolte – pourquoi pas ? Vous avez le droit de tromper votre partenaire dans vos fantasmes et même de fantasmer sur l'autre sexe. Vous pouvez imaginer ce que vous ne souhaiteriez pas faire dans la vie réelle. Dans vos fantasmes, même le sexe non consensuel est permis.

- Décrétez une journée consacrée au plaisir sans culpabilité. Pendant une journée entière, imaginez l'inimaginable.

Faites-vous aider

- Faites-vous des amies qui vous encourageront dans votre auto-exploration.
- Sollicitez leur aide. Soyez précise : « Je veux apprendre à mieux exprimer mes désirs. Comment as-tu surmonté ta timidité ? »
- Abonnez-vous à un groupe de discussion qui traite de sexualité. Demandez aux abonnées ce qu'elles ont fait pour parvenir à réaliser leur fantasme le plus intimidant. (Elles vous seront reconnaissantes d'avoir abordé un sujet aussi brûlant !) L'abonnement à une liste de discussion ne coûte rien ; de nombreuses bibliothèques mettent à la disposition de leur clientèle un accès Internet gratuit.
- Consultez des spécialistes. Sachez que bon nombre d'écrivains et d'artistes qui ont aujourd'hui une attitude positive envers l'expression de la sexualité étaient aussi timides que vous. S'accepter ne leur a pas toujours été facile, loin de là. C'est pour cette raison qu'elles se donnent aujourd'hui pour mission d'aider des gens comme vous.
- Demandez à vos amies de vous faire part de leurs fantasmes les plus excitants. Racontez-leur les vôtres.

Prenez soin de votre libido

La libido est la forme la plus pure d'énergie sexuelle : c'est *désirer sexuellement*, quel que soit *l'objet* de ce désir. La libido n'a rien à voir avec l'apparence, l'importance de votre coffre à jouets, les partenaires consentantes (ou non). Votre libido est votre force vitale érotique, elle fait intrinsèquement partie de vous. Vos fantasmes ont plusieurs origines, mais la source même de vos désirs, c'est *vous*.

Comme le chant, la peinture ou la danse, la libido se perfectionne par la pratique. Non seulement acquiert-on ainsi de nouvelles aptitudes sexuelles, mais on augmente son dynamisme sexuel et l'intensité de ses sensations. Il y a plusieurs façons d'« entraîner » sa libido : la masturbation, les fantasmes, les relations sexuelles avec partenaire, le voyeurisme, le visionnement de films pornos, les lectures érotiques, les conversations érotiques, la planification d'activités sexuelles, la lecture de guides sexuels comme celui-ci.

Bien entendu, rien de tel pour la libido que le fait de tomber amoureuse. L'affirmation de l'identité rehausse parfois beaucoup la libido (à force de découvrir de nouveaux champs d'expression érotique, vous vous affirmerez de plus en plus). L'amélioration de votre image corporelle, de votre amour-propre et de votre bien-être général rehaussera votre énergie sexuelle. Plus vous vous accorderez de permissions érotiques, plus vous dynamiserez votre libido.

Jeux érotiques

Les lesbiennes et les bisexuelles aiment tout un éventail de pratiques et d'amorces sexuelles. Celles que nous énumérons ci-dessous ne plaisent pas à toutes – dans certains cas, nous ignorions même leur existence ! (Quelques-unes des pratiques qui ne vous seraient pas familières sont abordées plus en détail ailleurs dans cet ouvrage.)

- Anilingus (baiser anal)
- Astiquer des bottes
- Bander les yeux
- Bastonnade
- Câliner
- Caresser
- Chatouiller avec une plume
- Cire chaude
- Copuler
- Cunnilingus
- Cybersexe
- Danse
- Danse-contact
- Déshabillage progressif
- Dire des vulgarités
- Domination/soumission
- Double pénétration
- Douche dorée (urolagnie, ondinisme)
- Embrasser
- Enfiler un gant de latex
- Enfiler un préservatif
- Étreintes
- Exhibitionnisme
- Faire claquer un fouet
- Faire des yeux doux
- Faire l'amour en cachette
- Fantasmer
- Fellation (godemiché détachable ou non)
- Fessée
- Flirter
- Fouetter les seins
- Frottage
- Gadgets sexuels
- Godemichés
- Humiliation consensuelle
- Jeux de couteaux
- Jeux de rôles
- Jeux de rôles maître(sse)/esclave
- Jeux sanglants
- Lacer son corset
- Lavement
- Lécher ses lèvres
- Lécher ses pieds
- Lectures érotiques
- Ligotage
- Louer des vidéos pornographiques
- Lutter
- Main dans la main
- Massage aux huiles sensuelles
- Masturbation à l'aide d'un vibromasseur
- Mordiller les oreilles et le cou
- Négociation sexuelle
- Orgasme
- Partouze
- Pellicule moulante
- Pénétration anale
- Pénétration du doigt
- Pénétration du poing
- Pénétration profonde
- Pinces à seins ou pinces à linge
- Port d'un godemiché anal
- Port d'une ceinture gode
- Poser des glaçons sur son ventre
- Privation sensorielle
- Rasage
- Rédaction d'un journal sexuel
- Relations sexuelles en pleine nature
- Remettre du rouge à lèvres
- Scènes de viol
- Se maquiller
- Se mettre à genoux
- Séduction
- Sexe payant
- Sexe téléphonique
- Suffocation
- Tatouage
- Tenue vulgaire
- Téter
- Tirage de cheveux
- Tourner des vidéos
- Transgenderisme
- Travestisme
- Tribadisme
- Triple pénétration
- Trompe-l'œil génital (« Packing »[8])
- Vêtements en cuir, caoutchouc ou latex
- Voyeurisme

8. Il n'existe pas d'équivalent français pour « packing », c'est-à-dire le port d'un pénis artificiel sous les vêtements dans le but de créer un renflement réaliste et titillant. Nous suggérons l'expression « trompe-l'œil génital » d'une part parce qu'elle ne réfère pas spécifiquement au port d'un godemiché (le renflement peut être créé par un bas rembourré, par exemple) et, d'autre part, parce qu'elle n'a aucune connotation péjorative. *NdT.*

La libido n'est pas statique ; elle fluctue selon vos rythmes naturels. De nombreuses femmes sont particulièrement portées sur le sexe juste avant ou pendant leurs menstruations. Si les hormones affectent la libido, elles ne sont pas les seules responsables des creux et des sommets de vos pulsions sexuelles. Après tout, bon nombre de femmes ont une vie sexuelle très passionnée après la ménopause, tandis que pour quantité de femmes préménopausiques le lien entre cycle menstruel et pulsion sexuelle est inexistant.

On sait que la grossesse affecte la libido. Une baisse de désir pendant la grossesse est fréquente. Rachel Pepper écrit : « Si vous faites partie de ces femmes fortunées dont la grossesse dynamise la libido ou ne change rien à la vie sexuelle, réjouissez-vous ! Cependant, une baisse de désir est le lot de la plupart des femmes[9]. »

Le stress affecte aussi la libido. Bien entendu, la dépression éteint toute énergie vitale. Chez les personnes qui ont été victimes de violence sexuelle, qui relèvent d'une assuétude ou d'une codépendance, la vie sexuelle est très bouleversée. Une maladie grave telle que le cancer — et les traitements contre le cancer — affectera aussi la libido. Une perte ou un gain important de poids peut affecter la pulsion sexuelle. Autrement dit, tout ce qui fragilise l'image corporelle ou l'estime de soi peut affecter négativement le dynamisme sexuel d'une personne.

Sexe et intimité

« L'érotisme équilibré n'évite pas les problèmes ; il les assume et les transforme », écrit Jack Morin dans *The Erotic Mind : Unlocking the Inner Sources of Sexual Passion and Fulfillment.* Morin formule une équation aisément compréhensible : *attirance + obstacles = excitation*[10]. L'objet d'un désir interdit, qu'il s'agisse d'une personne, d'un fantasme ou d'une pratique taboue, nous excite au plus haut point.

Que se passe-t-il lorsque cet obstacle disparaît ? L'on constate parfois un assoupissement de l'exaltation, comme chez les vieux amants dont le désir s'est estompé. On ne s'aventure plus au-delà de ses limites, la découverte du moi sexuel ne stimule plus et l'on se plaint de ce que « la passion s'est éteinte ! » Parfois, la familiarité n'engendre pas le mépris, mais bien l'ennui.

Il est rare que le désir ne s'émousse pas au sein d'un couple au fil des ans. Personne n'ignore l'intense exaltation de la passion amoureuse des débuts, inévitablement suivie d'un refroidissement. Certes, le fait de se « refroidir » ne met pas fin aux rapports sexuels ; mais pour que la passion survive au temps chez un couple de longue date, il faut que chacun y mettre du sien.

La plainte que formulent le plus souvent les partenaires de longue date est la « divergence sexuelle ». L'un des conjoints veut *plus de* sexe que l'autre ou une *approche sexuelle différente.* De tels écarts sont très menaçants pour des conjoints qui tiennent à leur relation de couple. On pourrait

9. Rachel Pepper, *The Ultimate Guide to Pregnancy for Lesbians* (Cleis Press, 1999), p. 126.
10. Jack Morin, *The Erotic Mind : Unlocking the Inner Sources of Sexual Passion and Fulfillment (HarperPerennial,* 1996), 50.

être tenté de fermer les yeux sur ce problème — ce qui ne résout rien. Face à ces divergences, de nombreuses personnes optent pour un nouveau partenaire — ou mettent fin à leur vie sexuelle. Ainsi que l'écrit Morin dans *The Erotic Mind*, arbitrer le jeu des contraires exige une approche plus subtile. Vous pourriez, par exemple, garder votre amante mais changer vos pratiques sexuelles. Morin conseille fortement l'engagement dans un processus de découverte de soi pour savoir ce qui fouette notre libido.

Il existe quantité d'ouvrages de développement personnel qui peuvent vous aider à résoudre le problème de divergence de désir au sein de votre couple.

15 façons de pimenter votre vie de couple

La magie est éteinte, dites-vous ? Mettons que vous avez dépassé le stade de la conquête ; mais quel plus beau défi que celui de nourrir le désir qui vous attache à la femme dont la brosse à dents côtoie chaque jour la vôtre ? Voici quelques suggestions aptes à réveiller une vie sexuelle endormie.

1. Faites-vous plaisir ! Lisez des textes érotiques, regardez des films pornos, masturbez-vous. Fantasmez. Déshabillez mentalement les jolies passagères du bus. Rêvez de l'employée de FedEx qui entre en coup de vent dans votre bureau chaque matin. Comme tout le reste, une libido que l'on néglige s'atrophie.
2. Prenez-vous en main. Vous souvenez-vous du temps où votre sexualité vous appartenait, quand elle n'était pas encore la propriété de votre couple ? En dépit de vos promesses de mariage, votre petite amie n'est aucunement responsable de votre vie intérieure ou de la personne qui habite vos fantasmes masturbatoires.
3. Partez ensemble en vacances. Confiez vos enfants à votre gardienne préférée. Quittez la ville. N'emmenez pas le chien.
4. Désertez la chambre à coucher. Faites l'amour dans la cuisine ou sur la banquette arrière de votre vieille Chevy. Allez dans un club échangiste.
5. Avec votre copine, magasinez en ligne pour des gadgets érotiques, ou allez faire un tour dans une boutique de sexe. Ricanez. Soyez intimidées. Les gadgets vous laissent indifférentes ? Louez plutôt une vidéocassette.
6. Utilisez un lubrifiant. Beaucoup de lubrifiant. Dans les premiers temps de votre aventure amoureuse, vous laissiez des taches humides sur les chaises de restaurants. Depuis que la passion des débuts s'est apaisée, vous n'êtes plus aussi excitées et vos sécrétions ne sont plus aussi abondantes. Lubrifiez bien vos doigts avant de caresser le clito de votre bien-aimée. Un clito bien humide est plus réceptif et plus excitable. Faites de même quand vous vous masturbez.

7. Fuyez la routine. Vous vous faites sans doute décoller de la même façon depuis des années. Vous la touchez ; elle vous touche. Vous la léchez ; elle vous lèche. Vous insérez votre poing dans son vagin ; elle insère son godemiché dans votre anus. Soir après soir, année après année. L'émission de télé la plus spectaculaire rancit tout de même un peu quand on la rediffuse souvent. La prochaine fois que vous ferez l'amour, dites non à vos pratiques sexuelles habituelles. Privez ce vieux gadget de ses piles ou faites l'essai d'un nouvel accessoire.

8. De même, si vos jeux sexuels sont exclusivement génitaux, essayez autre chose. Donnez-vous tour à tour un massage complet. Pourquoi pas faire l'essai de cet exercice tiré du *Survivor's Guide to Sex*[11] : asseyez-vous l'une en face de l'autre sur le lit. Respirez au même rythme. Chacune à votre tour, effleurez le visage et le cou de votre partenaire. Redécouvrez-la. Décrivez ce que vous voyez et ce que vous ressentez.

9. Inversez les rôles. Depuis le temps que vous la chevauchez... n'avez-vous pas envie qu'elle vous culbute ? Aspirez-vous en secret à rendre la monnaie de sa pièce à votre amante sévère ? Qu'attendez-vous ?

10. Votre amie connaît par cœur tous vos griefs conjugaux. Mais lui avez-vous parlé de vos frustrations sexuelles ? Redoutez-vous qu'elle vous confie les siennes aussi ? Vous constateriez peut-être que vous n'êtes pas aussi heureuses que vous l'aviez cru... ? Vous devrez cracher 90$ par semaine pour aller en thérapie – aux oubliettes, le voyage à Londres ! – et, de toute façon, vous finirez par rompre. Ouf... Allons. Un peu de courage. Parlez-lui. Faites-lui part de vos espoirs et de vos rêves érotiques.

11. Restez positive. Ne l'accablez pas. À moins d'être convenues de jouer une scène d'humiliation, vous n'améliorerez pas votre vie sexuelle si vous déclarez à votre conjointe de plus de six ans qu'elle vous ennuie à périr. Dites-lui combien vous l'aimez et que vous aimeriez partager avec elle la vie sexuelle de vos rêves. Ne lésinez pas sur les détails. Sachez ce que vous voulez et demandez-le. (Pour des conseils et des astuces, consultez le chapitre 6, « La communication et la quête de partenaires sexuelles ».)

12. Ne supposez pas que vous savez d'emblée ce qu'elle préfère. Renseignez-vous.

13. Réveillez votre innocence... Optez pour une activité sexuelle complètement nouvelle. Qu'est-ce que vous n'avez jamais essayé ? Le chapelet anal ? Le ligotage ? Les spectacles érotiques en direct ? Et le travestisme, ça vous tente ?

11. Staci Haines, *The Survivor's Guide to Sex* (Cleis Press, 1999), 237.

14. Trouvez un modèle de comportement. Que ce soit dans un livre de développement personnel ou dans votre équipe lesbienne de foot, dénichez quelqu'un dont la vie sexuelle de couple est débridée et interrogez-la !

15. Affrontez vos démons. Ce n'est sûrement pas la première fois que votre désir faiblit. Rassurez-vous : vous n'êtes pas seule ! Les relations d'intimité sont déconcertantes pour des tas de gens ! Pourquoi l'intimité tue-t-elle le désir ? Pourquoi avez-vous envie de fuir à toutes jambes avant même d'avoir signé le bail de votre domicile conjugal ? Pour trouvez les réponses, vous devrez vous pencher sur vous-même. Il se peut que vous ayez besoin d'aide. Mais voulez-vous vraiment une vie sexuelle heureuse ? Vous devrez déployer beaucoup d'effort pour y parvenir mais les résultats en vaudront vraiment la peine.

Vos fantasmes

Vos fantasmes peuvent beaucoup vous aider à identifier vos préférences sexuelles. Dans vos fantasmes, vous pouvez faire l'essai de pratiques nouvelles, renouveler votre style ou même prendre un partenaire de l'autre sexe. Il n'est pas nécessaire d'interpréter littéralement vos fantasmes. Ce viol collectif dont vous faites l'expérience chaque soir avant de vous endormir ne trahit pas le moins du monde un désir secret de mourir ou un besoin profond d'humiliation. Sans doute signifie-t-il tout simplement que vous souhaitez perdre le contrôle, que vous aimeriez faire l'amour à plusieurs ou que vous rêvez d'être complètement submergée par le désir de votre amante.

Voici quelques fantasmes parmi les plus courants :

- **Le sexe anonyme.** « Je suis dans un bar très fréquenté. Nous nous regardons, puis nous allons nous réfugier dans un coin sombre. Je soulève sa jupe... » Les bars d'hôtel sont souvent le décor de rapports sexuels fantasmés avec des inconnus (les chambres sont à l'étage au-dessus...). La version moins huppée de ce fantasme a lieu dans un wagon de métro, une ruelle, l'arrière-salle d'un bar gai. L'échange d'argent ajoute un peu de piquant.
- **L'amour romantique.** On rêve de tomber amoureuses, de se regarder avec des yeux de merlan frit, de mourir de désir. « C'est l'été ; les mangues sont mûres. Nous sommes au lit, sous le ventilateur. Nous nous donnons la becquée tour à tour et nous léchons la sueur sur nos corps... »
- **Le changement d'orientation sexuelle.** Le changement fantasmé d'orientation sexuelle est très fréquent. Les fantasmes sexuels masculins excitent certaines lesbiennes. Dans nos fantasmes, nous pouvons être hétéros ou lesbiennes, sévères ou soumises, nous pouvons être fems fatales et faire l'amour avec des hommes, ou butchs et nous envoyer en l'air avec des culturistes dans un club échangiste gai.

- **Les virages sexuels.** « Je sors ma queue (dans le fantasme, c'est une vraie queue) et je commence à me masturber. Elle se penche et prend le gland de mon pénis dans sa bouche; elle le suce très lentement, puis elle enfonce mon pénis jusqu'au fond de sa gorge. » Dans vos rêves, vous êtes libres de changer de sexe des douzaines de fois chaque soir. Vous pouvez aussi assumer le sexe qui correspond le plus à votre personnalité réelle.
- **La domination.** Qui n'a pas rêvé au moins une fois d'un(e) partenaire qui se mettrait à genoux en nous suppliant de l'épargner, de la (le) caresser, de la (le) libérer, de lui administrer une fessée, de lui procurer un orgasme ?
- **La soumission.** « J'ai besoin d'être dominée », m'écrit une femme. Ce fantasme est fréquent. « Je n'ai jamais connu ce genre de relations en 37 ans de vie sexuelle active, mais j'en rêve depuis toujours. »
- **La discipline.** « L'institutrice m'a renversée sur son bureau et me donne la fessée (je n'ai pas de petite culotte) devant toute la classe (garçons et filles) pour me punir d'avoir été dissipée. Parfois, après la fessée, elle ordonne à un jeune garçon de me prendre.
- **Jeux de rôles fondés sur l'âge.** Les scénarios où des adultes assument un pouvoir fondé sur l'âge ou le sexe sont très excitants. Papa/fillette, papa/garçon, maman/fillette, maman/garçon sont des appariements très populaires.
- **L'exhibitionnisme.** Sur le toit, sous la promenade de bois, sur la banquette arrière d'un taxi... le sexe en public est très excitant. Porter des vêtements suggestifs et se débrouiller pour qu'on nous « surprenne » en train de nous masturber est un autre thème courant.
- **Les célébrités.** Sigourney Weaver, David Bowie, Amelie Mauresmo, Joan Lett, Leonardo DiCaprio... Une lesbienne nous confie ceci : « Un sandwich Tilly — Jennifer Tilly et sa sœur Meg Tilly. »
- **L'amour à trois.** « Je lèche une femme pendant qu'un homme me pénètre par-derrière. »
- **Les rites initiatiques.** « Déflorer » une vierge, enseigner de nouvelles techniques à une novice, initier une hétérosexuelle aux plaisirs lesbiens. « Il m'arrive d'imaginer que je suis vierge... »
- **L'agression sexuelle.** « Je veux faire partie du mouvement des guides et vendre des biscuits en porte à porte. Un homme très beau ouvre quand je sonne. Il ne porte qu'une serviette autour des reins... »
- **Les jeux de rôle.** « Dans mon fantasme préféré, je suis putain à bord d'un vaisseau pirate mixte. On m'a attachée, jambes écartées, à une roue géante dans une cale obscure du navire. »
- **Le viol.** « Je force une autre femme à avoir des relations sexuelles. Je l'attache et je la sodomise. » Quand on parle de viol, la femme est le plus souvent la victime. Mais qu'en est-il des femmes qui imaginent être l'auteur du viol ?
- **Les jeux dangereux.** Jeux aquatiques, jeux sanglants, scarification, sadomasochisme violent (SM).
- **Les tabous.** Le vampirisme, la bestialité (rapports sexuels avec des animaux), la nécrophilie (rapports sexuels avec des cadavres).

3

L'anatomie et la réponse sexuelle

Ma chatte est une petite chose très belle,
minutieusement rasée et douce.

Commençons par une visite guidée de vos organes génitaux. Quel que soit votre rapport à votre corps — que vous soyez à l'aise dans votre féminité, que vous aimiez ou détestiez vos organes sexuels, que votre corps soit ou non la représentation parfaite de votre nature profonde, si vous comprenez bien ce qui se passe en bas de la ceinture, votre vie sexuelle en sera rehaussée.

Un peu d'anatomie

Le terme officiel pour désigner les organes génitaux féminins est la *vulve*. On lui donne aussi d'autres noms : *chatte*, *con*, etc. Les organes génitaux se composent du clitoris, des lèvres et du vagin. La région charnue qui recouvre l'os pubien est le mont de Vénus. En outre, le périnée, l'anus et les seins sont souvent très réceptifs à la stimulation sexuelle.

En vérité, il y a des femmes qui ne savent pas ce qu'est un clitoris ni même où il est situé, et il y a même des lesbiennes qui n'ont jamais écarté leurs lèvres pour s'examiner. Pourquoi ? Eh bien, premièrement, on ne peut pas dire que nous ayons été encouragées à examiner nos organes génitaux. Si seulement on nous avait offert, en même temps que notre premier paquet de serviettes sanitaires ou de tampons, un miroir, un spéculum et quelques vidéos d'Annie

Sprinkle… (À mon avis, ce n'est pas un prof de science aux fesses serrées qui devrait dispenser le cours d'éducation sexuelle aux ados, mais le duo Betty Dodson et Annie Sprinkle…) On devrait inscrire au programme les ouvrages *A New View of a Woman's Body, Our Bodies Ourselves for the New Century* et *Femalia.* Tant dans les classes de garçons que les classes de filles. « Épelle *c-l-i-t-o-r-i-s*, Jeannot. Tu ne peux pas ? Recalé ! »

Ajoutons à l'absence d'information anatomique le rapport complexe que de nombreuses lesbiennes entretiennent avec leur sexe. Certaines ont été contraintes d'adopter une apparence et un comportement « féminins » quand elles ne se sentaient pas du tout féminines. D'autres ont constaté que leur féminité naturelle rendait leur orientation sexuelle suspecte ; parce qu'elles avaient une apparence et une démarche très féminines, parce qu'elles s'habillaient et s'exprimaient comme des femmes dites « normales », elles avaient l'impression d'être invisibles en tant que lesbiennes. Préadolescente, il se peut que vous ayez cru ne pas correspondre aux attentes de vos parents et vous ayez éprouvé de la difficulté à vous identifier aux croquis du mode d'emploi qui accompagnait votre première boîte de tampons.

Enfin, une fille sur trois est victime d'agression sexuelle avant l'âge adulte. Notre sexualité est le lieu de notre souffrance. Faut-il s'étonner si nous sommes si nombreuses à nous refermer sur nous-mêmes, à n'avoir qu'une vague idée de ce qui se passe entre nos cuisses ?

Faisons donc une visite guidée de nos organes génitaux.

Anatomie de la femme

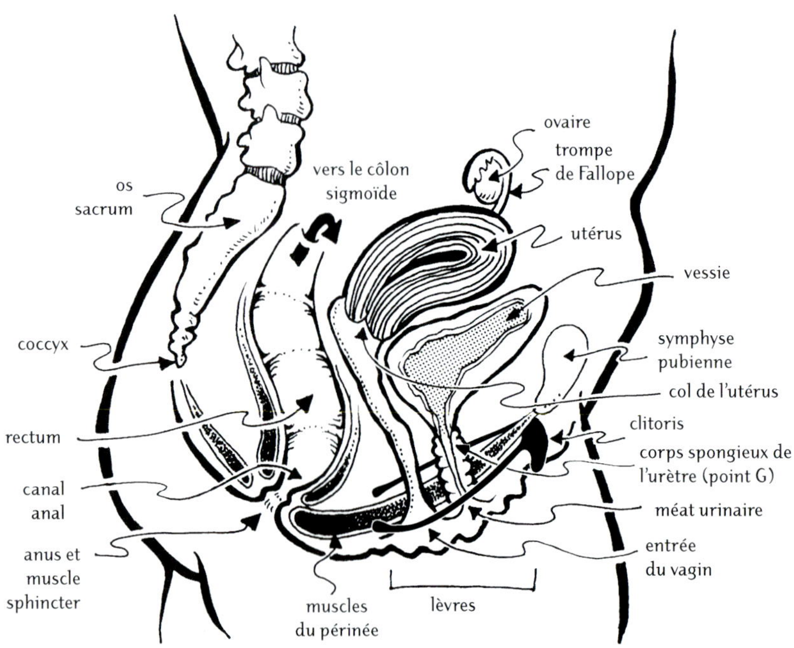

Le clitoris

La zone génitale la plus sensible est celle où se situe le clitoris. Si vous tracez une ligne droite vers le haut à partir de l'entrée du vagin, vous trouverez votre clitoris au sommet de la vulve. (Imaginez aussi une horloge : l'entrée du vagin est à dix-huit heures et le clitoris à minuit.)

Quelle est la dimension du clitoris ? Les clitoris varient en forme, en dimension, en couleur et en degré de sensibilité. Certains clitoris sont si petits qu'on a du mal à les trouver, d'autres sont aussi gros que la première jointure du pouce. Chez les transsexuels qui prennent de la testostérone, le clitoris peut atteindre près de huit centimètres de longueur.

Le clitoris se compose du gland (gland d'Ève ou tête), du capuchon et de la hampe (ou du corps). Le gland est la partie la plus sensible du clitoris ; il est l'équivalent du gland pénien, mais il est beaucoup plus innervé que celui-ci et, par conséquent, beaucoup plus réceptif. Le capuchon clitoridien recouvre le gland, préservant ainsi son humidité et sa sensibilité. Néanmoins, il peut néanmoins être irritant, voire douloureux de toucher le gland clitoridien lorsque celui-ci est au repos ou insuffisamment lubrifié. La hampe du clitoris est perceptible lorsqu'on retient délicatement le clitoris entre le pouce et l'index.

Loin d'être le « petit organe » érectile des manuels de sexologie et d'anatomie, le clitoris représente un ensemble complexe de tissus érectiles, essentiellement situés au pourtour de l'urètre — ce qui ne saurait surprendre les femmes qui éjaculent au moment de l'orgasme. Les recherches actuelles menées par Helen E. O'Connell du Royal Melbourne Hospital en Australie définissent le clitoris comme un organe formé d'un corps (gland, capuchon et hampe), de piliers et de bulbes : « [...] la pointe externe du clitoris, c'est-à-dire le gland, est réunie à l'intérieur à une masse pyramidale de tissus érectiles beaucoup plus étendue qu'on ne le pensait.[12] »

Les piliers du clitoris « s'évasent vers l'arrière » et jusqu'à l'intérieur des parois vaginales, de part et d'autre de l'urètre. (Imaginez la fourchette formée par les clavicules d'oiseaux : le gland du clitoris serait situé à la soudure des clavicules représentées par cet arc. Les bulbes clitoridiens (selon O'Connell) — appelés « bulbes vestibulaires » dans les manuels classiques d'anatomie parce qu'ils flanquent l'entrée du vagin — sont analogues aux bulbes de tissu érectile situés à la base du pénis. Mais, selon O'Connell, « ces bulbes sont plus proéminents chez la femme. » En conclusion, le clitoris est beaucoup plus volumineux que le « petit organe érectile » décrit dans les ouvrages conventionnels d'anatomie.

Est-ce important ? Mais, bien sûr ! Dès lors qu'on envisage le clitoris comme un organe sexuel volumineux qui fait saillie au sommet de la vulve, flanque l'entrée du vagin et s'étend à l'intérieur de part et d'autre de l'urètre, la notion de caresse clitoridienne prend un tout autre sens !

---

12. Susan Williamson, dans son compte rendu des recherches de O'Connell, dans *Today's Life Science*. Voir aussi Helen A. O'Connell, *et al.*, « Anatomical Relationship Between Urethra and Clitoris », *Journal of Urology*, vol. 159, 1892-97, juin 1999.

Les lèvres

Les grandes lèvres sont des replis charnus situés à l'extérieur de la vulve. Elles sont habituellement recouvertes de poil et leur peau possède la même couleur et la même texture que le reste de l'épiderme. C'est la région de la vulve que rasent le plus souvent les femmes qui épilent leurs organes génitaux. Les petites lèvres, également appelées « nymphes », sont les lèvres intérieures de la vulve. Il s'agit de replis charnus asymétriques et délicats dont la texture est celle des muqueuses. Le plus souvent glabres, les nymphes deviennent très glissantes au toucher pendant les relations sexuelles. Elles sont plus longues que les grandes lèvres chez certaines femmes, tandis que chez d'autres, elles restent timidement cachées à l'intérieur des grandes lèvres.

Le vagin

L'entrée du vagin est située sous le clitoris et le méat urinaire, au-dessus du périnée et de l'anus. Le vagin se compose de tissus très souples qui s'ouvrent et se distendent lors de l'excitation sexuelle (et l'accouchement, bien entendu). Au repos, les parois du vagin se touchent : non, il ne s'agit pas d'une « grande caverne ».

La partie du vagin située le plus près de l'orifice vulvaire (premier tiers) est la plus riche en terminaisons nerveuses et, chez la plupart des femmes, beaucoup plus réceptive que les régions plus profondes du vagin. L'entrée du vagin et le point G sont les zones les plus sensibles aux mouvements subtils et aux touchers délicats ; la cavité vaginale répond mieux aux poussées vigoureuses. Le vagin s'étend jusqu'au col de l'utérus, soit l'orifice en forme d'olive qui permet le passage du flot menstruel. Certaines femmes aiment qu'on martèle leur col utérin ; d'autres détestent cela. Prenez garde de ne pas meurtrir ou déchirer le col de l'utérus.

Le vagin n'est pas un réceptacle passif. L'orifice vulvaire comporte des tissus musculaires extrêmement contractiles. Entouré des muscles pelviens, le vagin se contracte sous l'effet du plaisir, pour enserrer un doigt, un gode ou une main.

Le point G

Le point G porte le nom de son découvreur, l'obstétricien-gynécologue Ernst Grafenberg. Son équivalent anglais désigne aussi un célèbre club lesbien de San Francisco dont le slogan est *The G-Spot — if you can't find it, you can't come!* (Le Point G : si vous ne parvenez pas à le trouver, vous ne pourrez pas venir !)

Le point G n'est pas un bouton magique, mais bien une zone de tissu spongieux dont la texture diffère du reste de la paroi vaginale. Pour localiser le point G, insérez un doigt dans le vagin et faites un mouvement de va-et-vient contre la paroi vaginale supérieure comme pour dire « viens ici ». Le point G est en fait le corps spongieux de l'urètre, c'est-à-dire l'ensemble des tissus qui entourent l'urètre, longent la paroi antérieure du vagin et assurent le passage de l'urine de la vessie au méat urinaire. (Le méat urétral ou urinaire est situé juste au-dessous du clitoris et juste au-dessus de l'entrée du vagin.)

Certaines femmes éjaculent lorsqu'on stimule leur point G; d'autres éjaculent lorsqu'on stimule leur clitoris. Certaines femmes aiment la stimulation du point G, mais n'éjaculent pas. Pour d'autres enfin, la stimulation du point G est trop intense et ne leur procure aucun plaisir.

Le périnée

Le périnée est une étroite bande de tissu conjonctif situé entre le vagin et l'anus. De nombreuses femmes aiment qu'on exerce une pression sur leur périnée pendant la pénétration ou qu'on le lèche ou le mordille pendant le cunnilingus. Ce tissu conjonctif est légèrement élastique: il s'étire lors de l'accouchement pour permettre le passage de la tête du bébé. Pendant sa grossesse, Susie Bright a découvert que le « massage périnéal » que lui conseillait son éducatrice en préparation à l'accouchement ressemblait beaucoup à la pénétration du poing. « J'ai vite compris pourquoi », écrit-elle dans *Susie Bright's Sexual Reality.* « Une main glissée à l'intérieur de ma chatte, c'est comme une tête de bébé qui s'efforce de sortir. Quelle merveille ! Pour la première fois, j'ai eu bon espoir d'accoucher sans problème. [13]»

L'anus

L'anus est très sensible et se prête très bien aux jeux érotiques. Les pornographes de l'ère victorienne lui donnaient le nom de « bouton de rose ». La délicatesse de ses tissus, la richesse de ses terminaisons nerveuses et de ses vaisseaux sanguins rendent cette zone extrêmement réceptive à l'excitation sexuelle.

Deux muscles enserrent l'anus: le sphincter externe, composé de muscles volontaires (que l'on peut contrôler), et le sphincter interne, composé de muscles lisses (qui se contractent et se détendent sans qu'on y puisse rien — comme pour le clignement des yeux; mais avec un peu de pratique, on peut apprendre à contrôler ces muscles-là aussi).

L'anus lui-même ne mesure que de deux à cinq centimètres. Le rectum, long de quelque douze centimètres, lui fait suite et s'ouvre sur la partie inférieure du côlon descendant, le sigmoïde; le côlon (transverse, ascendant et cæcum) rejoint ensuite l'intestin grêle. Contrairement au col de l'utérus, le rectum ne se ferme pas: un objet risque de s'y égarer... Une grande prudence s'impose donc lorsque vous insérez un gadget dans votre anus. Godemichés et stimulateurs anaux doivent être évasés à la base, et les gadgets insérables tels les chapelets anaux doivent être solidement fixés à une cordelette munie d'un anneau de préhension.

Le tissu anal s'engorge lors de l'excitation sexuelle et devient très élastique; l'anus peut accueillir facilement un doigt, un godemiché, un pénis, un stimulateur anal et même une main entière. La paroi de l'anus et du rectum étant extrêmement délicate, elle peut se déchirer; soyez donc d'autant plus prudentes lorsque vous choisissez des accessoires insérables.

Chez l'homme, la glande prostatique, située sur la paroi antérieure du rectum à quelques centimètres de l'ouverture de l'anus, est l'équivalent du

13. Susie Bright, *Susie Bright's Sexual Reality* (Cleis Press, 1992), 102.

point G chez la femme. L'insertion d'un doigt dans le rectum du partenaire, suivie d'un mouvement de va-et-vient, permet de localiser la prostate. Les transsexuels masculins peuvent réagir à la stimulation de la prostate tant après qu'avant la chirurgie.

Le faisceau pubococcygien

Le faisceau pubococcygien est un ensemble de muscles en forme de huit qui parcourent la région pelvienne. On contracte ces muscles pour interrompre le flot d'urine — ou pour emprisonner le doigt de notre amante ! La flexibilité de ce faisceau musculaire intensifie l'orgasme, empêche l'incontinence urinaire associée au rire, aux éternuements ou à la vieillesse et, plus généralement, nous rend plus conscientes des sensations de l'ensemble de l'appareil génital. Les exercices de Kegel (du nom du gynécologue qui les a rendus célèbres) consistent en une série de contractions volontaires (comme pour interrompre la miction) suivies de détente. Inspirez en contractant le faisceau pubococcygien ; maintenez cette contraction pendant quelques secondes, puis détendez vos muscles en expirant. Répétez dix fois. Ensuite, faites dix poussées. Répétez cette séquence. Faites ces exercices chaque jour — dans l'autobus, au volant de la voiture, en regardant la télé.

Les seins

La plupart des femmes aiment qu'on caresse leurs seins — à telle enseigne que nous consacrons un chapitre entier aux seins. À moins d'avoir eu des ennuis de santé ou de choisir d'allaiter votre bébé, il se peut que vous ne connaissiez pas bien l'anatomie de vos seins.

Les seins se composent principalement de tissu mammaire et de tissu adipeux. Bien que la grosseur des seins soit déterminée par le patrimoine génétique, une perte ou un gain de poids peut l'affecter. L'un des seins est souvent plus gros que l'autre. La grosseur ou la forme des seins n'a aucune incidence sur leur réceptivité à la stimulation sexuelle.

L'aréole qui entoure le mamelon est d'une teinte plus foncée que le reste du sein. Lors de l'excitation sexuelle, l'aréole acquiert une couleur plus prononcée et s'engorge tandis que les mamelons se raidissent. Chez certaines femmes, au contraire, les mamelons s'invertissent lorsque stimulés (Dr Susan Love les qualifie de « mamelons timides »[14]).

La sensibilité des seins varie d'une femme à l'autre ainsi qu'à différents moments de son cycle menstruel et à différentes étapes de sa vie. Le SPM (syndrome prémenstruel) et la grossesse peuvent augmenter la sensibilité des seins, tandis que la ménopause tend à la diminuer. Pour les femmes sujettes aux kystes mammaires, les seins peuvent être sensibles au point de rendre tout contact douloureux.

---

14. Dr Susan Love et Karen Lindsey, *Dr. Susan Love's Breast Book*, 2e édition (Perseus Books, 1995), 5.

La réponse sexuelle

Savez-vous quand vous êtes excitée ? Éprouvez-vous une sensation pulsative au clitoris ? À l'entrée du vagin ? À l'anus ? Vous sentez-vous nerveuse ? Avez-vous des palpitations ? Vos sphincters se contractent-ils ? Êtes-vous humide ? Vos mamelons se raidissent-ils ? Le contact du tissu contre vos mamelons est-il agréable ? Percevez-vous l'odeur de votre cyprine (de vos sécrétions, de vos jus) ?

La réponse sexuelle type définie par Masters and Johnson vous est peut-être familière. Dans les années soixante, William Masters et Virginia Johnson identifièrent quatre phases du plaisir sexuel : *l'excitation, le plateau, l'orgasme et la résolution (détente)*[15]. Ce modèle est devenu la norme pour décrire ce qui se passe lors des activités sexuelles. Helen Singer Kaplan a ajouté une cinquième phase à ce modèle, *le désir* ; elle affirme que le désir précède l'excitation[16]. Dans les années quatre-vingt, Joann Loulan a mis son grain de sel par l'ajout d'une sixième phase, *le consentement*. Suite à son travail avec des couples lesbiens, Loulan estime que même en l'absence du désir, il peut exister une volonté d'éprouver du désir[17]. Ne vous en faites pas si votre réponse sexuelle ne correspond pas à ce modèle. La sexualité humaine varie grandement de personne à personne et même de jour en jour.

En quoi une réponse sexuelle type est-elle utile ? Si vous savez en quoi consiste habituellement la réponse sexuelle humaine, vous comprendrez mieux vos propres réactions. Vous apprendrez à reconnaître vos rythmes. Vous pourrez choisir facilement de développer tel ou tel aspect de votre réaction. Un modèle de réaction sexuelle vous procure aussi le vocabulaire nécessaire à l'expression de votre expérience en termes faciles à comprendre. Mais si la théorie vous ennuie ou vous donne des complexes, laissez-la de côté. Point n'est besoin d'être sexologue pour avoir une vie sexuelle fabuleuse.

Le fait de bien connaître *vos* réactions sexuelles vous aidera néanmoins à créer pour vous-même cette vie sexuelle fabuleuse. Masturbez-vous devant une glace pleine longueur ou en tenant un miroir entre vos cuisses ouvertes. Pendant que vous vous stimulez, vous serez témoin de vos réponses sexuelles. Vous apprendrez à reconnaître les signes visuels de l'excitation. (Vous pouvez aussi insérer un spéculum dans votre vagin — il s'en trouve facilement dans les centres de santé pour femmes ou dans certaines boutiques de sexe — et examiner celui-ci à la lueur d'une lampe de poche pour voir ce qui se passe dans votre corps quand vous êtes excitée.)

Pendant la phase d'excitation, le rythme cardiaque s'accélère et la pression artérielle augmente. Vous avez chaud. Des rougeurs apparaissent sur le visage et la poitrine. Les seins augmentent de volume. Les mamelons se durcissent; plus tard, l'aréole se gonfle et le mamelon semble se rétracter. Le clitoris s'engorge, grossit et se durcit. Les nymphes enflent et deviennent

15. William Masters et Virginia Johnson, *Les réactions sexuelles,* traduit de l'américain par Francine Fréhel et Marc Gilbert. Préface du docteur Helene Michel-Wolfromm. (Paris, Laffont, 1966 ; réédité en 1971).
16. Helen Singer Kaplan, *The New Sex Therapy* (épuisé, 1974).
17. Joann Loulan, *Lesbian Sex* (Spinsters, 1984) et *Lesbian Passion* (Spinsters, 1987).

Le sexe et la grossesse – Les conseils de Rachel Pepper

L'orgasme. Vous remarquerez sans doute que vos orgasmes diffèrent pendant la grossesse. Une plus grande irrigation sanguine des organes sexuels se traduira sans doute par des orgasmes plus intenses et plus prolongés. Il arrive que des femmes jusque-là anorgasmiques parviennent à l'orgasme lorsqu'elles sont enceintes. Pour d'autres, faire l'amour se révèle moins agréable : si la phase d'excitation est plus rapide, l'orgasme reste toujours hors de portée.

La pénétration est-elle permise? La pénétration des doigts est tout à fait sécuritaire. Celle d'un godemiché est jugée sécuritaire pour les grossesses à faible risque. Lors de toute pénétration pendant la grossesse, il faut éviter les poussées violentes et s'interrompre au moindre inconfort. De nombreuses femmes évitent toute forme de pénétration dans les dernières semaines de la grossesse, quand le bébé occupe une position plus basse dans le bassin.

Mon amante peut-elle s'étendre sur moi? Cette position ne devrait pas poser de problème au début de la grossesse. À l'approche du terme, le poids du corps de la partenaire peut être difficile à tolérer pour la femme enceinte. À mesure que son ventre grossit, la femme enceinte et son amante devraient tenter différentes positions, conseille Anne Semans. La femme enceinte préférera sans doute chevaucher sa partenaire. La position de côté est aussi possible.

La pénétration du poing est-elle sécuritaire? La pénétration du poing est l'insertion de la main dans le vagin. Je déconseille cette pénétration pendant la grossesse. Un médecin auprès de qui je me suis renseignée m'a dit que la pression que cette pénétration exerce sur les vaisseaux sanguins extrêmement engorgés peut mettre en péril la santé de la future mère. Si vous êtes résolue à accueillir la main entière de votre amante pendant votre grossesse, assurez-vous qu'il s'agit d'une personne de confiance (qui connaît très bien votre corps), procédez très lentement et délicatement, évitez les poussées violentes et profondes et cessez au moindre signe d'inconfort.

Et la pénétration anale? La pénétration anale est elle aussi sécuritaire du moment que vous êtes prudentes, que vous évitez les poussées trop fortes et que vous cessez cette activité au premier signe de malaise. Allez-y doucement au début : un doigt, un petit stimulateur anal, un gode effilé. Dans son livre intitulé *The Ultimate Guide to Anal Sex for Women,* Tristan Taormino écrit : « La pénétration anale est sécuritaire pendant la grossesse, mais certaines femmes éprouvent de la difficulté à adopter une position qui favorise la stimulation anale. » Taormino recommande aux femmes enceintes d'être doublement vigilantes pour éviter la transmission des bactéries de l'anus au vagin. Vous devez donc nettoyer scrupuleusement vos accessoires. Notons, par mesure de précaution, que les mêmes mises en garde s'appliquent lors de l'utilisation des W.-C. puisque les infections vaginales sont plus difficiles à traiter pendant la grossesse.

Peut-on utiliser un lubrifiant? Un lubrifiant à base d'eau est tout à fait indiqué pour la pénétration vaginale. N'oubliez pas : n'appliquez jamais un lubrifiant à base d'huile dans le vagin.

Qu'en est-il du ligotage, du perçage, de la scarification et de la fellation? Les femmes même les plus sexuellement audacieuses freinent toute pratique qui pourrait se révéler dangereuse pendant la grossesse. Si vous ne pouvez pas vous passer de ces jeux sexuels, dites à vos partenaires que vous êtes enceinte, renoncez aux pratiques violentes telles que la flagellation et arrêtez tout au moindre malaise. Le ligotage n'est pas une bonne idée puisque la compression ralentit le débit sanguin et pourrait provoquer des crampes. Souvenez-vous de ceci : ces jeux sont risqués pour vous et pour le bébé que vous portez. Soyez prudentes !

Que faire si j'ai une infection ? Si vous éprouvez une sensation de brûlure ou de malaise, ou si vous percevez une odeur suspecte, consultez immédiatement. Certains symptômes sont normaux pendant la grossesse, mais s'il s'agit réellement d'une infection, il faut la soigner. Bien entendu, vous devez toujours faire part de votre grossesse à la personne qui vous soigne.

Que faire si j'attrape une MTS pendant ma grossesse? Une MST n'est jamais anodine et elle est encore plus grave pendant la grossesse, car elle risque de nuire au fœtus. Il se pourrait aussi qu'elle soit plus difficile à soigner en raison de la nature toxique des médicaments. Il est donc préférable de pécher par excès de prudence et de pratiquer une sexualité très sécuritaire, surtout avec une nouvelle partenaire. Aux États-Unis, les femmes subissent de un à deux dépistages des MST pendant leur grossesse. Ces dépistages sont conseillés même s'ils ne sont pas requis. Si on décèle une MST, votre médecin vous fera part de vos options de traitement.

Est-ce que faire l'amour peut nuire à mon bébé? De nombreuses femmes enceintes évitent d'instinct toute pratique sexuelle qui risquerait d'affecter le bébé. Selon Anne Semans, c'est une bonne décision. « Dans le doute, abstenez-vous », dit-elle. « Il vaut mieux être trop prudente que pas assez. Une bonne baise ne vaut pas qu'on mette la santé du bébé en péril. »

S'il est vrai que le bébé est à l'abri à l'intérieur de l'utérus, certaines pratiques sont à proscrire. Le cunnilingus est sécuritaire, mais il ne faut jamais, au grand jamais, souffler dans le vagin, car on peut ainsi provoquer la formation d'une bulle d'air dans le circuit sanguin, un aéro-embolisme capable de tuer la mère. Ce danger est cependant relativement rare et ne risque pas de se produire lors de jeux sexuels courants.

Tout ce qui risque d'endommager le col de l'utérus est proscrit, y compris toute forme de rudesse sexuelle, les godemichés trop gros et la pénétration agressive du poing.

Par ailleurs, ma sage-femme Deborah Simone, de Awakening Birth Services, m'assure qu'une bonne baise ne peut que faire du bien à la femme enceinte. Elle conseille d'éviter les poussées profondes, mais la pénétration en levrette peut être bénéfique. « C'est là une excellente façon de masser le périnée », affirme Simone.

Si vous avez des doutes ou des questions concernant les pratiques sexuelles sécuritaires pendant la grossesse, n'hésitez pas à en parler à votre professionnel de la santé. Très peu de médecins sont bien informés sur les détails relatifs au sexe lesbien pendant la grossesse. Par exemple, lorsqu'un médecin vous dit « pas de sexe », qu'est-ce que cela signifie ? Pas de pénétration ? Par de sexe oral ? Pas d'orgasme ? N'ayez pas honte de lui poser des questions précises.

Au lieu de renoncer à votre vie sexuelle, renseignez-vous et trouvez les appuis dont vous avez besoin pour conserver une attitude positive.

Faire l'amour peut-il provoquer les contractions de l'accouchement? Il se peut que vous ressentiez quelques contractions après avoir fait l'amour, surtout vers la fin de votre grossesse, et que vous redoutiez de déclencher ainsi le travail. S'il est vrai que certaines sages-femmes conseillent à leurs clientes de faire l'amour ou de stimuler leurs mamelons pour provoquer les contractions, en temps normal celles-ci ne se produiront que si le moment est venu. Toutefois, si votre grossesse est à risque élevé, il serait préférable que vous vous absteniez de toute activité sexuelle pendant les dernières semaines de la grossesse.

plus foncées. Vous êtes humide. Les parois vaginales se lubrifient et le vagin se dilate. L'utérus s'engorge, se soulève et peut même doubler de volume. Le vagin s'ouvre. Les sphincters se contractent ou se détendent.

Une amie me dit un jour que le rouge à lèvres symbolisait à l'origine l'engorgement des lèvres de la vulve lors de l'excitation sexuelle. Est-ce pour cette raison que les femmes qui se maquillaient les lèvres étaient qualifiées de « faciles » ? Que cette histoire soit vraie ou non, mon amie ne peut plus regarder les lèvres fraîchement maquillées d'une femme sans penser à l'engorgement sexuel des lèvres de sa vulve et à leur couleur lie de vin. Elle en est ravie.

J'adore ma chatte, oh oui... la façon dont elle plisse les lèvres quand elle en veut ! Ma chatte et moi sommes complices dans le crime. Qu'on nous arrête ! On est en chaleur !

La phase du plateau, quand l'excitation est à son comble, précède immédiatement l'orgasme. Le vagin se dilate et se gonfle. Le gland du clitoris se rétracte sous le capuchon. L'aréole du sein continue de s'engorger. Il se peut que vous tolériez une plus grande stimulation des mamelons. Les muscles se tendent par tout le corps et le rythme cardiaque s'accélère. La respiration est plus rapide et plus profonde. Les rougeurs s'accentuent. Les nymphes se colorent parfois d'un rouge profond ou de violet. Le vagin s'ouvre sur ce que l'on appelle le plancher orgasmique. Le tiers antérieur du vagin s'engorge encore plus.

Pendant l'orgasme, la contraction en série des muscles lisses du vagin, de l'utérus et de l'anus libère le sang emmagasiné dans les tissus érectiles des organes génitaux. La plupart des sources rapportent que ces contractions s'effectuent au rythme d'une par seconde environ. Un orgasme peut provoquer deux, trois ou même dix ou quinze de ces contractions. Bien entendu, l'intensité et la durée de l'orgasme varient énormément d'une personne à l'autre. Pendant l'orgasme, le rythme cardiaque atteint son point culminant et la respiration s'accélère.

Pendant la phase de résolution le corps retrouve son état normal. Les muscles se relâchent. Le rythme cardiaque et la respiration s'apaisent. Les rougeurs s'estompent, les mamelons mollissent et le gland du clitoris fait à nouveau saillie hors de son capuchon. Les lèvres de la vulve retrouvent leur couleur et leur dimension habituelles.

Les femmes peuvent-elles ressentir l'équivalent de la congestion testiculaire de l'homme — cet état douloureux dû à une tension sexuelle qui n'aboutit pas à l'orgasme ? Oui, si vous n'atteignez pas l'orgasme à la suite d'un degré élevé d'excitation, la congestion vasculaire peut mettre plus de temps à se résorber. Cette situation est douloureuse — ou très excitante !

L'orgasme

L'orgasme, pour moi, c'est sortir de mon corps et y revenir, régénérée.

Parlons donc de *l'orgasme!* Il est possible de rechercher l'orgasme par soi-même ou avec une partenaire. Si décoller est ce que vous voulez, très bien. Il est aussi possible d'avoir des relations sexuelles qui n'aboutissent pas à l'orgasme, et c'est aussi très bien. La plupart des gens souhaitent la sensation de libération que procure l'orgasme. On a envie de « se laisser aller ».

Un grand nombre de femmes sont satisfaites de leurs aptitudes orgasmiques. D'autres veulent venir plus fort, plus vite, plus longtemps, plus facilement, plus souvent, plus transcendantalement ou plus valablement. Vous vous demandez peut-être si vous jouissez « comme il se doit » — et vous avez sans doute eu des amantes qui auraient souhaité de votre part une jouissance différente.

Vous *pouvez* accroître votre aptitude à jouir ; cet ouvrage regorge de trucs et d'astuces qui vous y aideront. Voici la première de mes recommandations : *Vous êtes très bien telle que vous êtes.* Même si vous n'avez jamais eu d'orgasme, n'allez pas croire que vous êtes anormale. Votre expérience du plaisir sexuel vous appartient en propre ; elle est unique et elle n'est pas moins valable que celle de quelqu'un d'autre. Le sexe, ne l'oubliez pas, n'est pas un sport de compétition.

> J'aimerais jouir plus facilement. Mais quand je jouis, mes orgasmes sont d'une incroyable intensité.

Commencez-vous à jouir dès que votre petite culotte s'humidifie ? Jouissez-vous après dix secondes de contact entre le vibromasseur et votre clito ? N'êtes-vous satisfaite que si vous êtes venue sans arrêt pendant une heure ? Bravo !

> Je viens très facilement. Le frôlement d'une langue mouillée sur mon clito suffit à déclencher l'orgasme.

> Je peux jouir et rejouir à quelques minutes d'intervalle pendant plusieurs heures.

Vous accuse-t-on d'être une éternelle insatisfaite ? De vous comporter comme une enfant gâtée à qui tout est dû et qui n'en a jamais assez ? Qu'est-ce que cela peut faire si un, deux (ou trois, ou quatre, ou cinq) orgasmes ne suffisent pas à vous satisfaire ? Et même si chacune de vos amantes lesbiennes a dû se faire soigner pour microtraumatismes répétés, vous êtes parfaitement normale. Quand le plaisir passe-t-il les bornes ? C'est *vous* qui fixez les règles du jeu.

C'est fou ce que tu es lente

Vos amantes vous ont peut-être reproché de mettre trop de temps à atteindre l'orgasme. Trop de temps pour qui ? S'il vous faut, pour jouir, 30 minutes de stimulation clitoridienne parfaite et une pression exacte du point exquis, vous êtes normale. Profitez-en !

Mais si vous voulez venir plus rapidement ou plus sûrement, voici six techniques que vous pourriez mettre à l'essai :

- Essayez d'autres positions ou d'autres pratiques. Passez des caresses buccales à la pénétration ou à la masturbation clitoridienne. Chevauchez votre partenaire. Découvrez ce que vous aimez.

- Assurez-vous d'être très excitée avant même de songer à atteindre l'orgasme. La réponse sexuelle humaine n'est pas linéaire. Suspendez votre activité, faites autre chose, puis recommencez.
- Procurez-vous un vibromasseur. Pour plusieurs femmes, la stimulation intense et constante du vibromasseur est le moyen le plus sûr d'atteindre l'orgasme.
- Touchez-vous. Jouez avec votre clito tandis que votre petite amie vous lèche, vous pénètre ou vous masturbe.
- Respirez par l'abdomen, roulez des hanches, ne vous contractez pas — laissez-vous aller.
- Fantasmez. Quelles images et quels scénarios vous font bouillir le sang? Il n'y a rien de mal à fantasmer en faisant l'amour avec une partenaire.

S'il faut absolument que vous vous masturbiez ou que vous utilisiez un vibromasseur pour jouir, cela ne fait pas de vous une partenaire sexuelle moins valable. La masturbation intégrée aux relations sexuelles peut être extrêmement excitante pour vous et pour votre partenaire. Vous trouverez tout au long de ce livre des idées et des astuces pour poursuivre vos jeux même quand la langue, la main, voire le godemiché de votre partenaire sont épuisés. (La fatigue et les microtraumatismes répétés de votre partenaire y trouveront aussi leur compte.)

> Il me faut absolument un vibromasseur; sans lui, j'éprouve beaucoup de difficulté à jouir. Je peux avoir un orgasme par les caresses buccales, mais ce n'est pas facile pour ma blonde de me donner la stimulation constante et intense dont j'ai besoin. Il faut que le mouvement soit toujours le même et j'ai besoin de beaucoup de temps.

Même si la terre ne tremble pas chaque fois que votre petite amie vous fait l'amour, cela ne signifie pas qu'elle est une piètre amante ou que vous n'êtes plus amoureuse. Il se pourrait que vous ne receviez pas exactement le type de stimulation dont vous avez besoin pour basculer dans le plaisir; il se pourrait que vous soyez trop stressée; il se pourrait que vous ne connaissiez pas suffisamment bien votre partenaire, que vous n'ayez pas assez confiance en elle — ou en vous-même — ou que vous ne vous sentiez pas assez en sécurité pour vous abandonner. Votre degré de vulnérabilité fluctue de jour en jour.

> Mes orgasmes ne sont pas toujours aussi intenses qu'ils pourraient l'être. Tout dépend de ma disponibilité psychologique à l'abandon.

L'orgasme, c'est le plaisir. Cela n'a rien à voir avec la réputation de votre blonde ou le nombre de ses conquêtes (ça, c'est *son* problème). Que votre orgasme flatte sa vanité, tant mieux, mais cela ne doit pas vous préoccuper.

De quelque nature que soient vos orgasmes, leur rapidité, leur intensité ou leur fréquence, votre sexualité n'appartient qu'à vous. Vous n'êtes pas mal faite, gloutonne, égoïste, hypersexualisée, défectueuse ou perverse (à moins que de le penser vous excite !). Il ne sert à rien de vous comparer à quelque idéal saphique.

Comment venez-vous ?

Comment parvenez-vous à l'orgasme ? Les femmes jouissent de mille et une façons différentes. La plupart requièrent une stimulation clitoridienne — vibromasseur, doigt, langue, ou frottage contre une surface.

De nombreuses femmes considèrent que rien ne les propulse en orbite autant qu'une langue et des lèvres qui lèchent, sucent et mordillent leur clito. Pour d'autre, le cunnilingus n'est pas assez intense pour provoquer l'orgasme.

> La bonne vieille méthode langue/clito est encore la seule, avec mon vibromasseur Magic Wand de Hitachi, qui me permette de venir à tout coup.

Beaucoup de femmes atteignent l'orgasme par la pénétration — vaginale ou anale — sans aucune stimulation clitoridienne.

> La première fois que j'ai joui avec une partenaire, j'ai eu un orgasme vaginal : ma petite amie me pénétrait avec ses doigts. C'est encore ainsi que je jouis le mieux et que je puis avoir des orgasmes en série.

Pour d'autres, l'orgasme est plus intense lorsque la pénétration vaginale ou anale s'accompagne d'une stimulation du clitoris.

> Je ne viens pas sans stimulation de mon clitoris. Mais quand on lui ajoute la pénétration, l'orgasme est beaucoup plus profond ; le plaisir est intense et se répand à l'intérieur.

Différents types de stimulations produisent différents types d'orgasmes. Certaines femmes établissent une distinction très nette entre l'orgasme que provoque la stimulation du clitoris et l'orgasme que déclenche la pénétration.

> L'orgasme vaginal a lieu plus en profondeur ; cela ressemble davantage à des contractions. Un orgasme clitoridien est plus vif ; il ressemble à un engourdissement intense de tout le corps. Je suis multiorgasmique. J'ai besoin de ces deux types d'orgasmes pour être vraiment satisfaite.

Certaines femmes jouissent si on caresse suffisamment leurs mamelons. Le fantasme et la stimulation mentale suffisent à d'autres. Chez certaines praticiennes de l'amour tantrique l'énergie érotique qui circule dans leur corps leur procure un orgasme global auquel participe le corps tout entier.

> Ma concentration est très forte ; mon cerveau devient mon orgasme. Je peux faire durer ce plaisir très longtemps.

La douleur physique et les sensations intenses des jeux sado-maso déclenchent l'orgasme chez certaines femmes; l'on sait aussi qu'il suffit à certaines lesbiennes sévères d'administrer une fessée à leur soumise pour atteindre l'orgasme.

> J'aime surtout jouir en fouettant ma partenaire. Le seul contact de la badine avec son cul suffit à me faire venir – si je lui fais assez mal. Il me faut être sévère, non pas soumise, pour jouir.

> Je jouis quand j'ai mal. Quand on caresse mon clito. Quand on me pénètre avec force du poing ou autrement. Quand on pince mes mamelons. Il m'arrive même de jouir sans contact physique, quand mes fantasmes sont suffisamment intenses.

Vous voulez la faire décoller ?

> J'adore orchestrer l'orgasme de quelqu'un d'autre.

Il est très rare que les manuels de sexe s'arrêtent suffisamment au plaisir que nous prenons à provoquer l'orgasme de notre partenaire. Il y est question d'apprendre à *jouir*, non pas d'apprendre à *faire jouir*. Pourtant, l'orgasme de la partenaire est au cœur même du sexe lesbien. C'est merveilleux de sentir une femme jouir dans notre bouche, d'être prisonnière de ses cuisses musclées, de sentir ses contractions vaginales enserrer notre main.

Le fait de se donner du plaisir tour à tour est une merveilleuse façon de faire l'amour. Mais la réciprocité n'est pas le but de toutes les femmes. Qu'en est-il si votre partenaire ne tient pas à jouir ? Cela veut-il dire qu'elle est une butch intouchable (*stone butch*)[18] ? Peut-être. Peut-être pas. Demandez-le-lui. Vous ne pouvez pas deviner l'identité sexuelle d'une personne en vous basant uniquement sur son désir (ou son absence de désir) d'orgasme. Consultez le chapitre 12 (« L'identité sexuelle [le destin n'y est pour rien] »). Cela ne signifie pas non plus qu'elle est inhibée, qu'elle se déteste ou qu'elle est incapable d'avoir un orgasme.

Demandez à votre partenaire ce que l'orgasme signifie pour elle et les attentions sexuelles qu'elle aime recevoir. Elle vous parlera peut-être à cœur ouvert de ses sentiments quant à son sexe et sa sexualité. Elle sera peut-être extrêmement reconnaissante de vous avoir connue. Après que votre étalon en harnais vous aura menée à l'orgasme encore et encore, il se pourrait qu'elle soit tout simplement épuisée.

18. L'expression « stone butch » n'a pas d'équivalent français; dans les textes qui traitent de cette réalité, l'expression est reprise telle quelle. Je propose néanmoins la traduction « butch intouchable », qui semble décrire avec fidélité une butch qui ne se laisse pas toucher sexuellement par sa partenaire, tout en étant sensible, tendre et orgasmique. Cet appariement m'est inspiré par un texte de Beatriz Preciado dans *Attirances. Lesbiennes fems, lesbiennes butchs,* recueil de textes sous la direction de Christine Lemoine et Ingrid Renard (Paris, Éditions gaies et lesbiennes, 2001). Je remercie Line Chamberland, professeure associée à l'IREF/UQAM, de l'avoir porté à mon attention. *NdT.*

> À vrai dire, la seule chose que j'aime c'est faire venir ma fem. Parfois je ne jouis pas du tout et ni l'une ni l'autre n'a le sentiment qu'il nous manque quoi que ce soit. Tandis que si mon amante n'avait pas d'orgasme, ce serait différent, mais seulement parce qu'elle tient beaucoup à ce que je la fasse décoller. Nous assumons des rôles sexuels différents.

L'expérience qu'a votre partenaire de votre orgasme n'est pas indirecte. Ses lèvres, ses mains, son bassin canalisent l'énergie sexuelle. Quand l'orgasme ronronne dans votre corps, votre partenaire partage avec vous ce moment. Il se pourrait même qu'elle ressente votre orgasme du cœur à la pointe des orteils.

Les orgasmes en série

Il est tout à fait possible d'avoir des orgasmes en série. Cela ne signifie pas que les orgasmes en série soient *obligatoires* ou même plus satisfaisants qu'un orgasme unique.

> Je ne suis pas multiorgasmique, et ça ne me manque pas du tout puisque les orgasmes que j'ai sont à tout casser.

Chez un grand nombre de femmes, un orgasme en amène un autre, avec de très courtes pauses entre chacun.

> Après qu'elle m'a bien baisée, si ma partenaire s'occupe de mon clitoris et le manipule avec rudesse, je viens encore, et encore, et encore...

Au lieu de se reposer dans l'après-plaisir, ces femmes retournent illico à la phase du plateau, jouissent et rejouissent encore et encore. Pour certaines, il s'agit d'une suite de petits orgasmes; pour d'autres, les orgasmes augmentent en intensité et en durée jusqu'à la grande explosion.

> Il m'arrive d'avoir de petits orgasmes avant d'en avoir un gros. Après l'orgasme majeur, je deviens chatouilleuse et je n'aime pas qu'on me touche. Mais si ma partenaire continue de me caresser malgré moi, alors j'ai des orgasmes intenses en série.

Comment faire pour avoir des orgasmes en série? Dans *The New Good Vibrations Guide to Sex*, Cathy Winks et Anne Semans énoncent trois règles pour parvenir aux orgasmes en série: « Interrompez ce que vous faites, respirez, bougez. » Quand vous êtes venue et que votre clito est trop sensible, passez à une stimulation indirecte. Winks et Semans suggèrent des caresses plus légères et périphériques. Ensuite, respirez. La respiration vous oxygène et vous énergise. Bougez. Remuez le bassin, les jambes, les pieds. « Réénergisez vos organes génitaux. Dans quelques minutes, la surstimulation insupportable fera place à un insupportable plaisir... [19]»

19. Cathy Winks et Anne Semans, *The New Good Vibrations Guide to Sex* (Cleis Press, 1997), 28.

Pour que j'aie des orgasmes en série, il faut absolument que ma partenaire continue de me caresser quand je lui dis d'arrêter. Alors, je jouis sans arrêt.

L'orgasme prolongé

Peut-être faites-vous l'expérience d'orgasmes prolongés, ce long et délicieux jouir qui n'en finit plus ? Peut-être aussi restez-vous suspendue dans la phase du plateau, sans vraiment basculer dans l'orgasme ?

Et si l'orgasme ne représentait pas une arête (ascension rapide suivie d'une chute rapide) mais une vague ou une ondulation de sensations et d'énergie ? Margo Anand, auteur du classique *The Art of Sexual Ecstasy: The Path of Sacred Sexuality for Western Lovers*, suggère qu'au lieu d'envisager l'orgasme comme une *explosion* qui propulse son énergie à l'extérieur du corps, nous l'envisagions comme une *implosion* en réorientant cette énergie vers le haut afin qu'elle traverse les chakras (centres d'énergie) du corps[20].

Mikaya Heart opère une distinction entre les orgasmes en série et l'orgasme prolongé. Dans son ouvrage intitulé *When the Earth Moves: Women and Orgasm*, elle définit l'orgasme prolongé comme une « sensation continuelle » pouvant durer jusqu'à six heures, tandis que les orgasmes en série sont de discrets « orgasmes individuels répétés, séparés par de brèves pauses et des périodes de stimulation destinée à provoquer la prochaine jouissance.[21] »

Si vous préférez la « grande explosion » à la vague continue, l'orgasme prolongé risque de vous frustrer. Mais si vous désirez faire l'expérience d'une longue vague qui se déploie lentement, vous seriez bien inspirée de vous familiariser avec les pratiques tantriques.

L'éjaculation

J'aime éjaculer. Je veux dire, j'inonde littéralement les draps.

L'éjaculat féminin provient des glandes para-urétrales. Il ne s'agit pas d'urine, bien qu'il en contienne parfois des traces. C'est un liquide incolore qui peut se composer de sécrétions vaginales, de mucus cervical et de fluide utérin, et dont la composition chimique ressemble parfois à celle de l'éjaculat de l'homme (sans le sperme).

Le volume de liquide éjaculé varie selon les femmes. Chez certaines, il s'agit d'un jet abondant et explosif. D'autres laissent sur le drap une tache humide de la dimension d'une assiette. Les sécrétions varient grandement d'une femme à l'autre et sont affectées par le cycle menstruel, l'âge, l'état de santé et même certains médicaments tels que les antihistaminiques.

Un grand nombre de femmes éprouvent de l'embarras à éjaculer, car elles croient à tort qu'elles expulsent ainsi de l'urine. Rassurez-vous en urinant avant vos rapports sexuels.

20. Margo Anand, *The Art of Sexual Ecstasy: The Path of Sacred Sexuality for Western Lovers* (Tarcher, 1989), 309.
21. Mikaya Heart, *When The Earth Moves: Women and Orgasm* (Celestial Arts, 1998), 109.

Chez certaines femmes, l'éjaculation précède l'orgasme. Elles ressentent un giclement humide juste avant de jouir. Pour d'autres, l'éjaculation et l'orgasme représentent deux phénomènes distincts. L'éjaculation est parfois associée à une sensation de détente accompagnée d'un grand jet d'éjaculat, mais d'une intensité beaucoup moindre que les autres orgasmes. Cette sensation peut être ou non satisfaisante.

Certaines femmes aiment faire l'amour avec des femmes qui giclent ou éjaculent; pour d'autres, l'éjaculation est malpropre. Placez un coussinet absorbant sous une serviette pour protéger votre lit (on en trouve en pharmacie avec les produits pour l'incontinence).

On a beaucoup écrit récemment sur les « orgasmes du point G », soit les orgasmes résultant de la stimulation du point G et accompagnés d'éjaculation. Certaines femmes éjaculent lorsque leur point G est stimulé. D'autres éjaculent sans aucune pénétration. D'autres n'éjaculent tout simplement pas.

Comment pouvez-vous apprendre à éjaculer ? Explorez le tissu spongieux de l'urètre (ou point G) au moyen d'un godemiché recourbé ou avec vos doigts (surtout si vous avez les bras très longs, un torse court, ou beaucoup de flexibilité !). Assurez-vous d'être très excitée. (Un article scientifique publié dans les *Archives of Sexual Behavior* mentionne que la « tumescence vaginale complète » est une condition indispensable à l'éjaculation féminine[22].) Insérez vos doigts ou un godemiché dans le vagin en direction de la paroi antérieure de celui-ci. Effectuez un mouvement de va-et-vient. Si vous vous servez de vos doigts, vous constaterez que cette région a une texture différente (rude) du reste de la paroi vaginale (douce). Certaines femmes aiment stimuler l'entrée du vagin, juste au-dessous de l'urètre. De votre main libre, exercez une pression sur le bassin, au-dessus de l'os pubien. Caressez votre point G jusqu'à ce que vous soyez excitée à l'extrême et que vous croyiez ressentir le besoin d'uriner. À l'approche de l'orgasme, poussez, comme si vous uriniez. Le liquide que vous expulsez du vagin est de l'éjaculat.

Pour en savoir plus sur le point G et l'éjaculation, lisez *The Good Vibrations Guide to the G-Spot*, par Cathy Winks. Ce petit guide regorge de renseignements sur l'anatomie sexuelle féminine et les techniques sexuelles. Vous pourriez également vous procurer des vidéos de formation telle la cassette vidéo de Fanny Fatale, *How to Female Ejaculate.* Certains sites Web vous donneront accès aux recherches les plus récentes sur l'éjaculation féminine.

Je vous en prie, *abordez le sujet de l'éjaculation féminine. L'an dernier, dans une foutue université de l'Ivy Leage où j'étais étudiante en travail social, j'ai eu une expérience très déplaisante avec une prof qui, dans le cadre d'un cours sur le comportement humain dans un contexte social, affirmait sans ambages que les garçons se masturbent davantage et sont sexuellement plus éveillés que les filles* parce que le résultat de leurs activités sexuelles est

---

22. Carol Ann Darling, J. Kenneth Davidson Sr. Et Colleen Conway-Welch, « Female Ejaculation: Perceived Origins, the Grafenberg Spot/Area, and Sexual Responsiveness », *Archives of Sexual Behavior,* vol. 19, n° 1, 45, 1990.

visible. *À la fin du cours, je lui ai transmis les références de données textuelles sur l'éjaculation féminine (je ne me suis pas contentée de renseignements non scientifiques), mais elle a tout rejeté d'un revers en affirmant, non sans raison, que la recherche publiée sur cette question était insuffisante.*

Pourquoi cette question m'intéresse-t-elle ? Parce que mon amante est une éjaculatrice de première. Pas toujours, mais sur demande. Si je la prie de gicler pour moi, elle le fait. C'est rapide, silencieux et très excitant. Au moment qui précède immédiatement l'orgasme, elle devient très mouillée, mais ce n'est pas comme d'habitude... c'est un liquide qui ressemble à de l'eau et mes doigts froissent à ce contact comme lorsque je reste trop longtemps dans la baignoire. Ensuite, elle a un orgasme fracassant et elle laisse une grande tache humide sur le drap. J'adore ça. Comment a-t-elle su qu'elle pouvait éjaculer ? Je l'ignore. Un jour que nous bavardions, elle a dit comme ça qu'elle pensait être capable d'éjaculer, mais qu'elle redoutait de le faire et qu'elle était toujours parvenue à se retenir en jouissant. Quand nous avons fait l'amour après cette conversation, je lui ai demandé de se laisser aller pour moi, et elle a éjaculé. C'était extraordinaire.

Si vous ne parvenez pas à jouir

Si vous n'avez jamais eu d'orgasme, ou si vous n'êtes pas certaine d'en avoir eu un, vous êtes sans doute préorgasmique : ce terme suppose que vous *pouvez* devenir orgasmique. (Voir le Chapitre 5, « La masturbation », pour des techniques qui vous aideront à atteindre l'orgasme.) Il y a plusieurs raisons qui font que vous n'avez jamais joui ou qu'il vous est difficile d'avoir un orgasme. Les plus importantes sont une connaissance insuffisante de votre anatomie et de vos réactions sexuelles, la dissociation et le traumatisme dû à un abus sexuel. Il se peut que vous soyez *anorgasmique* (incapacité à atteindre l'orgasme) pour des motifs physiologiques. Ces motifs englobent une gamme étendue d'affections médicales et les effets secondaires de certains médicaments.

La maladie et l'invalidité

Toute invalidité, toute affection médicale ou tout traitement qui affecte la pression artérielle, le débit sanguin, le système musculaire ou le système nerveux peuvent avoir des répercussions sur notre aptitude à atteindre l'orgasme, notamment le diabète, la paralysie musculaire, les traumatismes médullaires et l'hypertension. Les atteintes nerveuses peuvent affecter la sensibilité du clitoris, soit en l'engourdissant soit en le rendant douloureux au toucher. Certaines femmes sont hypersensibles. Sans raison apparente, leur clitoris ou leurs mamelons sont trop sensibles pour tolérer le moindre contact. Certaines affections telles que le trouble déficitaire de l'attention peuvent interférer avec la capacité de concentration d'une femme et compliquer l'atteinte de l'orgasme.

Certaines invalidités cachées ont des répercussions particulièrement frustrantes sur la sexualité. Lorsqu'on se sent très bien un jour et que, le lendemain, on ne supporte aucune caresse génitale, il est difficile de s'intéresser à sa vie sexuelle.

Survivre au cancer et à ses traitements peut aussi affecter la sexualité. Nombre de femmes qui subissent une chimiothérapie ont une ménopause précoce d'origine médicamenteuse qui présente tous les symptômes de la ménopause naturelle, notamment une perte de sécrétions et d'élasticité du vagin.

Le vieillissement

> Oui, en vieillissant il m'est de plus en plus difficile de jouir. Aussi, mes orgasmes ne sont plus aussi intenses ou satisfaisants.

Selon *The New Ourselves Growing Older*, les organes génitaux et les réactions sexuelles connaissent un certain nombre de changements dus au vieillissement : une diminution des sécrétions vaginales, une excitation plus lente, des contractions vaginales et utérines moins intenses. Des changements affectent aussi le vagin : « À mesure que nous vieillissons, les lèvres de la vulve perdent leur fermeté [...] les tissus vaginaux étant moins élastiques le vagin semble plus court.[23] » La pénétration devient parfois douloureuse ou irritante puisque l'amincissement de la paroi vaginale coussine moins efficacement l'urètre et la vessie. Si vous n'avez jamais utilisé un lubrifiant et si vous n'avez jamais exploré d'autres avenues sexuelles, c'est le moment où jamais.

Les sécrétions

L'abondance des sécrétions et souvent le premier indice d'excitation sexuelle que nous remarquions. Si ces sécrétions sont insuffisantes, il arrive que nous ne nous « sentions pas » excitées. Certes, le degré de lubrification dépend de notre cycle menstruel, du vieillissement (la diminution de l'œstrogène à la ménopause entraîne une diminution des sécrétions vaginales) et de certains médicaments (même les antihistaminiques peuvent assécher les muqueuses vaginales).

Si vos sécrétions sont insuffisantes, vous pourriez croire que vous n'êtes pas excitée. Que faire dans ce cas ? Pour commencer, investissez dans votre plaisir sexuel en vous procurant du lubrifiant ! (On trouvera des renseignements sur les lubrifiants au chapitre 15, « Gadgets et attributs sexuels ».)

Ensuite, prenez conscience des autres indices d'excitation : vos mamelons durcissent-ils et deviennent-ils plus sensibles ? Avez-vous des papillons dans le ventre ? Vos muscles pubococcygiens se contractent-ils ?

Enfin, demandez-vous si votre aptitude au plaisir vous satisfait. Voulez-vous jouir plus vite ? Plus lentement ? Désirez-vous avoir des orgasmes plus profonds et plus satisfaisants ? Voulez-vous venir plusieurs fois de suite ? Pendant plus de 30 secondes ? Ce qui compte est que *vous* développiez votre sexualité de manière à ce qu'elle vous procure le plus de plaisir, sans égard à l'opinion des autres et sans égard aux aptitudes que l'on vous attribue.

---

23. Paula B. Doress-Worters et Diana Laskin Siegal, *The New Ourselves Growing Older* (Touchstone, 1994), 89.

Le sexe et la dépression

Rien ne vaut la dépression pour tuer une vie sexuelle en santé.

La dépression peut gravement endommager la libido. Il n'est guère facile de s'intéresser au sexe quand on a du mal à vivre chaque jour de notre vie. Le plus frustrant est que les médicaments utilisés dans le traitement de la dépression affectent très souvent le désir et le fonctionnement sexuels. Certaines femmes affirment que la prise d'antidépresseurs diminue leur désir; d'autres sont incapables de parvenir à l'orgasme ou connaissent des orgasmes beaucoup moins intenses. Ces effets secondaires négatifs ne touchent pas toutes les femmes. D'aucunes ne remarquent aucun changement à leur sexualité. Pour beaucoup d'autres, l'absence de dépression suffit à stimuler leur libido suffisamment pour combattre les effets pervers des antidépresseurs. Mais ces effets secondaires, lorsqu'ils se manifestent, représentent un problème majeur. Comment ne pas être découragée de se sentir revivre pour aussitôt être privée de notre aptitude au plaisir érotique?

Antidépresseurs ou suppresseurs d'orgasme?

Les médicaments les plus réputés pour leurs effets négatifs sur la capacité sexuelle sont les inhibiteurs spécifiques du recaptage de la sérotonine (SSRI), soit les médicaments le plus souvent prescrits dans le traitement de la dépression. Certes, des produits tels que le Paxil, le Prozac, le Zoloft ou d'autres ont aidé des tas de gens à surmonter des dépressions débilitantes (et ont indubitablement sauvé des vies), mais ils ont aussi été la cause de problèmes sexuels chez quelques patients.

Les psychiatres et autres médecins ont trouvé des solutions, par exemple l'association de deux antidépresseurs – notamment, le jumelage d'un SSRI et d'un autre antidépresseur tel que le Wellbutrin qui ne semble entraîner aucun effet néfaste sur le fonctionnement sexuel. Ils suivent aussi le patient de très près afin d'établir la posologie exacte qui permettra d'apaiser les symptômes de la dépression tout en minimisant les effets secondaires des médicaments. La mise au point d'un traitement idéal exige parfois plusieurs mois d'efforts – ce qui est loin d'être une sinécure lorsqu'une personne souffre de dépression.

Les professionnels de la santé ont mis au point d'autres solutions efficaces. Ils ont parfois conseillé à des femmes l'emploi de timbres de testostérone en association avec un SSRI. De faibles doses de testostérone administrée par voie cutanée peuvent stimuler la libido, disent-ils, sans pour autant provoquer une pilosité abondante ou d'autres caractéristiques sexuelles mâles. Parallèlement, certaines femmes rapportent une amélioration de leur libido lorsqu'on associe les SSRI à la déhydroépiandrostérone (DHEA), une hormone surrénalienne utilisée par les culturistes. (La DHEA peut occasionner de l'acné et des sautes d'humeur.) Les recherches sur la DHEA et sur la testostérone sont insuffisantes pour qu'il soit possible d'affirmer que ces substances ne nuisent pas à la santé des femmes à qui on les administre sur une longue période.

Les chercheurs espèrent que le Viagra pourra venir en aide aux femmes dont la sexualité est affectée par la prise de SSRI (ces effets secondaires portent le nom de « dysfonctionnement sexuel iatrogénique et sérotoninergique d'origine médicamenteuse »). Ils se penchent aussi sur la possibilité que le Viagra puisse aider également les femmes postménopausiques. Bien que le Viagra (sildénafil) ait d'abord eu pour but d'aider les hommes à surmonter leur dysérection, il est de plus en plus administré aux femmes qui parviennent difficilement à l'orgasme. L'effet du Viagra est relativement court. Vous pouvez le prendre avant un rendez-vous amoureux important, mais il ne restaurera pas à long terme votre dynamisme sexuel normal.

Certaines femmes dépressives ont constaté une amélioration de leur état en associant de faibles doses de SSRI à des herbes médicinales telles que le millepertuis, le yohimbé et le gingko biloba. D'autres, préférant ces méthodes alternatives, ont renoncé aux SSRI.

Il va de soi que toute décision concernant le traitement de la dépression doit être prise en collaboration avec un professionnel de la santé très au fait des traitements disponibles et respectueux des besoins de ses patientes lesbiennes, bisexuelles et transsexuelles. Souvent, cela est plus facile à dire qu'à faire.

Comment trouver de l'aide

La plupart des médecins consacrent beaucoup moins de temps à l'étude de la sexualité humaine (grosso modo, 12 heures de cours) que vous n'en passez à apprendre à conduire une voiture. La lesbophobie peut s'insinuer de plusieurs façons dans la relation entre le médecin et sa patiente. Votre médecin pourra minimiser vos inquiétudes quant à votre vie sexuelle. Il pourrait ressentir de l'embarras à discuter avec vous de sexualité entre femmes (ou de sexualité tout court). Les lesbiennes pourraient être à ses yeux des femmes sexuellement « inactives », puisqu'il assume que nous ne faisons pas l'amour avec des hommes. Plus subtilement, il pourrait supposer que si vous n'êtes pas en couple, le sexe ne vous intéresse pas.

Certes, de nombreux professionnels de la santé s'entendent fort bien avec leurs patientes lesbiennes, bisexuelles et transsexuelles, d'autant plus que nous sommes très nombreuses à œuvrer dans le domaine de la santé. Maintenant que sont bien connus les effets négatifs des antidépresseurs sur le fonctionnement sexuel, de nombreux professionnels de la santé n'hésitent pas à aborder le sujet de la libido et des médicaments. Que vous recherchiez l'aide d'un psychiatre, d'un médecin ou d'un thérapeute, la meilleure stratégie vous permettant de retrouver votre libido consiste à dénicher une personne qui veuille vraiment vous aider. Voici quelques questions que vous devriez vous poser lorsque vous recherchez un médecin (homme ou femme) :

- Sentez-vous d'instinct que ce médecin vous traitera avec respect quelles que soient votre identité et vos préférences sexuelles ?
- Êtes-vous à l'aise lorsque vous lui parlez ? Vous écoute-t-il ?
- Ce médecin a-t-il d'autres patientes lesbiennes, bisexuelles ou transsexuelles ? Qui vous l'a conseillé ?
- Ce médecin a-t-il les qualifications requises pour répondre à vos questions concernant le meilleur traitement de votre dépression ?
- Combien d'heures de formation en sexualité humaine a-t-il à son crédit ?
- Est-ce qu'il vous approuve d'accorder une grande importance à votre satisfaction sexuelle ?

Kink Aware Professional (www.bannon.com/kap) et d'autres ressources similaires vous orienteront vers des professionnels de la santé sensibles aux besoins particuliers des lesbiennes, des homosexuels, de transsexuels, des travailleurs et travailleuses du sexe, des sadomasochistes et des fétichistes. Votre centre communautaire gai et lesbien local peut vous fournir les noms de professionnels de la santé.

Liens suggérés

THE CLITORIS.COM
www.the-clitoris.com

FEMALE EJACULATION AND THE G-SPOT
www8.tripnet.se/~eidos/female_ejaculation/articles.html

FEMALE EJACULATION BIBLIOGRAPHY
www.incontinet.com/ejacbib.htm

4

Le chemin du P A R A D I S *mène à vous*

J'adore mon corps ! Ou, du moins, je m'efforce de l'adorer. Je me suis fixé pour objectif de dire que j'aime mon corps en étant parfaitement sincère.

Quel est votre rapport à votre corps ? Nous sommes nombreuses à aimer notre corps. Nous aimons notre force et notre passion et nous aimons les plaisirs de la chair. Nous aimons notre dos large et nos cuisses musclées, nous aimons la manière dont notre corps nous porte dans la vie. Nous aimons nos lèvres pulpeuses et avides, nos dents qui mordent et nos yeux perçants. Nous aimons notre sourire à la garçonne et les muscles bien définis qui roulent sous la peau quand nous nous déplaçons. Nous aimons les boutons sombres de nos mamelons, notre vulve bombée pareille à un fruit mûr. Nous aimons nos mains gracieuses, la courbe délicate de la nuque et notre chute de reins. Nous aimons nos longues jambes voluptueuses. Nous aimons notre ardeur, notre disponibilité, le désir qui jaillit de notre vulve. Nous aimons nos rondeurs : rondeur du visage, rondeur des seins, rondeur du ventre, rondeur des fesses, rondeur des cuisses, toute cette chair généreuse que nous offrons à nos amantes.

J'aime sincèrement mon corps. Dites-le dans votre livre. Certaines d'entre nous aiment vraiment leur corps.

C'est merveilleux de constater à quel point notre corps nous enchante. Compte tenu des critères de beauté exagérément rigoureux que la société nous impose, il est presque miraculeux que tant de femmes aiment à ce point leur corps. Vous arrive-t-il de penser que, si vous vous complimentez, quelqu'un vous corrigera ? (« Tu peux toujours rêver, ma fille… cette cellulite n'*est absolument pas* belle à voir ! ») Dire que vous vous trouvez belle vous semble peut-être impoli ou narcissique. Sans doute vaut-il mieux ne pas insister ?

> J'ai un beau corps. Je n'ai jamais eu de problèmes de poids ; je suis athlétique et musclée. L'admiration que m'inspire mon physique n'est sans doute pas monnaie courante, si bien que je ne m'en vante pas et je prends un air timide si on loue ma beauté. Pour moi, mon corps est un boni que j'offre à mon amante… je lui fais cadeau d'un corps sculptural à caresser.

Quels que soient votre taille, votre silhouette, votre âge, votre état de santé, vos aptitudes ou vos handicaps, et que vous soyez ou non séropositive ou aux prises avec une MST, vous avez le droit de vous aimer et d'aimer votre corps entièrement et sans conditions.

Une relation d'amour/haine

Beaucoup de femmes parviennent à l'âge adulte en étant très ambivalentes face à leur corps. Même si, plus jeunes, nous jouissions du soutien de notre famille quant à notre apparence et notre bien-être intérieur, la société dans laquelle nous vivions, une société consumériste, obsédée par les rôles traditionnels, une société homophobe et lesbophobe, ne nous appuyait sans doute pas du tout !

Pour un grand nombre d'entre nous la relation d'amour/haine qu'elles avaient alors avec leur corps perdure. Nous en aimons certains aspects et nous en rejetons d'autres, dans une acceptation pour ainsi dire « à la carte ».

> Certains jours, je ne parviens pas à m'empêcher de tout intérioriser, et je déteste mon corps. Mon ventre trop rond. Mes fesses, qui ne sont ni assez grosses ni assez rebondies pour la Noire que je suis. Mes seins trop petits ou trop gros. Ma peau trop sombre ou trop claire. Il y a des jours où je suis toujours perdante ! Dieu merci, ça ne m'arrive pas souvent !

Il peut être éclairant de constater que les autres aiment justement ces aspects de votre corps que vous aimeriez cacher. Ce ventre ? Ces fesses ? Vous pensez qu'ils n'ont rien d'attirant ? Je parie que des tas de femmes adoreraient vous ressembler (et même vous attirer dans leur lit !).

Plusieurs femmes en viennent à s'aimer en dépit d'obstacles majeurs tels que la violence sexuelle passée, les troubles alimentaires, les assuétudes, la dépression, l'invalidité, les maladies chroniques ou mortelles, ou le harcèlement dû à l'apparence ou à l'orientation sexuelle. Ajoutés au reste, le

J'aime mes épaules larges, mes grandes mains, mon petit cul. J'aime ma force. J'aime être capable de soulever ma fem, de la soutenir autour de ma taille et de la fourrager encore plus longtemps qu'elle ne s'imaginait le vouloir.

racisme et le classisme ne facilitent pas les choses. Le développement d'une image de soi positive est un processus à long terme dont la récompense est un rapport au corps pleinement conscient. Notre estime de nous-même nous est d'autant plus précieuse qu'elle a été durement gagnée.

> Ce corps que j'aime, je n'en tenais pas compte, je l'engourdissais à force de le gaver de nourriture. Quels aspects de mon corps me ravissent ? Tout. Parce que tout ce qu'il est me garde en vie et me permet d'être heureuse un jour de plus.

La silhouette, voilà le pire obstacle de tous, disent les femmes, parlant de leur image d'elles-mêmes. Toujours trop grosses ou trop maigres. On nous a appris à évaluer notre estime de soi à l'aune du pèse-personne.

> Ma mère me disait toujours que personne ne me trouverait belle si je ne maigrissais pas. Ce n'est que lorsque j'ai rencontré l'amour de ma vie que j'ai cessé de la croire.

> J'ai beau être une fem féminine et maigre, il m'arrive de souhaiter avoir une silhouette plus voluptueuse. Mais j'aime que les paumes de mon amante enferment complètement mes petits seins, et j'aime qu'elle me soulève facilement dans ses bras. J'adore que des filles butchs rivent les yeux sur ma poitrine sans soutien-gorge quand mes mamelons pointent à travers un chemisier léger.

Les questions de sexospécificité et d'orientation sexuelle viennent s'ajouter, en les compliquant, aux problèmes de poids. Il est déconcertant pour une femme de s'entendre dire qu'elle ne saurait être lesbienne puisqu'elle est si délicate et si petite (après tout, les hommes *adorent* les petites femmes), ou qu'*évidemment*, elle est lesbienne puisqu'elle est costaude et large d'épaules (quel homme voudrait d'elle ?). Heureusement, nous parvenons à passer outre à ces commentaires.

> J'ai de gros os, des épaules de quart arrière, des biceps musclés et des mollets à faire crever d'envie un botteur de la NFL.

> Je suis une grosse lesbienne. Cela a déjà représenté un problème, mais plus maintenant. Mes collines, mes vallées et mes seins gigantesques sont de fabuleux terrains de jeux pour celles qui ont l'audace de s'y aventurer.

Pendant le processus de réassignation sexuelle, l'image corporelle subit de grands bouleversements. Comment s'identifier à un homme quand on a 40DD de buste ? Comment être femme sans être féminine ? Comment envisager son clito comme s'il s'agissait d'un pénis ? Ou au contraire, comment avoir 45 ans et les petits seins en boutons d'une adolescente ? Comment s'identifier à une femme quand on a un pénis ?

Pendant des années, le sexe ne me satisfaisait pas, car mon corps m'était complètement étranger. Maintenant que j'ai entrepris un réassignement de sexe de femme à homme, le plaisir physique n'est plus un problème ; j'accepte mon enveloppe de chair.

Mes seins sont petits mais effrontés avec leurs tatouages et leurs mamelons percés. À dix-neuf ans, j'ai subi une tumorectomie dont la cicatrice est masquée par un tatouage représentant une vigne. Je me sens tellement mieux d'avoir fait ça !

Observez-vous

Déshabillez-vous et regardez-vous dans une glace — en pleine lumière ! Examinez-vous sans vous juger. Laissez votre sens critique au vestiaire du théâtre et oubliez tout ce que l'on vous a inculqué sur l'apparence « idéale ». Observez-vous attentivement. C'est tout. Qu'est-ce que vous voyez ?

Ma silhouette est celle d'un sablier (un gros sablier !) et mes seins sont ronds comme je les aime. Je m'aime nue parce que j'aime les gens nus en général : à poil, nous sommes uniques, intéressants, vulnérables et humains.

Sachez vous estimer

J'aime être hypersensible. Tout est tellement bon !

La masturbation est une excellente école d'estime de soi. Si vous n'avez pas peur des défis, masturbez-vous devant une glace, debout, assise sur une chaise ou par terre, ou étendue sur le flanc. Efforcez-vous de ne pas fermer les yeux et admirez votre reflet — du moins tant que vous ne vous laisserez pas submerger par le plaisir. Vous trouverez des trucs et astuces au chapitre 5, « La masturbation ».

Acceptez

La prochaine fois qu'on vous fera un compliment, acceptez-le. Ne le minimisez pas, ne le rejetez pas, ne vous excusez pas. Dites « merci », un point c'est tout. Laissez-vous estimer. Bien sûr, personne ne saura vous convaincre de votre beauté si vous n'y croyez pas, et ce n'est pas en dépendant de l'approbation d'autrui que vous en viendrez à vous estimer. Mais n'est-ce pas agréable de savoir qu'on vous trouve belle ? Les compliments n'ont jamais tué personne !

Mon rapport à mon corps est beaucoup plus sain qu'auparavant. D'une part, j'ai retrouvé la forme. D'autre part, mon amante aime mon corps. Elle en joue comme d'un violon !

Vous n'êtes pas seule

Vous est-il souvent donné d'admirer des corps de femmes ? La prochaine fois que vous serez entourée de corps nus — au vestiaire du gym ou au sauna/piscine — ouvrez grands les yeux. Admirez la variété des silhouettes, des formes, des tailles, sans les juger, sans les évaluer, sans les comparer.

C'est en partie notre isolement qui nous rend si sévères envers nous-mêmes. Nous ne voyons pas assez de corps nus pour être en mesure d'admettre que nous sommes uniques (et pas si uniques après tout). Les festivals de musique non mixtes ont ceci de bon qu'ils nous permettent de nous balader toutes nues en compagnie de milliers d'autres femmes toutes plus différentes les unes que les autres — et certaines dont vous n'auriez même pas pu imaginer l'apparence.

Rendez-vous au vestiaire. Si vous fréquentez le bon centre de conditionnement physique à l'heure qui convient (par exemple, le YWCA à l'heure du déjeuner), vous y verrez des silhouettes très variées.

Lorsque mon corps me rebute, je me rends aux bains publics pour femmes. On y dispose d'une cuve thermale, d'un sauna, d'un bain de vapeur, d'une terrasse, de massages. (Il ne s'agit pas de bains publics à vocation sexuelle, bien qu'un établissement de cette nature serait très populaire, j'en suis sûre !)

N'est-il pas contre-intuitif de se déshabiller en public quand on n'aime pas son corps ? « Quoi ? Vous voudriez que j'exhibe *cette carcasse* ? ! » Je vous assure que l'expérience peut être très valorisante. Les premières vingt minutes sont une véritable torture — et pas seulement en raison de la température de l'eau ! Mais bien vite, notre sens critique tombe comme des peaux mortes. Le message se transmet à vos os, même si le cerveau le refuse. Il se pourrait qu'à votre grande surprise vous vous sentiez très bien dans votre peau quand vous quitterez les lieux. On trouve des journées réservées aux femmes dans la plupart des bains publics.

Enfin, c'est dans le contexte où regarder d'autres corps nus est non seulement approprié mais encouragé que je préfère m'adonner à cette délicieuse activité. Les partouzes et les clubs échangistes sont l'occasion d'accroître notre connaissance de la race humaine. Que de nudité ! Que de chair ! Les parfums du désir et de la sueur mêlés. Le bruit de corps humides qui se joignent, les rires et les cris de jouissance des femmes. (Aux orgies sado-maso, le claquement du fouet sur la peau des reins, le choc du battoir contre les fesses, les cris copieux.) Lors d'une partouze, vous verrez des femmes moins attirantes que vous portées aux nues, et des femmes belles à en devenir intimidantes être traitées sans plus de façons (ou aussi bien) que vous.

Entrez dans votre corps

> Plus je suis active, plus mon rapport au corps est positif. C'est bon de me sentir en forme, de savoir que mon corps bouge bien et peut me donner du plaisir, que ce soit au contact de mes amantes, par auto-érotisme, en faisant de la course ou du kung-fu, ou en dansant.

Remuez. Respirez. Sentez votre cœur battre, votre peau se réchauffer. Entrez dans votre corps. Sentez-vous vos os ? Vos muscles ? Votre chair ? Vous pouvez développer une conscience intérieure du corps, que vous soyez ou non sportive. Même si votre méditation ne consistera jamais qu'en une sieste de 20 minutes, vous pouvez prendre conscience de votre sensorialité. Il n'est même pas indispensable que vous puissiez quitter votre fauteuil roulant pour que le rapport au corps soit positif.

L'approche corporelle la plus évidente (et la plus accessible) est le massage. Prenez conscience des mains de la masseuse, accompagnez-les : cela vous aidera à sentir plus intensément chaque partie de votre corps, de l'arrière du genou aux omoplates. Si vous n'aimez pas qu'une inconnue vous touche ou si le coût d'un massage est trop élevé pour votre budget, sollicitez les services d'une amie proche. Cette solution vous permet aussi d'explorer le corps de quelqu'un d'autre tout en resserrant vos liens d'amitié.

Une ancienne timide, Carol Queen, conseille la danse en solitaire. Déshabillez-vous, glissez votre CD préféré dans le lecteur et *bougez*. Dans son livre intitulé *Exhibitionism for the shy*, Queen écrit : « Sentez les mouvements de votre corps ; oubliez toutes les inquiétudes que vous inspire votre apparence ; laissez-vous pénétrer de la musique... La danse a le pouvoir de vous faire entrer dans votre corps comme cela ne vous était jamais arrivé.[24] »

Vous dansez seule depuis trop longtemps ? Allez danser dans une boîte ! Non seulement bougerez-vous, non seulement secouerez-vous tout ce butin, vous mettrez aussi le nez dehors. Si vous n'aimez pas la musique assourdissante des boîtes, joignez-vous à un groupe qui privilégie le swing, le two-step ou la danse folklorique.

Fréquentez un centre de conditionnement physique, non pas pour « améliorer » votre apparence (vous pourriez néanmoins faire de la gymnastique aérobique aquatique ou de la dynamophilie), mais bien pour habiter votre corps et observer ce phénomène chez d'autres personnes. Vous pourriez vous inscrire à des classes de yoga ou de kick-boxing, peu importe, du moment que vous vous adonnez à une activité qui vous convient.

Vous n'aimez pas les gymnases ? Allez au parc. Marchez. Faites de la planche à roulettes ou du vélo. En fauteuil roulant, suivez un sentier nouveau. Rendez-vous à pied au travail et empruntez un chemin différent pour vous y rendre. L'important est de choisir une activité qui favorise le rapport au corps. Bien sûr, vous croiserez de beaux spécimens au parc, mais vous verrez aussi des silhouettes aussi imparfaites que la vôtre.

Si les parcs et les gymnases de votre localité sont trop hétéros à votre goût, pourquoi ne pas former un groupe d'entraînement lesbien ? Rassemblez-vous une ou deux fois la semaine pour marcher d'un bon pas ; entraînez-vous au gymnase selon le système du jumelage ; profitez des rabais de groupe aux cours d'arts martiaux ; allez à la piscine à l'heure du déjeuner.

Ne vous enfermez pas dans votre corps comme dans une boîte.

---

24. Carol Queen, *Exhibitionism for the Shy* (Down There Press), 1995, 46.

La guérison somatique

> Il m'a fallu beaucoup de temps et d'efforts pour surmonter une relation de violence domestique et sexuelle. Pour cette raison, je n'étais plus toute jeune quand j'ai découvert ma sexualité, comme c'est le cas pour la plupart des gens. Résultat, j'étais déjà adulte quand j'ai enfin su ce que je faisais – mais ce fut un retard délicieux. Bien entendu, ce retard a eu aussi des répercussions négatives : il m'arrive d'avoir des rappels d'images, des « flashbacks » en faisant l'amour, même avec ma compagne de longue date.

Les praticiens de la guérison somatique enseignent que le corps et l'esprit font partie du même système biologique intelligent. Les émotions n'existent pas indépendamment du corps. Si vous vous « sentez » moins belle, la solution consiste sans doute à approfondir et non pas à fuir votre rapport au corps.

Vous absentez-vous mentalement pendant l'amour ? Vous serait-il plus facile de parvenir à l'orgasme si vous pouviez empêcher votre esprit de s'égarer ? Ou êtes-vous tout à fait d'accord pour une bonne baise du moment que votre partenaire sexuelle n'y engage pas ses émotions ?

Les émotions font partie de notre passé cellulaire, de la « mémoire » du corps. Les sentiments associés à une expérience traumatisante ne disparaissent pas même si nous feignons de les ignorer. Le traumatisme demeure présent en nous tant que nous n'avons pas assumé et intégré les émotions qui l'accompagnent. Le corps continuera de réagir par réflexe aux situations qui, du point de vue du corps, représentent une menace. Bien entendu, l'une des stratégies de survie consiste à se mettre « hors service ».

> J'ai de gros seins, mais ils sont presque insensibles. J'ai peu de sensations au vagin aussi. Dieu merci, mon clitoris est en parfait état de marche, sinon je ne serais qu'une Barbie.

Peu importe ce qui a poussé votre corps à se défendre comme une ville en état de siège, le traumatisme demeure. Que vous ayez été victime d'abus sexuel, de négligence affective ou de violence physique dans votre enfance, que vous ayez survécu à une relation de couple violente, à un viol, au harcèlement sexuel, à des manifestations de lesbophobie, à un accident ou à une maladie grave, voire à l'expérience de la guerre, la guérison est un processus très lent et très douloureux. Et c'est seulement ainsi que vous reprendrez possession de vous-même.

Staci Haines, auteur de *The Survivor's Guide to Sex : How to Have an Empowered Sex Life After Child Sexual Abuse*, affirme que la guérison somatique est la clé de la guérison sexuelle :

> Le corps représentait un danger. [...] Le quitter ou vous en dissocier était une solution intelligente. Le souvenir ou l'expérience du traumatisme subi sont souvent présents encore aujourd'hui, « retenus »

> par le corps. De nombreux survivants continuent de se dissocier de leur corps et de leurs sens longtemps après que tout danger en ait été écarté, afin d'éviter de revivre un passé douloureux.
>
> Pourtant, votre corps et vous ne faites qu'un. Il est le lieu où vous vivez, où vous êtes en vie. C'est par le corps que vous communiquez avec les autres, que vous nouez des liens. Toute vie passe par le corps. C'est dans le corps qu'on se guérit des traumatismes et des violences subies. Le corps est aussi le lieu du plaisir sensuel et sexuel. Mais pour faire l'expérience de ce plaisir, il faut lui « donner corps.[25] »

Mon cul ! J'aime absolument mon cul ! J'ai un beau gros derrière tout rond. Il est aussi beau tout nu que tout habillé.

Heureusement, les techniques thérapeutiques ne manquent pas ; elles vont de la méditation au tantrisme en passant par les approches thérapeutiques corporelles. Vous trouverez une liste exhaustive de ressources somatiques dans *The Survivor's Guide to Sex*.

Quel effet cela fait-il de réintégrer son corps ? On dirait que l'on prend conscience d'un sens qui nous était jusque-là étranger — par exemple, le sens du toucher —, mais dont on avait entendu parler, un sens que l'on croyait comprendre mais dont nous n'avions jamais fait l'expérience.

Dis-moi ce que tu manges, je te dirai qui tu es

« Si vous n'avez aucun respect pour le sanctuaire que représente votre corps, la libido même la plus herculéenne ne survivra pas », écrit Heather Corinna dans *Scarlet Letters*, son magazine en ligne d'érotisme lesbien. « Un fonctionnement sexuel normal exige un bon système respiratoire, une oxygénation saine, un taux d'hormones adéquat, un appareil génital en santé et, par-dessus tout, une énergie suffisante. L'alimentation qui peut le mieux favoriser la vie sexuelle est l'alimentation qui peut le mieux favoriser l'état général. Ce n'est pas plus compliqué.[26] »

Le corps a besoin de nourriture, de repos, de liquides et de mouvements pour vivre, voire pour s'épanouir. Vous pouvez améliorer votre rapport au corps en prenant bien soin de vous-même. En fait, les soins du corps sont un magnifique prélude aux rapports sexuels.

Soumettez-vous à un examen pelvien

L'examen pelvien devrait faire partie de votre bilan de santé annuel. De nombreuses lesbiennes négligent de subir des examens gynécologiques périodiques et même lorsqu'elles consultent régulièrement le médecin, elles ne parlent pas librement de leurs pratiques sexuelles.

Pourquoi les lesbiennes négligent-elles à ce point leur santé ? Dans certains pays, le manque d'accessibilité à l'assurance maladie est un facteur important de cette réalité, mais c'est loin d'être la seule raison. Pour de

25. Staci Haines, *The Survivor's Guide to Sex* (Cleis Press, 1999), 16.
26. Heather Corinna, « Aphrodite's Appetite : The Ins and Out of Eating for Great Sex », *Scarlet Letters,* mai 1999.

nombreuses lesbiennes et bisexuelles, de même que pour les transgenderistes, il peut être embarrassant de parler de leur vie sexuelle à leur médecin. (Plusieurs d'entre nous ont du mal à s'en ouvrir à leur *amante* !) Certes, le fait d'avoir rarement accès à des professionnels de la santé qui savent *en quoi* consiste notre vie sexuelle ne nous facilite pas la vie. Certaines lesbiennes n'aiment pas se soumettre à un frottis cervico-vaginal (frottis Pap) ; d'autres croient que ce test n'est pas nécessaire étant donné qu'elles n'ont jamais de rapports sexuels avec des hommes. C'est faux !

Un examen gynécologique périodique contribue au maintien d'une bonne santé. Certaines maladies transmises sexuellement ne présentent pas de symptômes visibles avant que la situation ne s'aggrave. Par exemple, on associe le papillomavirus, soit la MST la plus répandue, au cancer de l'utérus. Dans le cadre d'une étude récente réalisée à Seattle on a constaté la présence du papillomavirus chez les lesbiennes — même chez celles qui n'avaient jamais eu de rapports sexuels avec des hommes[27]. Le frottis cervico-vaginal peut déceler la présence d'anomalies cellulaires bien avant qu'un cancer ne se déclare. Toutefois, un examen gynécologique complet associé d'un bilan sanguin sera nécessaire pour détecter la présence du VIH ou d'une autre MST.

Pour l'amour du ciel, protégez-vous !

On entend beaucoup parler de la sexualité à risques réduits. Mais de quoi s'agit-il exactement ? Les pratiques sexuelles à risques réduits sont celles où l'on applique certaines règles de prudence qui éliminent le plus possible le danger de transmission des MST.

Comment savoir si vous êtes à risque ? Plus est élevé le nombre de partenaires avec lesquelles vous avez eu des relations non protégées, plus vous risquez d'avoir été exposée à une maladie transmise sexuellement. Ce risque augmente si vous souffrez déjà d'une MST, si vous faites usage de drogues injectables, ou si n'importe laquelle de vos partenaires a fait usage de drogues injectables. Enfin, certaines pratiques sont plus risquées que d'autres (voir ci-après « Principes directeurs d'une sexualité à risques réduits à l'intention des lesbiennes et des bisexuelles »).

Vous croyez peut-être que parce que vous vivez une relation engagée et monogame ces questions ne vous concernent pas ? Si c'était le cas, l'herpès et le papillomavirus affecteraient beaucoup moins de lesbiennes ! Malheureusement, la monogamie *n'est pas* une solution infaillible. Certaines MST ont une période d'incubation de plusieurs mois, voire de plusieurs années ; cette période d'incubation pourrait bien excéder la durée de votre dernière relation. Vous pourriez, dans ce cas, transmettre une MST dont vous êtes atteinte à votre insu. Naturellement, une relation n'est pas toujours aussi monogame qu'on le pense. Beaucoup de femmes s'offrent des aventures en cachette de leur partenaire.

---

27. Jeanne M. Marrazzo, Laura A. Koutsky, Kathleen L. Strine, *et al.*, « Genital Human Papillomavirus Infection in Women Who Have Sex with Women », *Journal of Infectious Diseases*, vol. 178, 1604-609, 1999.

Voici quelques pratiques sexuelles à risques réduits pour couples *monogames* (c'est-à-dire pour partenaires ayant des rapports sexuels exclusifs): pendant six mois, utilisez une protection en latex chaque fois que vous faites l'amour (voir les techniques sexuelles décrites ci-dessous). Au terme de ces six mois, subissez toutes deux un examen gynécologique complet, incluant un frottis cervico-vaginal et une analyse sanguine pour la détection des MST. Si tous les résultats sont négatifs, vous pouvez renoncer au latex. Si l'une de vous est atteinte d'une MST telle que l'herpès, l'hépatite C ou le VIH, il est recommandé de poursuivre les pratiques sans risques afin d'éviter toute transmission de la MST. Si une MST bactérienne a été détectée chez l'une de vous, par exemple la chlamydia, recourez à une protection en latex jusqu'à la fin du traitement.

Certaines femmes qui vivent une relation *non monogame* optent pour une *fusion organique* avec leur principale partenaire sexuelle. Le partage des fluides organiques a lieu exclusivement avec leur partenaire régulière. Avec leurs partenaires occasionnelles, elles font appel à une méthode protectrice. Si l'une des deux faillit à cet engagement en ayant des rapports non protégés en dehors de sa relation, elle doit en informer immédiatement sa partenaire. Les conjointes peuvent alors évaluer le risque ainsi encouru et agir en conséquence. Bien entendu, une telle entente présuppose un très haut niveau de confiance.

Le fait d'interroger une nouvelle partenaire sur son état de santé sexuelle n'offre aucune garantie. Certes, il est bon de connaître le passé

Trousse de base pour les pratiques sexuelles à risques réduits

d'une nouvelle partenaire, mais un interrogatoire de cet ordre n'est guère recommandé lors d'un premier rendez-vous. Même si vous posez toutes les bonnes questions et que vous obtenez toutes les bonnes réponses, rien ne vous assure que votre nouvelle flamme, si charmante soit-elle, est sincère. Il se pourrait même qu'elle soit infectée par une MST sans le savoir.

Que vous ayez une ou plusieurs partenaires, si vous ignorez tout des habitudes sexuelles, de l'état de santé sexuelle et du passé sexuel de vos partenaires (et de *leurs* partenaires), il est nettement préférable de privilégier les pratiques sexuelles à risques réduits. Bien entendu, si vous ignorez tout de votre propre état de santé sexuelle parce que vous aurez négligé de subir les tests de dépistage du VIH ou d'autres MST, vous devez avoir des rapports protégés pour éviter de transmettre une MST à votre partenaire. Si vous souffrez d'une MST et que vous le savez, il est indispensable d'avoir des rapports protégés.

Voici quelques pratiques sexuelles à risques réduits qui s'adressent plus particulièrement aux femmes ayant des rapports sexuels lesbiens. (Voir aussi le chapitre 16, « La sexualité à risque et la santé gynécologique. »)

La digue dentaire

Comment fabriquer une digue dentaire
(au moyen d'un gant de latex)

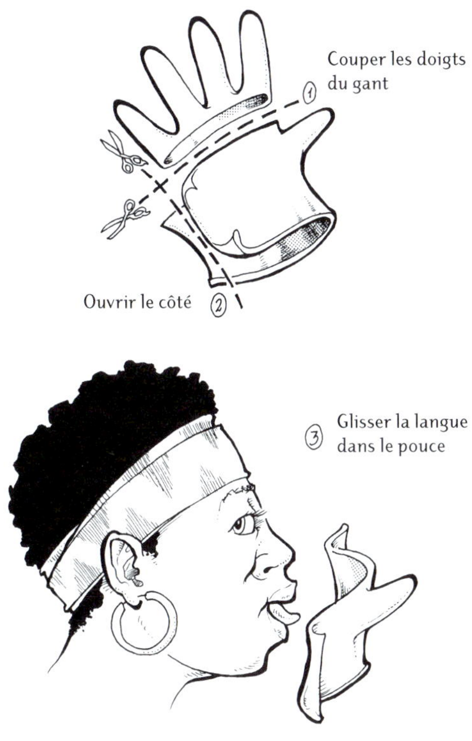

Comment fabriquer une digue dentaire
(au moyen d'un préservatif)

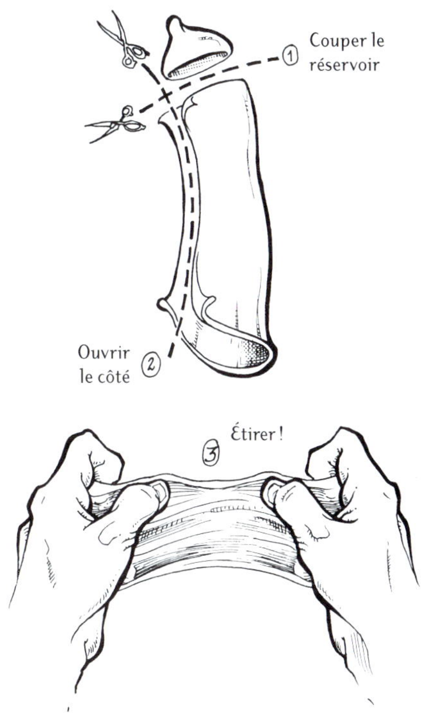

- *Le sexe buccal*: Munissez-vous de digues dentaires utilisées en dentisterie, de digues Lollyes ou de pellicule moulante pour le cunnilingus ou l'anilingus. Déposez une goutte de lubrifiant du côté de la digue qui entre en contact avec les organes génitaux. Vous pouvez aussi couper un gant de latex ou un préservatif non lubrifié comme méthode de protection lors des rapports buccaux (voir l'illustration).
- *La pénétration du doigt ou du poing:* Portez un gant lors de la pénétration vaginale ou anale du doigt ou du poing.
- *Changez de gant* lorsque vous passez de la pénétration anale à la pénétration vaginale et lorsque vous changez de partenaire. Enlevez le gant avant de vous toucher.
- *La masturbation*: La main qui a été en contact avec la vulve ou l'anus de votre amie ne doit pas toucher votre vulve, votre anus ou votre accessoire préféré: changez de main ou lavez-vous les mains!
- *Habillez vos gadgets*: Enfilez un préservatif sur vos godemichés, stimulateurs anaux et vibromasseurs.
- *Les accessoires partagés*: Si vous partagez vos accessoires, assurez-vous de les recouvrir d'un préservatif et de les nettoyer attentivement avec un savon antibactérien entre chaque utilisation.
- *Utilisez un lubrifiant à l'eau*: N'utilisez jamais de lubrifiant à l'huile avec le latex (l'huile dissout le latex).
- *Évitez les produits contenant du Nonoxynol-9*: Ce composé chimique a détruit le VIH dans certaines expériences de laboratoire, mais il peut irriter les tissus vaginaux et rectaux. Certaines femmes souffrent d'infections vaginales lorsqu'elles utilisent une crème au Nonoxynol-9. Ce produit pourrait même augmenter les risques de transmission du VIH, car en irritant les tissus rectaux il permet au virus de pénétrer dans le circuit sanguin[28].
- *Les infections à Candida*: Si votre lubrifiant favorise les infections à Candida et autres vaginites, optez pour un lubrifiant sans glycérine.
- *Les vaginoses bactériennes*: Si votre partenaire a une infection vaginale, consultez un gynécologue et n'ayez que des rapports sexuels protégés.
- *Les infections urinaires*: Le fait d'uriner après la pénétration protège contre les infections urinaires. N'oubliez pas de boire aussi beaucoup d'eau.
- *Ne partagez jamais d'aiguilles*, qu'il s'agisse de seringues pour drogue injectables, d'aiguilles servant au perçage corporel provisoire ou permanent ou d'instruments de tatouage.
- *Les jeux sanglants*: Portez des gants lors de toute pratique sexuelle où il y a risque de contact avec le sang de votre partenaire: perçage, scarification, rasage, etc. Veillez à ne pas vous piquer accidentellement. Jetez tout objet tranchant de façon sécuritaire.
- *Jetez gants et préservatifs de façon sécuritaire*: Enlevez les gants et les préservatifs en les retournant à l'envers afin d'éviter tout contact avec les liquides organiques.

28. Tristan Taormino, *The Ultimate Guide to Anal Sex for Women* (Cleis Press, 1997), 36; Cathy Winks and Anne Semans, *The New Good Vibrations Guide to Sex* (Cleis Press, 1997), 73; et San Francisco Sex Information.

- *Lavez soigneusement vos accessoires* à l'aide d'un savon antibactérien après chaque utilisation.
- *Lavez-vous souvent les mains* avec un savon antibactérien.

Principes directeurs d'une sexualité à risques réduits à l'intention des lesbiennes et des bisexuelles

Ces principes directeurs ont pour but de vous aider à faire des choix judicieux concernant vos pratiques sexuelles lesbiennes. Il n'y a pas d'absolus : toute pratique à faible risque peut devenir une pratique à risque élevé si vous avez une légère coupure au doigt ou une lésion buccale. Le VIH est transmissible par le sang (y compris le sang menstruel), les sécrétions vaginales, le sperme et le lait maternel. Le papillomavirus et l'herpès sont transmissibles par contact épidermique. Le virus de l'hépatite est transmissible par contact du sang et des excréments.

Comportements à risques élevés

Cunnilingus non protégé pendant les menstruations

Anilingus non protégé

Intromission non protégée du pénis dans l'anus

Intromission non protégée du pénis dans le vagin

Partage d'accessoires (sans préservatif)

Partage d'aiguilles

Comportements risqués

Cunnilingus non protégé avec une femme non menstruée

Pénétration vaginale ou anale du poing, sans protection

Pénétration vaginale ou anale du doigt, sans protection

Fellation non protégée (l'éjaculation dans la bouche de sa partenaire est plus risquée)

Comportements à faibles risques

Cunnilingus avec digue dentaire

Contact main/vulve (sans pénétration)

Pénétration vaginale ou anale du poing, avec protection

Pénétration vaginale ou anale du doigt, avec protection

Fellation avec digue dentaire

Frottage (sans vêtements)

Baiser pénétrant

Comportements sans risques

Frottage (avec vêtements)

Stimulation des seins et des mamelons (sauf en période de lactation)

Partage des accessoires (avec préservatif)

Masturbation (non réciproque)

Voyeurisme et exhibitionnisme

Cybersexe et sexe téléphonique

Fantasmes

J'aime le sentiment d'attachement que j'éprouve quand je fais l'amour avec ma petite amie.

Soyez disponibles

Le sexe est toujours plus satisfaisant quand *on y participe*. Pas de façon épidermique, pas à moitié cachée ou à moitié distraite, pas anesthésiée, et surtout pas enfouie sous une couverture épaisse de honte — mais en étant totalement disponible. Que vous décolliez toute seule, que vous soyez emmêlée à des partenaires multiples ou que vous vous perdiez amoureusement dans le regard de votre grand amour, il importe d'être présente à ce qui se passe.

La disponibilité est le fondement de la plupart des pratiques spirituelles. La méditation, les rituels et la prière ont tous pour but d'aviver notre conscience de l'instant présent. Quel rapport avec le sexe ? Bien des gens associent étroitement sexe et spiritualité. Le tantrisme, qui est d'abord et avant tout une tradition spirituelle, forme aussi la base de pratiques sexuelles destinées à recentrer l'énergie érotique réflexe (« Bonjour madame, merci madame ! ») vers une notion plus transcendante de la sexualité.

Pour d'autre, le sexe est un refuge précieux de vie sauvage dans notre univers urbain chronométré et civilisé à l'excès. Qu'est-ce qui nous permet de folâtrer au lit en plein cœur de l'après-midi, sinon le sexe ? Un après-midi de passion charnelle, quoi de mieux pour nous rappeler l'existence de notre corps et notre immense aptitude au plaisir ?

Dans une optique plus terre à terre, être présente nous permet d'effectuer des choix judicieux. Voilà ce que signifie le mot « consentement » tel que le définit Staci Haines : « L'aptitude à choisir en nous appuyant sur notre propre expérience, sur nos désirs physiques, affectifs, mentaux, spirituels et sexuels, et l'aptitude à transmettre clairement ces désirs[29]. » Comment consentirez-vous à des rapports sexuels si vous ne savez pas ce que vous voulez ni ce que vous ressentez ?

Votre présence dans l'instant sexuel signifie que vous ne vous refermez pas sur vous-même, que vous ne dissimulez pas votre nature, que vous ne mentez pas sur ce que vous voulez (et ne voulez pas). Prendre part aux rapports sexuels signifie que vous ne ressentez pas le besoin de vous gaver, de vous purger, de jeûner, de vous saouler ou de vous droguer pour faire l'amour.

> L'alcool était pour moi un facilitateur social qui me permettait d'accéder aux rapports sexuels. Maintenant, bien que je n'aie pas cessé de boire, je préfère être sobre quand je fais l'amour, car mon plaisir est plus intense.

Pour être disponible totalement, de corps et d'esprit, il faut affronter les problèmes qui sabotent notre vie. Les organismes et les méthodes aptes à vous aider à trouver ou à retrouver cette disponibilité ne manquent pas : la thérapie, les groupes de soutien, les programmes en douze étapes, les pratiques corporelles, tout cela peut vous venir en aide.

29. Haines, *Survivor's Guide*, 103.

Les bouleversements

Même quand vous êtes heureuse, que tous vos rêves se réalisent, votre rapport au corps peut être mis au défi. La grossesse et l'accouchement, cette réduction mammaire tant attendue, le processus de changement de sexe, tout cela peut bouleverser une vie.

Rachel Pepper, auteur de *The Ultimate Guide to Pregnancy for Lesbians*, rappelle à ses lectrices combien l'amour et l'appui des êtres chers peuvent faciliter le choc d'une transition difficile :

> Après avoir vécu pendant de longues années dans le même corps, il est déconcertant de le voir se transformer si totalement et si vite... Pendant que vous vivez ces transformations, votre partenaire peut vous rassurer, vous dire que vous êtes toujours désirable. De nombreuses femmes enceintes développent une honte de leur corps lorsque celui-ci commence à se transformer. Bien sûr, certaines amantes savent que rien n'est plus sexy qu'une femme enceinte. Ces seins ! Ces hanches ! Ce ventre arrondi ! La vie qui y prend forme ! Il n'en tient qu'à votre amie de rehausser votre estime de vous-même en vous couvrant d'éloges[30].

Beaucoup des chocs que nous devons vivre nous sont *imposés*. Les tragédies telles que la mort d'un être cher bouleversent notre univers et notre bien-être. La fin d'une relation est souvent ce qui peut le plus nous déstabiliser. Une maladie grave, un handicap chronique, mettent au défi notre sentiment d'identité. Les émotions en dents de scie qui accompagnent la guérison d'un trouble alimentaire ou la fin d'une assuétude sont épuisantes. La ménopause et le vieillissement, tout en représentant une libération, remettent en question notre sentiment d'identité et notre érotisme.

Sans doute vous est-il difficile de vivre votre sexualité quand vous nagez dans un tel océan d'émotions. Vous fuyez peut-être l'engagement amoureux. Vous pensez peut-être que le fait de vivre pleinement votre sexualité équivaut à manquer de respect à l'amante qui n'est plus là. Vous éprouvez le besoin de protéger votre nouveau corps, votre nouvelle identité. Il n'est pas interdit de s'abstenir d'avoir des aventures, ou de renoncer provisoirement à la vie de couple. L'occasion vous est peut-être offerte ainsi de vous découvrir et de vous donner du plaisir. Le Chapitre 5, « La masturbation », vous dira comment !

Vous méritez d'avoir une vie sexuelle épanouie — tous les plaisirs que vous voulez (et même tous ceux que vous n'imaginiez pas possibles), à vos conditions, sans vous en excuser, sans vous justifier.

---

30. Rachel Pepper, *The Ultimate Guide to Pregnancy for Lesbians*, 128.

5

La Masturbation

La masturbation est fondamentale, indispensable à mon bien-être spirituel et sexuel.

Est-ce que vous vous masturbez ? Lorsqu'on vous interroge sur vos préférences sexuelles, mentionnez-vous les plaisirs que vous vous procurez ?

La masturbation est le fondement même de votre sexualité. Elle vous apprend ce que vous aimez et la manière de faire que vous préférez. Jusqu'où vous engagez-vous dans cette activité ?

De nombreuses femmes refusent d'admettre qu'elles se masturbent. On dénigre tant la masturbation et, tant qu'à y être, le célibat ! Eh bien, non. La masturbation est l'une des nombreuses formes d'expression sexuelle ; elle n'est ni moins ni plus « légitime » que le sexe buccal ou la pénétration d'un godemiché. Quelles fausses croyances entourent la masturbation ? Redoutez-vous de développer une personnalité antisociale ou une assuétude au vibromasseur si vous vous masturbez ? Appréhendez-vous de blesser votre amante si elle découvre que vous vous envoyez en l'air toute seule ? Croyez-vous que le fait de rester à la maison un samedi soir pour vous adonner tranquillement à votre vice solitaire fait de vous une perdante ou une pervertie sexuelle ?

Permettez-moi d'énumérer ici quelques bonnes raisons de vous masturber.

La légende dorée de la masturbation en 10 tableaux

1. Se masturber, ce n'est pas faire l'amour. Faire l'amour, c'est ce qu'on fait avec sa petite amie. On nous a également dit que la procréation était la raison d'être des rapports sexuels. Pour l'amour du ciel, n'en croyez pas un mot. Le plaisir est aussi la raison d'être des rapports sexuels, et le plaisir que vous vous procurez par vous-même exprime votre sexualité aussi bien que n'importe quelle autre pratique.

2. Si vous vous masturbez trop, vous aurez les paumes poilues et les lèvres de votre vulve deviendront énormes. Ou elles changeront de couleur. Ou elles deviendront bizarres. Faux ! Il suffit d'un coup d'œil à Femalia, une collection de photos couleurs d'organes génitaux féminins, pour se rendre compte qu'il n'y a pas deux vulves identiques en taille, en forme et en couleur. (Et personne n'a les paumes poilues à force de se masturber.)

3. Les personnes qui vivent en couple ne se masturbent pas. Ou alors, seulement quand leur conjoint(e) est en voyage. Le corollaire de cette affirmation est : Les lesbiennes engagées dans une relation équilibrée ne se masturbent pas ; si vous devez vous procurer vous-même du plaisir, c'est sans doute que votre vie sexuelle de couple est morte et enterrée. Il est plus probable que le contraire soit vrai : si vous vous masturbez et que vous comblez ainsi votre vie de plaisirs érotiques, votre libido ne vous fera sans doute jamais défaut. Si, en outre, vous partagez ce dynamisme sexuel avec votre compagne, vous pourriez bien réveiller ses pulsions endormies !

4. Gardez-vous pour votre amie. Si vous vous masturbez, vous privez votre partenaire. Cela n'est vrai que si vous êtes des jumelles érotiques. Mais qu'en est-il si vos désirs ne s'ajustent pas parfaitement 24 heures sur 24, sept jours sur sept ? Se masturber n'est pas trahir. Non seulement n'est-il pas réaliste de penser que votre amante doive satisfaire tous vos besoins (sexuels, affectifs

Que peut vous apporter la masturbation ?

Elle vous fait jouir... souvent. Vous pouvez prendre votre pied quand cela vous plaît. Tout ce plaisir *vous appartient* : vous n'avez pas à vous inquiéter des désirs ou des besoins de qui que ce soit d'autre.

La détente, une diminution du stress, une bonne nuit de sommeil — voilà quelques-uns des bienfaits que vous procure la masturbation. Le plaisir solitaire représente aussi une bien meilleure récompense qu'une tablette de chocolat quand vous avez complété votre travail de semestre ou votre plan d'affaires.

La masturbation vous permet de faire l'essai de nouvelles pratiques sexuelles dans un contexte rassurant. Vous pouvez essayer de nouveaux accessoires, créer de nouveaux fantasmes, et même jouer un rôle sans en être embarrassée. Vous pouvez faire l'expérience de l'orgasme prolongé, des orgasmes en série et de l'éjaculation. Vous pouvez faire des dégâts sans craindre d'offusquer votre partenaire.

et spirituels), une telle attitude ne vous laisse guère le loisir d'être vous-même.

5. Si vous vous masturbez, vous ne pourrez plus atteindre l'orgasme autrement. Vous développerez une personnalité antisociale. « J'étais beaucoup plus antisociale quand j'étais une accro de l'amour », écrit Betty Dodson[31].

6. La masturbation est une activité solitaire. Oui, la masturbation est parfois synonyme de solitude, de tristesse, de deuil – mais elle est aussi synonyme de joie, de passion et d'explosion de plaisir. Faire l'amour est une expérience qui engage les émotions, que vous partagiez cette expérience avec une partenaire ou que vous preniez votre pied toute seule.

7. On ne devrait se masturber qu'en cachette. Certaines d'entre nous ont eu des parents « avant-gardistes ». Au lieu de nous punir quand ils nous prenaient sur le fait, ils nous ont dit que nous avions le droit de nous masturber du moment que nous le faisions en cachette ! Il n'est guère étonnant que le fait de se masturber sous le regard d'autrui soit si excitant !

8. Les femmes qui se donnent trop souvent du plaisir toutes seules sont des obsédées sexuelles. Que veut dire « trop souvent » ? Quel volume de plaisir avez-vous le droit de vous donner ? Un dé à coudre ? Une baignoire ? Tout l'océan ?

9. L'autoérotisme est non conformiste, pas « normal ». S'il est « normal » de prendre son pied de temps à autre, ça ne l'est pas de le faire en se déguisant, en s'amusant avec des gadgets, en se regardant dans une glace, en léchant le jus sur ses doigts. Accordez-vous la permission de vous toucher, de vous regarder, de humer vos parfums, de vous savourer. (Si le fait d'imaginer que vous êtes la fille la plus perverse du quartier vous aide, allez-y !)

10. Si vous vous masturbez, vous deviendrez très exigeante, vous vous attendrez à jouir tout le temps et vous voudrez une vie débordante de plaisirs érotiques. Oui ! Justement ! C'est le but de l'opération !

La masturbation est la clé de la connaissance sexuelle de soi. Elle vous renseigne sur les pratiques que vous aimez puisque vous mettez celles-ci à l'épreuve. Vous saurez ce qui vous catapulte au septième ciel — vous découvrirez autre chose que le petit truc qui a fait la joie de vos dix ans ou la technique particulière que vous a apprise votre dernière petite amie. Vous développerez une gamme d'activités, de fantasmes et de techniques sexuelles qui correspondent à vos goûts.

> La masturbation m'a appris à me caresser et m'a donné une bonne idée du type de caresses que je devrais procurer à mon amante. Par exemple, je sais maintenant que je dois ralentir ma caresse de son clito quand elle est sur le point de jouir, quand elle s'approche du sommet de l'orgasme pour prolonger les instants les plus intenses de son plaisir.

31. Betty Dodson, *Sex for One : The Joy of Selfloving* (Crown, 1996), 95.

Une telle connaissance de soi débouche sur la confiance en soi et l'autonomie sexuelle. Vous savez que vous pouvez prendre bien soin de vous-même. Vous savez ce qui vous excite le plus et vous pouvez plus facilement transmettre cette information à votre partenaire (« Qu'est-ce que tu aimes ? » « Bof… tout, je suppose. »).

Il n'y a pas d'intimité possible avec une autre personne tant qu'on n'est pas intime avec soi. Aimez-vous votre propre compagnie ? Quel genre d'amante-en-solo êtes-vous ? La masturbation vous permet de développer une relation érotique avec vous-même.

La masturbation représente une façon de vous aimer. Dire que vous vous aimez est facile, mais comment exprimez-vous cet amour ? La masturbation est tout autant une façon de prendre soin de vous-même que le massage, les examens gynécologiques, les soins esthétiques et les cures thermales. Vous vous redonnez de l'énergie pour compenser celle que vous vole votre vie quotidienne.

Et, parlant d'amour de soi, n'oubliez pas que votre corps représente une partie importante de votre « moi ». La masturbation vous aide à aimer aussi votre corps.

Une attitude positive face à la sexualité est ce qui permet d'accepter, d'appuyer et de célébrer les mille et une facettes de la sexualité humaine. Puisque sexualité bien ordonnée commence par soi-même, pourquoi ne pas apprendre dès maintenant à accepter votre sexualité, votre corps, ce que vous aimez, vos réactions à vos caresses et votre imaginaire sexuel ? On n'est jamais trop vieille, trop ennuyeuse, trop grosse, trop maigre, trop stressée ou trop timide pour mériter d'avoir une vie sexuelle extraordinaire.

> L'intimité – se rapprocher de soi dans les moments de solitude et se rapprocher des autres dans les moments de partage – reflète mieux que tout le reste notre univers intérieur. L'intimité commence en soi, avec soi.
>
> Stephanie Dowrick

Les ateliers de masturbation

Ce n'est pas un hasard si, pour les meilleurs sexologues, la masturbation est la méthode la plus propice à développer le potentiel érotique des femmes. Et n'oubliez pas que les accessoires nécessaires à la masturbation sont toujours à portée de la main ! Depuis *The Ultimate Guide to Anal Sex for Women* à *Exhibitionism for the Shy*, en passant par *The Survivor's Guide to Sex*, tous les manuels érotiques regorgent de conseils et d'encouragements à vous masturber.

Les responsables des boutiques de sexe sont de grands partisans de la masturbation. « Il serait difficile de trouver un groupe plus enthousiaste que les employées de Good Vibrations », écrivent Cathy Winks et Anne Semans dans *The New Good Vibrations Guide to Sex*. « Chaque fois que nous vantons les mérites d'un gadget pour le bénéfice d'une cliente, nous nous disons "Rentrez chez vous ! Masturbez-vous ! N'hésitez pas ! Vous adorerez, c'est promis !"[32] »

Des sexologues professionnelles, notamment Betty Dodson, Annie Sprinkle, Carol Queen ou Tristan Taormino, organisent des ateliers pratiques dans le but d'aider les participantes à développer leur confiance en soi en matière de sexualité. Certaines enseignent l'éjaculation du point G, la péné-

32. Cathy Winks et Anne Semans, *The New Good Vibrations Guide to Sex* (Cleis Press, 1997), 48.

tration anale, les pratiques tantriques ou l'art du striptease. Toutes placent la masturbation au cœur de leur enseignement. Les femmes qui se sont vouées à la formation de leurs consœurs savent que l'exploration de soi est la clé de la découverte sexuelle.

Si vous aviez l'occasion de prendre part à un atelier de masturbation, que désireriez-vous apprendre ? Voudriez-vous changer certains aspects de vos habitudes masturbatoires ? Souhaiteriez-vous consacrer plus de temps et plus d'énergie à votre propre plaisir ? Voudriez-vous trouver des solutions pour mettre fin à votre routine habituelle — nouvelle position, nouveau gadget, nouvelles caresses ?

Cette occasion fut donnée à Tristan Taormino. Dans le cadre de son travail de rédactrice pour le magazine *On Our Backs*, Tristan a présenté un compte rendu de sa séance individuelle sous la direction de Betty Dodson, « la mère de la masturbation ». En journaliste intrépide, Tristan s'était inscrite à une leçon particulière. « Cette aventure m'enthousiasmait au point où j'en ai presque fait pipi dans ma culotte, écrivit-elle. Vous vous rendez compte ? J'allais me masturber devant le Dr Betty Dodson ![33] »

Par souci de professionnalisme, Betty entama sa leçon en se renseignant sur les antécédents de sa cliente ; autrement dit, elle l'interrogea sur ses habitudes et pratiques masturbatoires. « Je me branle depuis l'âge de quatre ans, si bien que cette pratique m'est assez bien connue, mais j'étais néanmoins convaincue de pouvoir bénéficier des compétences de Betty. On n'est jamais trop riche ni trop doué pour le sexe. » Avouant à Betty son appartenance au segment avaleur de Prozac de la population, Tristan lui confia avoir depuis quelque temps des orgasmes capricieux. Elle désirait aussi jouir étendue sur le dos plutôt que sur le ventre, comme elle le faisait depuis toujours.

Betty dirigea Tristan dans l'auto-examen de ses parties génitales. Elle la félicita pour sa vulve épilée, lui prodigua des conseils quand elle entreprit de se toucher et lui offrit, pour son édification, un petit panier rempli de gadgets, notamment un Crystal Wand (godemiché en Lucite en forme de S conçu pour stimuler le point G), un Magic Wand de Hitachi et un accessoire en forme d'haltère, similaire au Kegelcisor conçu par Betty.

Conclusion ? Tristan a reçu un A + pour ses poussées pelviennes, mais sa respiration « laissait à désirer ». Betty lui signala également que de trop dépendre d'une stimulation clitoridienne directe était limitatif ; si elle s'entraînait à être sensible à d'autres formes de stimulation, elle serait une amante beaucoup plus « polyvalente ». De toute évidence, même l'audacieuse rédactrice de *On Our Backs* avait des choses à apprendre !

Tristan résuma ainsi sa leçon avec Betty : « Betty m'a remémoré un détail que j'ai tendance à oublier, surtout lorsque je fais l'amour avec une amante extraordinaire : la seule personne qui détient la clé de mon plaisir, c'est moi. »

Il n'est pas nécessaire d'attendre une invitation spéciale du Dr Dodson pour rafraîchir vos aptitudes sexuelles. Vous pouvez vous inscrire à un atelier pratique à la boutique érotique féminine la plus proche de chez vous. Et si vous n'avez pas accès à un atelier pratique de techniques sexuelles, à

---

33. Tristan Taormino, Adventure Girl, « I Came on Prozac with Betty Dodson », *On Our Backs*, vol. 14, nº 2, 7, avril/mai 1999.

une classe ou à une conseillère, louez une vidéo d'apprentissage comme celui de Fanny Fatale, *How to Female Ejaculate*, dans lequel un groupe de femmes se masturbent jusqu'à l'orgasme et l'éjaculation, ou encore celui de Betty Dodson, *Celebrating Orgasm*, qui vous donnera un aperçu des techniques réputées de Betty Dodson. (Une vendeuse d'accessoires érotiques qualifie ce genre de vidéos de « porno lesbienne à la Jack La Lanne », car vous pouvez le visionner dans le confort de votre foyer tout en faisant les exercices.

Bien entendu, rien ne vous empêche de planifier pour vous-même un atelier de masturbation solitaire. Vous pouvez même vous fixer des objectifs éducatifs. Vous êtes-vous déjà masturbée en regardant un film porno ? Louez une vidéocassette, baissez la fermeture éclair de votre jean et découvrez de quoi il s'agit.

Votre programme pourrait comprendre les matières suivantes : respiration, gémissements, mouvement des jambes, prolongement des caresses après le premier orgasme. Peut-être n'avez-vous jamais eu d'orgasme, ou peut-être *croyez-vous* n'en avoir jamais eu... Sachez profiter de cette occasion. Qu'aimeriez-vous apprendre ?

Apprenez de nouveaux trucs

> Je suis assez conventionnelle : je me contente habituellement de stimuler mon clito du doigt. De temps à autre, quand je me sens particulièrement coquine, j'aime associer la pénétration à ma masturbation.

Chacune d'entre nous se masturbe à sa façon très personnelle. La plupart des femmes atteignent l'orgasme par la stimulation — directe ou indirecte — du clitoris. Que vous vous étendiez sur le ventre pour frotter votre bassin contre la paume de votre main, que vous vous frottiez contre le rebord de la table, que vous serriez les cuisses en rythme, que vous enfonciez un godemiché dans votre vagin ou votre anus, que vous touchiez votre clito du doigt ou que vous preniez votre pied à l'aide de votre fidèle vibromasseur Magic Wand, vous avez sans doute mis au point une technique qui assure votre satisfaction.

> Du plus loin que je me souvienne, je me masturbe au lit, couchée à plat ventre, et je me caresse des deux mains en me frottant contre un bout de drap ou une pièce de vêtement. J'aime prendre mon temps, fantasmer en laissant tranquillement monter le plaisir. Ensuite, je me repose ou je dors quelques minutes.

Le *modus operandi* d'un grand nombre de femmes reproduit leurs découvertes masturbatoires du temps où elles étaient petites. Si vous avez constaté à 12 ans que vous pouviez jouir en excitant rapidement votre clitoris par de petits mouvements circulaires, vous privilégiez sans doute encore cette méthode. C'est très bien. Vous vous êtes ainsi procuré du plaisir pendant des années. Mais, comme tous les merveilleux amants qui s'enlisent dans la routine, vous risquez ainsi la prévisibilité et l'ennui.

Certaines de vos techniques masturbatoires sont peut-être indispensables à l'orgasme, par exemple, une stimulation particulière, tandis que d'autres ne correspondent peut-être qu'à une habitude, par exemple, une position précise. Pouvez-vous jouir debout, ou devez-vous tendre vos jambes et pointer les pieds ? Et qu'en est-il de la stimulation clitoridienne ? Si vous maintenez le vibromasseur juste au-dessous du clito plutôt que contre vos lèvres du côté gauche de la vulve, parvenez-vous quand même à jouir ?

Vous pouvez vous entraîner à répondre à différents stimuli et de plusieurs manières. Le secret consiste à vous ouvrir à toutes les possibilités et

Un temps d'arrêt

Vous arrive-t-il d'avoir l'impression que la vie vous a brisée en mille morceaux ? Que si vous devez vivre une autre rupture, vous renoncerez à tout jamais aux filles ? Le moment est venu pour vous de vous accorder un temps d'arrêt.

Des tas de gens choisissent de vivre une période d'abstinence : c'est une option sexuelle aussi valable que n'importe quelle autre. Certains s'abstiennent de tout contact sexuel avec partenaire. D'autres vont jusqu'à s'abstenir de se masturber. Dans les deux cas, c'est très bien.

L'abstinence des rapports sexuels avec partenaire représente, pour certaines personnes, une forme de spiritualité, un moyen d'atteindre à une plus grande conscience de leur énergie vitale et de leur place dans l'univers. D'autres y trouvent le moyen de se mesurer aux chocs de la vie : rupture, sobriété nouvellement gagnée, décès d'un proche, rétablissement à la suite d'un épisode de violence sexuelle.

Qu'en est-il si la personne qui prend un temps d'arrêt est votre amante, et que vous avez toujours envie de satisfaire avec elle vos désirs ? Une telle situation peut être assez pénible à vivre, surtout si votre couple est monogame. Vous n'avez pas choisi ce qui arrive ; mais les circonstances vous offrent ainsi une occasion en or d'explorer votre propre sexualité, seule avec vous-même et avec vos fantasmes, dans un pas de deux pour personne seule.

Lorsqu'on cesse pour un temps de partager avec quelqu'un d'autre son dynamisme sexuel, toute cette énergie nous est réservée. Le fait de s'abstenir d'avoir des rapports sexuels avec partenaire nous permet d'aller de l'avant sans distraction : on peut venir à bout d'une dissertation ou mettre au point un plan de carrière.

Quand personne n'est là pour vous distraire, c'est vous tout entière que vous ressentez. Ainsi que l'écrit Staci Haines dans *The Survivor's Guide to Sex,* « être intime avec vous-même signifie que vous êtes la partenaire de toutes vos émotions, de vos sensations, de vos pensées, de vos excentricités et de vos imperfections.[34] » C'est parfois redoutable. Préparez-vous à entrer profondément en contact avec la femme que vous êtes en réalité, sans doute pour la première fois de votre vie.

L'aspect le plus important de ce temps d'arrêt est qu'il est délibéré. Il ne s'agit pas d'une abstinence fortuite due au fait que personne ne vous attire, mais bien d'une décision réfléchie. Quoi de mieux que l'abstinence volontaire pour vous rappeler que toute expression sexuelle est affaire de choix ?

Vous êtes sexy, vous êtes merveilleuse, vous méritez la plus belle satisfaction sexuelle que la vie puisse vous offrir. En vous dissociant quelque temps de votre vie amoureuse, vous vous accordez le loisir d'enrichir votre relation avec vous-même.

34. Staci Haines, *The Survivor's Guide to Sex* (Cleis Press, 1999), 221.

à accepter de subir quelques frustrations passagères dans un but expérimental. Bon, d'accord : vous pourriez jouer de ce godemiché jusqu'à ce que mort s'ensuive, *vous ne jouirez pas*. Ne visez pas tant l'orgasme ; concentrez-vous plutôt sur vos sensations. Vos muscles vaginaux se contractent-ils autour du gode ? Que font votre derrière, vos jambes, vos pieds ? Observez ces sensations à mesure qu'elles parcourent votre corps. Vous pourriez vous surprendre et atteindre l'orgasme d'une façon que vous n'auriez jamais crue possible.

> Je m'étends sur le ventre en relevant un tout petit peu le derrière. Je me masturbe avec mon poing, tandis que mon pouce frotte mon clito. J'accélère de plus en plus le mouvement, en caressant parfois le clitoris, parfois l'entrée du vagin et en m'appuyant sur ma main de tout mon poids.

Le guide de la masturbation

Voici quelques-unes des techniques les plus populaires :

- Accordez-vous un long moment de solitude. Allumez des bougies et choisissez un CD de musique qui vous excite ou vous apaise.
- Admirez-vous sans retenue. Installez-vous face au miroir. Écartez vos lèvres. Parcourez du doigt chaque détail de votre anatomie : lèvres, clitoris, vagin, périnée, anus. Constatez les différentes textures de peau. Les couleurs.
- Caressez-vous. Touchez vos seins, votre ventre, vos cuisses, vos pieds.
- Sucez vos doigts — ou un mamelon, si vos seins sont assez gros pour que votre bouche puisse les atteindre.
- Étendez-vous sur le dos ou sur le ventre, asseyez-vous sur une chaise, agenouillez-vous ou installez-vous à croupetons sur votre main ou votre godemiché, ou encore frottez-vous contre un meuble.
- Parcourez légèrement votre vulve des doigts. Quelles zones sont les plus érogènes ?
- Insérez un doigt dans votre vagin et retirez-en vos sécrétions.
- Même si vous êtes déjà très humide, placez une goutte de lubrifiant à base d'eau sur votre doigt.
- Remontez votre doigt du vagin au clito.
- Caressez et pincez vos mamelons au même rythme que votre clito.
- Tenez délicatement la hampe de votre clitoris entre le pouce et l'index ; caressez la hampe et le capuchon de votre clito du bout des doigts.
- Si vos mamelons préfèrent une stimulation intense, procurez-vous des pinces à seins ; n'oubliez pas que la sensation sera beaucoup plus intense quand vous les enlèverez !
- Vous pouvez vous masturber au moyen d'une douchette. Retirez la pomme de douche et fermez partiellement l'orifice du tuyau pour créer un jet à haute pression. (Ne propulsez jamais d'eau directement dans le vagin.)
- Tirez sur votre clito ou sur votre anneau de lèvres.

- Stimulez votre clito par des mouvements circulaires rapides et intenses.
- Insérez deux doigts dans le vagin et caressez votre point G ; de l'autre main, effectuez des pressions sur le pubis ; ainsi, vous stimulez le point G de l'intérieur et de l'extérieur.
- Insérez un doigt, un stimulateur anal ou un chapelet anal dans l'anus. (N'insérez pas le même doigt ou le même gadget dans le vagin afin d'éviter les risques d'infections bactériennes.)
- Maintenez un vibromasseur contre le clitoris tout en insérant vos doigts ou un godemiché dans le vagin, ou encore, faites aller et venir un vibromasseur dans le vagin tout en caressant votre clitoris.
- Roulez des hanches, bougez les jambes.
- Respirez, respirez, respirez. Respirez par la poitrine, le ventre, le con.
- Verbalisez votre plaisir !

Pour le plaisir solitaire

Il existe un grand nombre d'accessoires que vous pouvez utiliser toute seule. Les plus populaires sont les vibromasseurs et les godemichés. Mais vous pouvez aussi jouer avec des pinces à seins, des stimulateurs anaux, des chapelets anaux et des légumes frais. Si vous utilisez des légumes, n'oubliez pas de les laver soigneusement avant de vous en servir ou recouvrez-les d'un préservatif. Les godes réclament les mêmes précautions, surtout si vous pratiquez autant la pénétration anale que la pénétration vaginale. Changez de préservatif lorsque vous changez d'activité ou assurez-vous d'avoir des gadgets propres à portée de la main. Et n'oubliez pas le lubrifiant !

> Je me suis masturbée avec des carottes une fois ou deux, mais elles sont trop froides et quand on veut les réchauffer au micro-ondes, elles sont trop molles !

Certaines femmes s'adonnent à des séances complexes d'autoligotage. (Attention à *ne pas* vous asphyxier !) En reliant vos anneaux de lèvres et de mamelons par des ficelles, il vous suffit de balancer les hanches pour susciter d'agréables tensions ! Fixez des pinces ou des épingles à linge à vos petites lèvres ou à l'intérieur des cuisses, titillez-vous avec des glaçons ou de la cire chaude ou pratiquez le perçage. Nous abordons les gadgets et les accessoires plus en détail au chapitre 15.

L'érotisme et les fantasmes

Bien entendu, l'imagination est le gadget sexuel le plus merveilleux qui soit. L'érotisme dans la littérature ou l'audiovisuel stimule l'imaginaire sexuel. Que vous ayez entrepris votre masturbation en lisant un livre d'une main, en regardant une vidéocassette, en écoutant une audiocassette, en ayant une conversation téléphonique lascive avec une copine ou en visitant un site Web sexy ou un bavardoir, quand vous fermez les yeux pour vous laisser porter par le plaisir des scènes étonnantes s'imposent à votre esprit.

Vous visualisiez Pepper et Nina Hartley dans *Suburban Dykes*, et voilà que vous incarnez en même temps le mâle hétéro qui fouine dans les rayonnages de la bibliothèque et la libraire sadique qui le fait marcher. Pourquoi pas ? Vous pourriez aussi être la maîtresse de maison bourgeoise que séduit l'électricienne butch. Laissez-vous guider par votre clitoris. Il n'y a pas de « mauvais » fantasmes ; attachez-vous aux images qui vous excitent. Quelles sont les caresses dont vous avez vraiment envie ?

Le guide de l'orgasme

La masturbation est une excellente éducatrice quand il s'agit d'apprendre à atteindre l'orgasme. Toutes les spécialistes, de Lonnie Barnach à Betty Dodson, vous diront qu'il est beaucoup plus facile d'apprendre à jouir seule qu'avec un(e) partenaire.

En résumé :

- *Donnez-vous la permission de jouir.* Il est aussi important de jouir que de manger ou de respirer. Vous ne méritez pas moins le plaisir sexuel que n'importe quel autre être humain.
- *Expérimentez.* Touchez-vous de différentes manières. Découvrez ce qui vous excite. « Si vous n'atteignez pas l'orgasme, ce n'est pas grave. L'important est de savoir ce qui vous procure du plaisir et d'explorer ce plaisir un peu plus de fois en fois », conseillent Cathy Winks et Anne Semans[35].
- *Prenez votre temps.* Il se peut que vous ayez besoin d'une heure ou plus pour atteindre le point de non-retour qui vous fera basculer dans l'orgasme.
- *Respirez.* La respiration favorise l'oxygénation du sang et énergise le corps tout entier.
- *Extériorisez votre plaisir.* Impossible de retenir votre souffle quand vous gémissez !
- *Bougez.* Ondulez du bassin, Remuez les jambes. Le mouvement crée une accumulation d'énergie.
- *Utilisez un vibromasseur.* Pour de nombreuses femmes, la stimulation intense et constante que procure le vibromasseur est indispensable à l'orgasme.
- *Utilisez un lubrifiant.* Enduisez la tête du vibromasseur, votre doigt et votre clito de lubrifiant à l'eau. Étalez du lubrifiant sur toute la vulve.
- *Arrêtez, puis recommencez.* Quand rien ne va plus, arrêtez-vous et laissez l'excitation reprendre le dessus. « N'en faites pas une obsession ; l'acharnement risque de détruire l'excitation », écrivent Winks et Semans[36].
- *Détendez-vous.* Ou, plutôt, sachez jouer de cette tension. Ainsi que le signale Staci Haines, « Pour la plupart des gens, l'orgasme est synonyme de tension musculaire, mais plus vous parvenez à vous détendre, mieux

35. Winks et Semans, *New Good Vibrations Guide*, 59.
36. *Ibid.*

c'est, car il est difficile pour des muscles déjà contractés de se contracter encore plus pour l'orgasme.[37] »

- *Entraînez-vous.* Lonnie Barbach recommande une heure d'exercices masturbatoires quotidiens pendant six semaines[38].
- *Faites vos exercices de Kegel.* Annie Sprinkle écrit : « Contractez les muscles pubococcygiens (les muscles que vous contractez pour empêcher l'écoulement de l'urine) en expirant. Ces contractions stimulent le clitoris et le point G tout en vous réénergisant. En d'autres termes, inspirez en gonflant l'abdomen comme un ballon, puis expirez en aplatissant le dos et en contractant le faisceau pubococcygien.[39] »
- *Ressentez vos émotions.* Nos émotions sexuelles réveillent parfois des souffrances, de la colère ou de la peur. S'il semble parfois opportun de s'abstenir d'avoir des rapports sexuels, on paie cher cette abstention.
- *Obtenez de l'aide.* Il y a plusieurs approches possibles pour résoudre un problème sexuel. Les techniques de guérison somatique ont été conçues pour vous aider à apaiser vos traumatismes physiques. Vous pourriez aussi consulter une thérapeute qui vous aidera à découvrir les raisons de votre difficulté à atteindre l'orgasme. Vous pourriez consulter une sexologue ou une partenaire par substitution. Vous pourriez retenir les services d'une conseillère en orgasme.
- *Lisez un manuel de sexe.* Aphrodite, la sage conseillère en ligne de la boutique A Woman's Touch, nous apprend qu'elle a appris à se masturber en lisant *Our Bodies, Ourselves*[40]. Même les reines du sexe n'ont pas la science infuse ! Les vidéos, les livres, les ateliers ne manquent pas. Consultez la section « Ressources » du présent ouvrage.

La masturbation à deux

> J'adore regarder ma partenaire jouir de son propre corps. Quelle merveilleuse intimité ! Je me masturbe aussi parfois pour l'exciter ; cela me plaît énormément. C'est formidable de pouvoir se masturber ouvertement et de savoir que cette pratique est appréciée et encouragée, et non pas dénigrée.

Votre amante vous enveloppe du regard et vous n'avez pas à vous préoccuper du problème que représente une partenaire bien disposée (mais novice) qui ignore tout des caresses clitoridiennes que vous préférez. Si la verbalisation de vos préférences vous intimide, optez pour la démonstration !

37. Haines, *Survivor's Guide,* 79.
38. Lonnie Barbach, Ph.D., *L'accomplissement sexuel de la femme,* traduit de l'anglais par J. Dumet (Paris, Buchet-Chastel, 1997).
39. Annie Sprinkle, avec la collaboration de Jwala, « How to Have Energy Orgasms », home page de Annie Sprinkle, www.heck.com/annie
40. « Ask Aphrodite », A Woman's Touch, www.a-womans-touch.com/additions/Howto.txt

Source de l'encadré : Stephanie Dowrick, *Intimacy and Solitude* (W.W. Norton, 1995), 5.

Ça ne me gêne pas du tout de prendre mon pied devant ma blonde. Surtout si je l'ai ligotée !

Il se pourrait que vous découvriez votre penchant pour l'exhibitionnisme et qu'elle constate le sien pour le voyeurisme. Chaque fois que vous vous aventurez sur un terrain sexuel inédit, vous courez la chance de rehausser et d'enrichir votre sexualité.

Rien ne vous empêche de vous masturber tout en faisant l'amour avec votre partenaire. Il est parfois plus simple de voir à votre propre orgasme pendant que votre partenaire s'occupe à autre chose : elle explore votre derrière, elle insère ses doigts dans votre vagin, elle prospecte votre point G, elle suce vos mamelons. Pour beaucoup de femmes, l'orgasme est plus assuré, plus intense et plus facile lorsqu'elles se masturbent en faisant l'amour avec leur partenaire. Et l'amante qui ne se sent pas obligée de vous « faire venir » met encore plus d'imagination, d'assurance et de confiance en soi à vous procurer du plaisir.

Si vous jouissez par vous-même (ou à l'aide d'un vibromasseur), cela « compte » quand même. J'ai pris conscience de cette réalité en visionnant un film porno gai lors d'un festival du film homosexuel. Le héros se masturbait pendant que le sodomisait un partenaire très bien nanti. La similitude entre cette pratique et l'habitude qu'ont les lesbiennes de caresser leur clitoris tandis que leur amante les pénètre m'a frappée. Se faire jouir en faisant l'amour était, de toute évidence, très très excitant. Un grand silence régnait dans la salle, remplie à craquer d'homosexuels. On aurait pu entendre voler une mouche (ou se baisser une fermeture éclair).

Êtes-vous généreuse envers vous-même ? Vous excitez-vous avec autant d'imagination que vous excitez votre partenaire ? Cela vous suffit-il de vous masturber une fois la semaine ? Une fois par jour ? Trois fois par jour ? Quelle somme de plaisir méritez-vous ?

Liens suggérés

ASK APHRODITE

www.a-womans-touch.com

BETTY DODSON'S HOME PAGE

www.bettydodson.com

6

La COMMUNICATION et la quête de partenaires sexuelles

Vous voulez savoir d'où me viennent
mes partenaires sexuelles ? Je vais les chercher.

Où trouver des partenaires sexuelles? Eh bien, à peu près partout. À l'école, à l'université, au travail, dans un bar ou un dancing, au centre de conditionnement physique, dans le métro, à l'occasion d'une orgie, dans une classe d'études féministes, dans votre groupe jeunesse gaie, à une réunion des AA, à l'église ou à la synagogue, dans le cadre de vos activités communautaires, grâce à des amies ou d'anciennes amantes (et même grâce à l'occasionnel ex-mari), et, bien entendu, par Internet.

Plus précisément, il est possible de rencontrer d'éventuelles partenaires dans une boutique de sexe, lors d'une réunion de planification de la Journée gaie, dans la file d'attente d'un festival du film gai, aux éliminatoires de basket-ball féminin, à la rencontre parents/maîtres de la maternelle de votre marmot, lors du défilé gai, au concours international Ms Leather, au Michigan Womyn's Music Festival, à la soirée des néophytes de votre groupe SM local, à la librairie gaie, grâce à vos amantes polygames, en promenant le chien au parc, et ainsi de suite!

C'est affaire de géographie, pas de destin

Que vous viviez à Paris ou à Montréal, les principes de base de la rencontre sont les mêmes partout. Certes, il n'est guère facile de trouver des partenaires sexuelles lorsque seules deux ou trois lesbiennes fréquentent le campus ! Si les occasions de vie sociale homosexuelle pèchent par leur absence, vous devez faire preuve d'une grande créativité et d'une grande confiance en vous-même pour trouver des partenaires. Mais même dans les grands centres qui comportent une forte population homosexuelle, notamment New York, Londres, Berlin, San Francisco, Los Angeles et Sydney, il arrive que le puits se tarisse.

Vous pouvez vous rendre à San Francisco et vous mêler au demi-million de personnes qui longent Market Street pour regarder passer le défilé gai annuel et entendre une jolie lesbienne ornée de tatouages et de perçages dire qu'elle ne parvient pas à se trouver une amante. Le défaitisme se nourrit au défaitisme. Encore un peu et vous constaterez qu'une pénurie de lesbiennes sévit à Provincetown en plein cœur de l'été !

Vous voulez dénicher quelque part une blonde, une aventure, une partenaire sexuelle ou un amour d'été ? Offrez-vous tous les plaisirs érotiques à votre disposition ; comptez surtout sur votre propre imagination érotique et votre aptitude à vous autosatisfaire. Faites-vous plaisir.

Entre-temps, voici quelques trucs et astuces pour vous aider à trouver une partenaire sexuelle.

- Sachez qui vous êtes et ce que vous voulez.
- Osez prendre des risques. D'accord, vous n'êtes pas une fêtarde ; mais combien d'invitations avez-vous refusées dernièrement ?
- Sortez de votre coquille. Vous ne fréquentez pas les clubs ? Époussetez vos chaussures de danse.
- Organisez une fête.
- Participez activement à la vie de votre milieu. Vous rencontrerez des femmes qui ont les mêmes préoccupations que vous.
- Dites à vos amis que vous cherchez quelqu'un.
- Participez à une partouze, même si vous vous y rendez seule. Ou allez-y avec une copine.
- Publiez une petite annonce dans le journal homosexuel local, un hebdo parallèle ou en ligne.
- Apprenez à parler de sexe. Il ne suffit pas, pour trouver des partenaires, d'aller vivre dans une ville à forte population gaie ou d'acheter une minijupe en cuir noir (mais vous serez *irrésistible* dans East Village). Avant de louer une remorque U-Haul ou de dépenser votre paie de la semaine prochaine, apprenez les rudiments de la communication. Vous serez plus sûre de vous et plus compétente, et vous apprendrez en même temps à vous connaître.

Où l'ai-je trouvée ? Elle a répondu à ma petite annonce. Nous sommes sorties une fois ou deux, mais ce n'était pas le bon moment. Quatre ans plus tard, elle travaillait dans mon département. Bientôt, nous flirtions, nous nous agacions, et nous échangions de petits messages. J'étais redevenue une gamine. Au bout du compte, je lui ai adressé ce petit mot : « Je meurs d'envie de t'embrasser. »

Parlez, parlez, parlez

> J'aime qu'elle pince mes mamelons et qu'elle me dise des cochonneries pendant que je me branle. Très, très excitant.

Beaucoup de femmes aiment parler de sexe. Il est parfois très excitant de s'entendre dire en détail à quel point on est désirée — comme il est excitant de dire à une amante ce qu'on a l'intention de lui faire quand on sera enfin seule avec elle.

Le désir, lorsqu'il s'exprime clairement, est un cadeau. Votre langue est un précieux accessoire sexuel (pas seulement pour le sexe oral !) ; parler de sexe est un délicieux préliminaire. Les mots sont des tisons autant que les baisers et les caresses.

Certaines lesbiennes aiment les propos vulgaires. Nous murmurons de sensuelles promesses dans des oreilles attentives. Nous expédions des courriels salaces pendant la journée de travail. Nous déposons des billets outrageusement explicites dans des vestiaires de gymnases, des sacs en cuir verni, des porte-monnaie, des tiroirs de sous-vêtements ou sous le tapis de la Honda — du côté du conducteur, bien entendu. Nous avons de longues et humides conversations téléphoniques. Nous passons des journées entières en ligne à explorer les bavardoirs à la recherche d'amantes éloquentes. Nous réalisons des vidéos maison. Nous enregistrons nos ébats sexuels et, ainsi que le relate une femme, nous réécoutons ces enregistrements encore et encore.

> Mon amie et moi avions fait un enregistrement de nos ébats sexuels que nous avons réécouté en nous efforçant de reproduire le rythme de cette « séance » particulière. Au début, mon amante suçait mon sexe. Je m'entendais me tortiller de plaisir, le bruissement des draps, les clapotements humides entre mes cuisses. J'entendais mon amie me lécher à la fois sur cassette et dans la vie réelle, en stéréophonie. Ses gémissements résonnaient dans ma tête ; mes gémissements résonnaient dans ma tête. À mesure que mon souffle devenait plus court sur la cassette, il devenait plus court dans la réalité. Mon amante était si mouillée que lorsqu'elle s'est redressée pour m'embrasser, tous mes doigts l'ont pénétrée très facilement et elle a chevauché ma main. J'ai à peine eu le temps d'insérer mon poing dans sa chatte ; elle est venue tout de suite. J'entendais sur la cassette que j'étais sur le point de jouir aussi. J'étais tendue et j'attendais qu'elle me pénètre avec son godemiché. Lorsqu'elle l'a fait, un frisson a parcouru mon corps tout entier pendant que je l'aspirais. Je n'entendais plus la cassette. Je n'étais consciente que de sa présence en moi et de nos respirations. Je n'ai jamais joui aussi fort que ce soir-là. C'était très beau.

Une aptitude à bien communiquer sexuellement est le talent érotique le plus utile dont puisse bénéficier votre relation. Ainsi que le dit Susie Bright, « Personne ne peut deviner, à vous regarder dans les yeux, la manière dont vous aimez être sodomisée.[41] » La communication sexuelle inclut l'aptitude à exprimer clairement vos désirs, vos fantasmes, votre passé, vos limites et vos appréhensions, de même que l'aptitude à écouter ceux de votre partenaire sans porter de jugement.

41. Susie Bright, *Susie Sexpert's Lesbian Sex World* (Cleis Press, 1990, 1998), 34.

L'aptitude à communiquer rapporte beaucoup : votre vie sexuelle s'améliore considérablement à mesure que vous exprimez plus facilement vos désirs. Si vous parvenez à dire ce que vous voulez à votre partenaire dans un langage clair, elle sera plus susceptible de combler vos besoins. (Une femme nous écrit ceci : « J'adorerais être sodomisée sur le capot de ma voiture sport. » Ce n'est rien de bien compliqué !) Votre attitude directe charmera votre partenaire. Bientôt, vous l'inspirerez à vous révéler des secrets qu'elle n'a jamais prononcés à haute voix.

Si vous demandez à votre amie ce qu'elle aime, vous rehausserez la qualité de votre vie sexuelle. Vous saurez exactement comment elle aime être touchée, et cela fera de vous une meilleure amante. N'ayez crainte : vous ne passerez pas pour une novice si vous lui demandez comment elle aimerait que vous léchiez son clitoris. Vous aurez beau avoir sucé des douzaines d'autres femmes, vous ne savez toujours pas quelles sont *ses* préférences *à elle*. L'amante raffinée *se renseigne*. C'est une excellente façon de vous habituer à exprimer vos désirs. Si parler de ce que vous voulez vous intimide encore trop, demandez-lui ce qu'elle aime (mais n'oubliez pas de vous préoccuper aussi de vous).

Parler de sexe ne gâchera ni le mystère ni la spontanéité de vos ébats. Le mythe romantique voulant que la perfection sexuelle est spontanée et qu'une amante habile peut deviner ce que vous aimez n'est que cela : un mythe.

Quand vous parlerez ouvertement de vos préférences et de vos fantasmes sexuels, vous ne vous demanderez plus si vous êtes « normale ». Dès que vous confierez à vos amies et à vos amantes les scénarios qui alimentent vos rêves érotiques, vous constaterez que vous n'êtes pas un cas à part. De nombreuses personnes ont les mêmes fantasmes. En fait, l'extravagance des fantasmes de certaines de vos copines pourrait bien vous surprendre !

Dans la communauté SM qui privilégie le ligotage, la domination/soumission et le sadomasochisme, la conversation sexuelle relève de l'art. Chez les adeptes du sadomasochisme, il est tout à fait habituel de négocier par avance les termes d'une rencontre, d'explorer les désirs de chacun des partenaires, ses besoins et ses limites, et d'aborder le sujet de la sécurité afin de se mettre d'accord avant d'agir. Même les participants expérimentés s'entendent avant chaque séance. C'est bien entendu le cas des novices : le fait de choisir une activité parmi une longue liste de possibilités suffit à les émerveiller pendant des heures et à susciter leur impatience curieuse. Les couples découvrent que la négociation contribue à la fraîcheur de leur vie sexuelle.

Le fait de planifier un scénario ne rend pas celui-ci moins excitant. Par exemple, vous pourriez discuter d'une scène de rapt sans pour autant gâcher l'effet de surprise au moment de la capture ou dévoiler le détail de ce qui se produira lorsque votre partenaire vous aura enlevée. La négociation entre partenaires égaux rend les jeux de pouvoirs plus sécuritaires et les distingue des rapports de force non consensuels qui existent dans la vie réelle.

Il est préférable que la négociation ait lieu dans un contexte non sexuel plutôt que dans la passion du moment. Prenez le temps de réfléchir à ce que vous voulez. Parlez de vos espoirs, de vos désirs, de vos expériences sexuelles passées, de vos préférences et de vos dégoûts, de vos besoins affectifs et de ce qui vous excite ; parlez aussi de vos limites — tout ce que *vous refusez* de faire. C'est le meilleur moment pour aborder la question des MST et des pratiques sexuelles à risques réduits. Il sera davantage question des négociations au chapitre 13, « Sois gentille ! (sinon, gare à toi...). »

Quelles sont les qualités que recherchent les « sexpertes » dans une partenaire ? Un comportement expressif est pour moi de toute première importance. En fait, de nombreuses femmes recherchent des partenaires capables de formuler librement leurs désirs érotiques. Pourquoi ? Lorsque vous dites à votre nouvelle amante ce que vous comptez faire, son regard vous renvoie votre propre sexualité. Vous redécouvrez le sexe.

Enfin, c'est par la communication que l'on apprend à maîtriser le consentement. Même si vous savez ce que vous voulez, il vous faut communiquer pour donner (ou refuser) votre consentement.

Trop timide pour vous exprimer ?

La communication sexuelle n'est pas réservée aux femmes audacieuses ou éloquentes. Toutes peuvent apprendre à parler de sexe, même une grande timide en bonne voie de guérison telle Carol Queen :

> Lorsque j'étais (pas beaucoup) plus jeune, l'idée de me lever en public et d'attirer l'attention sur le plan érotique m'aurait fait mourir de peur. En fait, je n'étais même pas capable d'agir ainsi en privé. Je ne savais pas dire des cochonneries. Mes seules audaces étaient « je t'aime » ou, quand j'étais très osée, « Ouiiiiiii ! »
>
> Depuis, j'ai posé nue, j'ai réalisé des cassettes audio et vidéo de mes ébats sexuels et j'ai participé à des spectacles de sexe en direct. Non seulement ces expériences témoignent-elles de ma guérison, mais elles en sont en partie la cause[42].

La plupart de nos inhibitions sexuelles découlent de notre éducation. Nous apprenons ce qu'il convient de dire tout haut et ce qu'il vaut mieux taire. La libre expression de la sexualité peut coûter très cher, surtout aux femmes. Vous vous flattez peut-être d'être des *salopes* ou des *putes*, mais dans un tout autre contexte, ces jugements parviennent à clouer le bec même aux plus téméraires d'entre nous.

Vous craignez sans doute que votre sexualité ne soit pas à la hauteur et que si vous verbalisez vos désirs on verra vos lacunes et on vous trouvera ennuyeuse. Ou trop perverse. Ou trop soumise. Ou tout simplement différente.

On nous a enseigné qu'il est égoïste — et par conséquent répréhensible — de demander ce que l'on veut. « Prendre la responsabilité de votre corps ne signifie nullement que vous vous désintéressez des sentiments

42. Carol Queen, Real Live Nude Girl : Chronicles of Sex-Positive Culture (Cleis Press, 1997), 62.

d'autrui. Cela signifie que vous êtes totalement responsable de *vous-même*, et que les autres sont responsables de *leur corps* et de *leur sexualité* », écrit Staci Haines[43].

Que ce soit pour faire carrière dans les peep shows ou pour être en mesure de dire exactement à votre amante comment vous aimeriez qu'elle caresse vos seins, *il est possible* d'apprendre à parler librement de sexualité. Après tout, on vous a enseigné à avoir honte de certains mots. On ne naît pas prude. Imaginez une fillette de 3 ans qui vient d'apprendre un nouveau mot (*caca !*). Elle le dit à qui veut l'entendre et n'hésite pas à baisser sa petite culotte pour qu'on comprenne bien.

Voici quelques suggestions de départ :

- *Établissez un lexique.* Quels mots préférez-vous employer pour parler de sexe ? Aimez-vous mieux dire *pratiquer le cunnilingus* ou *donner des caresses buccales* ou *sucer une chatte* ? Préférez-vous être *sodomisée* ou *enculée* ? Quels noms donnez-vous aux différentes parties de votre corps ?
- *Connaissez-vous vous-même.* Rien de tel, pour avoir confiance en soi, que de savoir ce que l'on veut. C'est le moment ou jamais de rédiger la liste de vos préférences (Oui/Non/Peut-être). Relisez la liste des « Jeux érotiques » du chapitre 2, « Fantasmes et désirs ». Lesquelles de ces pratiques préférez-vous ? Quelles sont celles que vous aimeriez tenter, dans des circonstances particulières ? Quelles sont celles que vous n'êtes pas certaine de vouloir essayer ? Écrivez « oui », « non » ou « peut-être » en regard de chacune. N'oubliez pas d'indiquer la date ; quand vous consulterez à nouveau cette liste dans un an, l'ingénue que vous êtes aujourd'hui vous séduira !
- *Parlez-vous tout en vous masturbant.* C'est ainsi que Carol Queen a appris à dire des cochonneries. Commencez par des soupirs et des gémissements, puis passez peu à peu aux monologues érotiques. Pour un défi supplémentaire, branchez l'enregistreuse pendant que vous vous masturbez en vous parlant, et réécoutez-vous.
- *Faites parler un(e) ami(e) de sa vie sexuelle.* Pourquoi ne pas choisir quelqu'un qui s'efforce aussi de s'affranchir de ses inhibitions ? Assistez ensemble à une lecture de poésie érotique ou allez voir un film porno. Discutez ensuite de cette expérience.
- *Découvrez comment les autres parlent de sexe.* Écoutez des textes pornos sur cassette ou CD-ROM.
- *Offrez-vous une conversation érotique en ligne* ou offrez-vous une soirée de sexe téléphonique.
- *Participez à une partouze* ou à une autre manifestation de groupe où il est ouvertement question de sexe.
- *Inscrivez-vous à un cours.* Si « Dire des cochonneries » ne fait pas partie des cours affichés à la boutique de sexe de votre quartier, les ateliers ou les conférences sur la sexualité vous aideront certainement à perfec-

43. Staci Haines, *The Survivor's Guide to Sex* (Cleis Press, 1999), 104.

tionner vos talents pour la communication sexuelle. Consultez ci-dessous la section « Où aller pour en savoir plus ».

Qui cherchez-vous ?

J'aime les grosses filles. J'aime les corps doux, voluptueux, où il est facile de s'enfoncer. Mmmmmm.

Que recherchez-vous chez votre partenaire ? Voulez-vous que les préférences sexuelles de l'autre personne s'accordent parfaitement aux vôtres ? Souhaitez-vous rencontrer une dominatrice SM expérimentée ? Une esclave qui aime la pénétration du poing ? L'apparence compte-t-elle pour vous ? L'âge ? Les antécédents culturels ?

« J'aimerais trouver quelqu'un de bien. » Une telle réponse prouve que vous n'avez pas beaucoup réfléchi à cette question. Il se pourrait que vous sachiez ce que vous voulez, mais que vous ne croyez pas mériter une telle personne. On vous a sans doute appris qu'il ne convient pas d'objectiver une partenaire potentielle en spécifiant ce que vous recherchez. Si vous n'êtes pas maître de *vos* préférences, quelqu'un d'autre le sera pour vous. Munissez-vous d'un crayon et d'une feuille de papier, ou appelez une copine, et rédigez la liste des qualités que vous attendez d'une partenaire sexuelle.

Ne soyez pas trop précise pour votre bien : ainsi, vous cherchez une butch latino-américaine de 25 à 29 ans, mesurant au moins 1,70 m, costaude, avec des seins voluptueux et de grandes mains, qui travaille dans les professions d'aide, aime le softball et les parties de poker qui durent toute la nuit, les films de Truffaut et les romans détectives, qui ne fume pas, qui est sado-maso sévère et qui adore les enfants et les chiens ? Bon. C'est un début. Et si elle est âgée de 34 ans, que ferez-vous ? Si elle ne mesure que 1,60 m ? Si elle est informaticienne ? Si elle fume de temps en temps le cigare ? Si elle déteste les jeux de hasard ?

Accordez-vous la permission de rechercher des rapports sexuels de votre choix et à vos propres conditions. Inutile de prétendre être amoureuse quand vous ne l'êtes pas. De même, ne faites pas semblant de seulement vouloir vous amuser quand ce que vous voulez *vraiment*, c'est une relation amoureuse. Désirez-vous une partenaire exclusive ou libertine ? Une copine avec qui avoir des relations sexuelles plus sécuritaires ? Voulez-vous une partenaire qui vous aide à sortir de la routine ? Avez-vous envie de faire l'essai de certaines pratiques ?

Il m'est devenu plus facile de demander ce que je veux et de trouver des partenaires qui privilégient les mêmes pratiques sexuelles que moi. Puisque j'ai plusieurs partenaires sexuelles, je recherche souvent dans une relation ce qui me manque dans une autre.

Demandez ce que vous voulez (et non pas ce que vous croyez *devoir* vouloir). Il n'est pas nécessaire que vos désirs correspondent à un moule social préétabli. Ne vous culpabilisez pas si vous êtes attirée par certaines silhouettes ou si vous désirez rencontrer une personne dont la culture correspond à la vôtre. Vous avez même le droit de changer d'idée !

> Pendant une certaine période, je n'aimais que les lesbiennes fortes de race noire. Avec le recul, je constate que c'était pour moi une phase de cocooning. Je voulais savoir quelle place j'occupais dans la société, je voulais comprendre ma négritude, et je ne voulais pas me préoccuper des besoins ou des croyances des femmes blanches. Mais j'ai un jour été très fortement attirée par une Blanche. Je me suis dit que l'occasion m'était ainsi donnée d'explorer les écarts qui séparaient mes désirs de mes opinions politiques. Je me devais de m'affranchir de cette situation inconfortable qui avait beaucoup à voir avec un certain nombrilisme. Par ailleurs, il était aussi très important pour moi de faire en sorte que ma beauté, mes désirs et ma culture continuent d'occuper le centre de mon univers. Une attirance sexuelle ne valait pas que je me perde ou que je me laisse assimiler. C'est cela, je crois, que je redoutais le plus.

Quand vient le moment d'agir

Le moment est venu d'agir. Que faire ? Certes, la communication sexuelle ne se résume pas à murmurer des invitations scabreuses dans des vapeurs d'hormones ? Comment composer avec la question plus délicate des rapports sexuels ? Par exemple, comment dire à une autre personne que nous avons envie de faire l'amour avec elle ?

Pour la plupart, nous avons appris à attendre que l'autre personne fasse les premiers pas. Vous est-il déjà arrivé de vous dire qu'elle n'est pas intéressée puisqu'elle ne vous approche pas ? Ce serait comique si ce n'était pas aussi tragique : il est fort probable qu'elle se soit fait la même réflexion. Pour résoudre ce dilemme, il n'y a qu'un moyen : dites-lui que vous la désirez. Assurez-vous que vos propos sont appropriés au contexte. La formule suivante est acceptable dans la plupart des circonstances : « Je vous trouve très attirante, et j'aimerais vous connaître mieux. Accepteriez-vous que nous nous revoyions ? » Par contre, il serait préférable de réserver une approche comme celle-ci, « J'aimerais vraiment vous toucher. Puis-je ? », à la piste de danse ou à la partouze.

Vous pouvez lui faire comprendre que vous feriez *peut-être* l'amour à certaines conditions : « J'aimerais bien que l'on s'amuse. Mais je préférerais vous connaître un peu mieux avant. » Vous pouvez aussi vous renseigner sur son état civil : « Je n'ai jamais fréquenté de femmes mariées. Y a-t-il quelqu'un dans votre vie ? »

Vous pouvez inviter une partenaire éventuelle à participer à certaines activités tout en lui faisant part de vos limites. « J'aimerais qu'on s'amuse. Mais la pénétration ne me dit rien ces temps-ci. Nous pourrions échanger des massages ? »

Vous pouvez lui exprimer vos préférences, lui faire part de vos expériences passées et de vos fantasmes et faire passer le message très clairement :

Quel est votre style ?

La monogamie
Les relations sexuelles exclusives.

La monogamie sérielle
Une suite de relations monogames.

La non-monogamie
Les relations sexuelles multiples.

La fusion organique
Une stratégie sexuelle à risques limités : pratiques sexuelles réduites et toujours protégées dès lorsqu'elles n'ont pas lieu avec la partenaire en titre.

La polygamie
Les relations sexuelles non exclusives ; pour certaines, ce terme signifie que l'on a plus d'une amante en même temps.

« On m'a dit que vous êtes une partenaire sévère très habile. La soumission me tente beaucoup, mais je n'ai été soumise qu'une fois. Cela vous dirait de m'initier ? »

Non, merci

Il arrive parfois qu'on essuie un refus. Ma peur du rejet m'est devenue très facile à gérer dès l'instant où j'ai entendu une fem fatale extraordinairement belle repousser avec élégance une avance sexuelle. Sa prétendante l'avait abordée pour lui dire : « Je vous regarde depuis ce matin. Je veux que vous sachiez combien je vous trouve désirable. » La fem répondit « Merci ». Un point, c'est tout. Elle ne jugea pas nécessaire d'élaborer (« Merci, mais je ne suis pas intéressée ») ou d'être sur la défensive (« Jamais de la vie ! »).

À ce moment, j'ai compris qu'un désir sincèrement exprimé était précieux, quelle que soit la réaction qu'il suscite. Je n'étais pas moins belle ou moins intéressante parce qu'on m'avait répondu « Non, merci. » (J'ai aussi compris qu'il ne servait à rien de redouter une réaction cruelle ou impolie, car celle-ci témoignerait du manque d'élégance de mon interlocutrice. Elle ne serait pas le reflet de ma personnalité.)

« Non » exprime une préférence ; c'est une réponse aussi valable que « oui », bien qu'on ne la souhaite pas. Respectez cette préférence. En répondant « non », on ne vous invite ni à discuter ni à persuader. Allez-vous-en et reportez votre dévolu sur quelqu'un d'autre.

Que se passe-t-il si on vous propose une nuit de sexe, mais que cela ne vous intéresse pas ou que vous n'êtes pas disponible ? Vous pourriez répondre : « Vous me flattez, mais non merci », ou « Pas maintenant, mais essayez un autre soir » (si vous croyez sincèrement être intéressée plus tard). Toutefois, un simple « Non, merci » suffit. Vous ne devez d'explications à personne.

Les petites annonces

L'univers des petites annonces vous permet de vous entraîner à formuler exactement ce que vous voulez. Une petite annonce est particulièrement utile si vous êtes trop timide pour demander en personne à quelqu'un d'avoir avec vous des relations sexuelles.

Il est très formateur de rédiger une petite annonce même si vous ne la publiez jamais. Pourquoi ? Une annonce bien rédigée résume, dans l'en-tête et dans une description concise et pleine d'esprit, les qualités que vous recherchez chez l'autre en même temps que les vertus que vous avez à offrir. Tout cela, en cinquante mots ou moins. Ce n'est pas rien, même pour une publicitaire d'expérience.

Consultez les petites annonces de votre journal gai local ou votre hebdomadaire culturel régional. La nature et le ton des annonces vous renseigneront sur le type de clientèle qui y recourt et sur ses préférences.

La plupart du temps, ces annonces sont gratuites pour l'annonceur. Seuls paient ceux qui y répondent. Un numéro 900 y figure souvent (attention : le tarif est parfois de 3$ la minute !). De nombreux services d'annonces par Internet opèrent sur le même principe de gratuité pour l'annonceur ; seuls les membres enregistrés du site peuvent y répondre. Les frais d'enregistrement varient d'un site à l'autre. Les serveurs commerciaux tels que America Online (AOL) donnent souvent à leurs membres la possibilité de placer gratuitement des petites annonces, surtout s'il s'agit de babillards où l'on affiche à la fois une annonce et une photo.

L'Internet

> J'ai trouvé ma compagne actuelle en navigant dans l'Internet. C'était risqué ? Oui. Stupide ? Peut-être. Cela dit, il s'agit de la relation la plus saine, la plus excitante, la plus solide que j'aie jamais eue.

De plus en plus de femmes font connaissance et nouent des relations par Internet. Que vous souhaitiez ou non une rencontre en chair et en os, vous trouverez là des conversations stimulantes, des flirts et du sexe.

En tant que méthode de rencontre, l'Internet offre beaucoup d'avantages.

Il y en a pour tous les goûts. Si vous pouvez l'imaginer, vous le trouverez probablement. Sinon, lancez-le !

L'Internet transcende les frontières géographiques. Même si vous vous sentez isolée dans la vie « réelle », même si vous êtes la seule vrille de tous les homosexuels du campus ou la seule lesbienne en fauteuil roulant de tout le pays, vous pouvez créer votre propre communauté virtuelle.

La beauté n'est pas toujours superficielle. Bien que de nombreuses femmes échangent des photos en ligne, elles sont encore plus nombreuses à chercher à mieux se connaître par la conversation. Par la conversation, toutes sont sur le même plan ; il n'est pas nécessaire d'exhiber la dernière coiffure à la mode pour attirer l'attention. Les bavardoirs sont la solution idéale pour celles qui préfèrent la conversation à la piste de danse.

L'anonymat est sécuritaire. On peut poser toutes sortes de questions et tenter de nouvelles expériences sans s'inquiéter d'avoir l'air stupide.

On peut être qui l'on veut ou ce que l'on veut. Personne ne sait que vous avez déclaré votre lesbianisme il y a à peine deux semaines. Personne ne sait si vous êtes sur le point de changer de sexe ou si vous venez de subir une intervention dans ce but. L'Internet vous aide à vous habituer à *la personne que vous êtes.*

Dans l'Internet, ce qui convient à l'un ne convient pas à l'autre. Le fait que l'écriture et la conversation l'emportent sur les aspects visuels et culturels ne plaît pas à tout le monde. Certaines personnes n'aiment pas la communication écrite, d'autres ne sont pas intéressées à apprendre à se servir d'un ordinateur. Les propos oiseux pullulent dans l'Internet. Il faut aussi tolérer que des hommes harcèlent les femmes dans les bavardoirs lesbiens. Et ne parlons pas des pourriels, cet omniprésent problème de la publicité de masse. En outre, les bavardoirs publics ne sont pas à l'abri des homophobes violents et des désaxés.

Ce même anonymat qui vous permet de changer de personnage quand le cœur vous en dit est pour d'autres une occasion de manipulation et de mensonge. Il faut faire preuve d'autant de circonspection dans l'Internet qu'accoudée au zinc d'un bar.

Tous ces renvois à l'Internet sont frustrants, dites-vous, dès lors qu'on ne navigue pas en ligne, qu'on ne connaît rien aux ordinateurs ou qu'on n'a aucune envie d'apprendre le b-a-ba du jargon du Web.

Il n'est pourtant pas si difficile d'accéder à l'Internet — et cela ne coûte pas cher. La plupart des bibliothèques publiques mettent gratuitement des ordinateurs à la disposition de leur clientèle. Quiconque est affilié à une université peut y avoir accès. Il n'est pas nécessaire de dépendre d'une adresse de courriel d'entreprise (cela serait du reste un peu risqué, compte tenu des messages que vous espérez y trouver !). Peu importe la manière de procéder, Hotmail, Yahoo, Excite ou d'autres portails peuvent vous fournir une adresse de courriel gratuite. À la maison, seule avec votre PC ou votre Mac, vous n'avez besoin que d'un modem et d'un fournisseur d'accès Internet (votre FSI est l'équivalent de votre compagnie de téléphone; c'est lui qui vous donne une tonalité).

Voici quelques-unes des ressources disponibles dans l'Internet :

- Les babillards où vous pouvez afficher et lire des messages sur différents sujets
- Les bavardoirs en direct
- Les annonces classées et les services de rencontre
- Les listes de diffusion par courriel
- Les groupes de discussion Usenet (premiers forums de discussion accessibles par Internet, les groupes Usenet ressemblent aux listes de diffusion : les participants affichent leur point de vue sur une variété de thèmes. Cependant, tandis qu'il faut s'abonner à une liste de diffusion, les groupes de discussion sont ouverts à tous ceux qui désirent télécharger les messages du jour ou afficher leurs propres messages. Pour cette raison, des groupes tels que alt.sex.bondage reçoivent énormément de pourriels, de messages hostiles envers les femmes et les homosexuels, et des messages qui s'écartent du sujet du jour.)

La vulgarité dans Internet

Un grand nombre de femmes s'initient aux bavardoirs Internet grâce à un fournisseur de service dont l'interface conviviale ne requiert la maîtrise d'aucun logiciel complexe. Essentiellement, lorsque vous ouvrez un fichier de bavardage dans AOL, par exemple, une fenêtre facile à utiliser apparaît à l'écran. Vous pouvez parcourir la liste de tous les autres membres AOL de ce bavardoir, lire leurs conversations en temps réel à mesure qu'elles défilent devant vos yeux, composer votre propre message, appuyer sur Enter et vous joindre aux autres. Voilà.

Mais les modalités d'AOL ne vous permettront pas d'avoir accès au vocabulaire cochon que vous souhaitiez maîtriser. Les bavardoirs publics d'AOL sont modérés par des préposés qui vous expulseront si vous vous exprimez de façon trop explicite. Les politiques d'AOL ont pour but de prévenir le harcèlement et les propos haineux. Malheureusement, AOL proscrit aussi le langage sexuel explicite consensuel autant que les propos racistes et la vulgarité. Pour en savoir davantage sur les conditions et les règlements d'AOL, allez à KEYWORD : TOS. Si vous voulez participer à des interactions explicites, cliquez sur « private » : vous pourrez créer un bavardoir privé (accessible sur invitation seulement) ou converser par messagerie instantanée.

Un grand nombre d'accros des bavardoirs passent d'AOL au protocole IRC (Internet Relay Chat – ou Service de bavardage Internet) qu'Anne Semans et Cathy Winks comparent à une ligne téléphonique partagée de haute technologie[44]. Des milliers de canaux IRC permettent des conversations explicites en temps réel sur tous les sujets imaginables.

The Woman's Guide to Sex on the Web, par Anne Semans et Cathy Winks, est la meilleure source d'information qui soit pour toutes celles qui préfèrent se reposer sur l'imprimé. Celles que ne rebute pas l'information en ligne trouveront quelques liens utiles en fin de chapitre.

Soyez prudentes

Soyez toujours prudente avec des inconnues, que vous preniez contact en ligne ou par le biais d'une annonce classée. Parlez-vous au téléphone avant de prendre rendez-vous. Fiez-vous à votre instinct. Si votre instinct vous dit « Pas question », n'y allez pas. Rien ne vous oblige à donner suite au premier contact, mais respectez tout de même les règles d'étiquette. (Par exemple, téléphonez pour annuler un rendez-vous.) Une rencontre dans un café est idéale pour un premier rendez-vous ; c'est un lieu discret, économique et public. Voici quelques conseils de sécurité à mettre en pratique lors d'un rendez-vous sexuel avec une inconnue :

- Amusez-vous dans un club échangiste ou dans le cadre d'une orgie.
- Apportez vos propres fournitures sécuritaires.
- Dites où vous allez à vos amies.

44. Anne Semans et Cathy Winks, *The Woman's Guide to Sex on the Web* (HarperSan Francisco, 1999), 161.

- Demandez à votre nouvelle copine de vous permettre de donner son numéro de téléphone à une amie ; une personne fiable respectera votre prudence.

Les partouzes

Ainsi que le dit si bien Carol Queen, « Une bonne fille ne va pas renifler comme une bête dans un entrepôt rempli d'hommes bandés et de femmes en petite tenue qui sentent la chatte en chaleur.[45] » C'est précisément ce qui attire tant de femmes dans les partouzes !

Une orgie peut être une soirée clandestine dans un donjon équipé de tout l'appareillage SM ou un après-midi sensuel agrémenté de musique douce et de montagnes de fruits frais. Chaque partouze a ses propres caractéristiques et ses habitués.

Les orgies, les ateliers, les démonstrations de sadomasochisme et les autres événements ouvertement sexuels sont des occasions idéales de rencontres. On peut y faire la connaissance d'une nouvelle partenaire ou même d'une amoureuse. L'avantage est qu'on peut être certaine d'y rencontrer des gens qui partagent nos intérêts sexuels. En effet, les propos sexuels y sont fortement encouragés et la drague est le but de l'opération ! On trouvera d'autres renseignements sur les partouzes au chapitre 14, « Les partouzes et le sexe en public ».

Comment parler de sexe

Comment dire à votre nouvelle conquête que son cunnilingus laisse beaucoup à désirer ? Comment dire à la compagne qui partage votre lit depuis cinq ans que vous mourez d'envie de faire l'essai d'une nouvelle pratique sexuelle, d'un nouveau gadget ou d'une nouvelle partenaire ? Avant d'opter pour la thérapie de couple, essayez ce qui suit :

- *Mettez l'accent sur le positif.* Si vous dites : « J'aimerais beaucoup que tu lèches la hampe de mon clito. Mais j'ai besoin de caresses fermes et régulières pour jouir — et, *je t'en supplie !*, n'arrête surtout pas quand je commence à gémir ! », vous obtiendrez de meilleurs résultats que si vous lancez : « Je *déteste* que tu changes de rythme quand je suis sur le point de venir ! »
- *Soyez précise.* Elle veut vous procurer du plaisir. Si vous vous contenez de dire « plus fort », elle pourrait croire que vous souhaitez troquer son godemiché pour un marteau-piqueur. Voulez-vous qu'elle appuie plus fort de 10 pour cent ? de 20 pour cent ?
- *Soyez polie lorsque vous refusez une proposition sexuelle.* Un aimable « Non, merci » suffit amplement. « Quoi ? Vous plaisantez ! » nuirait à votre karma.
- *Soyez polie lorsque vous faites une proposition sexuelle.* Même si votre vie commune est paradisiaque depuis dix ans, votre compagne n'est pas

45. Queen, *Real Live Nude Girl*, 68.

Source de l'encadré intitulé « Les frontières personnelles appropriées » : extrait d'une brochure publiée par les Co-Dependents Anonymous.

à votre disposition. Elle est un être humain, pas un appareil ménager. Dites « s'il te plaît ».

- *Si vous avez envie de quelque chose, demandez-le.* Voulez-vous des câlins après l'amour ? Préférez-vous être seule ? Avez-vous besoin d'une boisson protéinée ?
- *Apprenez à faire des compromis.* Cela ne signifie pas que vous deviez avoir des rapports sexuels dont vous n'avez pas envie ou que votre partenaire soit contrainte à des pratiques qui la rebutent. Cela signifie cependant qu'il est bon de temps à autre de renoncer à ses propres désirs (ses propres désirs, pas ses propres besoins).
- *Demandez-lui ce qu'elle désire.* L'écoute active consiste à vous assurer que vous avez bien compris ce qu'elle a dit : « Si j'ai bien compris, cela ne te dit rien que je caresse tes mamelons ? » Qui sait ? Elle vous a peut-être annoncé qu'elle adore ça, mais seulement quand elle est déjà très excitée.
- *Ne portez pas de jugements.* Ainsi qu'on a coutume de dire au service de téléassistance San Francisco Sex Information, attention à vos réactions (« Beurrrk ! »). Ses fantasmes ne vous excitent pas le moins du monde. Vous avez raison de refuser les pratiques qui vous rebutent. Mais ce n'est pas la peine de déprécier par le fait même ses préférences sexuelles. Contentez-vous de dire non.
- *Parlez de sexe dans un contexte non sexuel.* Il est plus facile de formuler ses besoins sexuels dans un contexte non sexuel que dans la passion du moment. Faites du thé et asseyez-vous dans la cuisine (à moins, bien sûr, que vous n'ayez envie de la renverser sur la table !).
- *Optez pour un moment* où vous serez toutes les deux détendues et disponibles. Ce n'est pas le moment, quand elle est en retard à son travail, de lui dire que votre vie sexuelle ne vous satisfait plus.
- *Ne la comparez jamais* à vos amours passées, ne la dépréciez pas, ne lui mettez pas sous le nez une longue liste de griefs.
- *Méfiez-vous des suppositions muettes et des attentes :* « Si je te fais bien jouir, tu ne me quitteras jamais. »

Où aller pour en savoir plus ?

Vous voulez apprendre à parler de sexe ? Assistez à une conférence ou participez à un atelier de techniques sexuelles précises ou de développement sexuel. Tandis que vous apprendrez à maîtriser « Les techniques avancées du sexe oral » ou que vous perfectionnerez vos talents dans « La fabrication d'accessoires sexuels », vous entendrez des descriptions précises et vous apprendrez à vous exprimer. En enrichissant votre vocabulaire, vous rehausserez votre confiance en vous et vous serez plus à l'aise pour confier vos envies à votre partenaire.

Dans quelque domaine que ce soit, les sexologues placent la communication au-dessus de tout, car celle-ci est indispensable à la sexualité de couple. (Même un atelier de masturbation vous aidera à découvrir vos préférences. N'oubliez pas qu'une excellente connaissance de soi est indispensable à une communication efficace.)

Les frontières personnelles appropriées
(Tiré d'une brochure de Co-Dependents Anonymous)

- Vous manifestez une confiance raisonnable
- Vous vous dévoilez petit à petit et vous vous assurez que l'autre personne réagit convenablement à vos confidences
- Vous ne hâtez pas indûment l'intimité
- Vous tenez compte de vos affinités avant de vous engager dans une relation
- Vous décidez si une relation éventuelle serait favorable
- Vous ne vous livrez pas sans permission à des attouchements
- Vous pesez les conséquences de vos attirances sexuelles
- Vous n'êtes sexuelle que lorsque vous en avez envie et vous vous concentrez sur votre propre expérience
- Vous préservez vos valeurs personnelles, peu importe ce que les autres veulent
- Vous êtes consciente des frontières personnelles inappropriées de quelqu'un d'autre
- On ne peut vous obliger à accepter ce que vous ne désirez pas : nourriture, cadeaux, touchers, activités sexuelles
- Vous respectez les autres ; vous ne profitez pas de leur générosité
- Vous vous respectez vous-même ; vous ne donnez pas à l'excès dans l'espoir qu'on vous aimera davantage
- Vous ne permettez à personne d'abuser de votre générosité
- Vous vous fiez à votre jugement et vous assumez les conséquences de vos décisions
- Vous savez qui vous êtes et ce que vous voulez
- Vous reconnaissez que vos amis et vos partenaires ne savent pas lire dans vos pensées
- Vous formulez clairement vos désirs et vos besoins (en sachant pourtant qu'on pourrait ne pas y acquiescer)
- Vous vous parlez avec amabilité, humour, amour et respect

De nombreux auteurs et « sexperts » américains et canadiens proposent des ateliers et des classes sur des techniques sexuelles spécifiques. Staci Haines organise des ateliers de thérapie pour les personnes victimes d'abus sexuels dans leur enfance ; Tristan Taormino et Carol Queen proposent des ateliers sur la pénétration anale ; Karlyn Lotnay (pseudonyme : Fairy Butch) enseigne, entre autres, les pratiques sexuelles lesbiennes fortes (« Dyke Sex : Power Tools ») ; Annie Sprinkle se spécialise dans le sexe tantrique et le massage génital ; Betty Dodson est réputée pour ses ateliers sur la masturbation. La plupart de ces femmes ont leurs quartiers généraux sur la Côte Est ou la Côte Ouest des États-Unis, mais elles se déplacent. Le Michigan Womyn's Music Festival, de même que d'autres événements nationaux ou régionaux d'envergure, invitent souvent des sexpertes itinérantes.

Certaines boutiques érotiques dont les responsables ont une attitude positive face à l'expression de la sexualité commanditent parfois des événements éducatifs. Sh ! à Londres, Good Vibrations à San Francisco et à Berkeley, Grand Opening à Boston, Toys in Babeland à Seattle et à New York, A Woman's Touch à Madison, Good For Her à Toronto et quantité d'autres boutiques au Canada et aux États-Unis proposent des ateliers et des démonstrations allant du simple flirt à la pénétration anale. Les groupes sado-maso locaux proposent souvent des ateliers ou des démonstrations. Même si vous ne vous intéressez que modérément au sadomasochisme, vous pourriez participer à un atelier sur la négociation avec une partenaire éventuelle.

> Quand j'avais vingt ans, ma petite amie était une exhibitionniste invétérée. Elle s'habillait pour s'exciter et elle excitait toutes les personnes qu'elle rencontrait. C'est grâce à elle que j'ai appris la leçon la plus importante de ma vie en matière de sexualité : suppose que ce qu'il y a de plus excitant sur terre, c'est toi – ton corps, tes besoins, tes volontés, tes désirs, tes fantasmes.

Liens suggérés

IRC Help
    www.irchelp.org
THE GUIDE TO LESBIAN CHAT
    www.grrltalk.net

7

Jeux de SEINS

J'aime tout : rudesse, douceur, caresses, malaxages, pincements, tétées. Vous voyez ?

Nos seins sont le lieu d'un vaste éventail de sensations. Nous aimons les caresses, les baisers légers, une bouche humide sur nos mamelons. Nous aimons les pressions, les pincements, les pétrissages, les petites tapes, les grignotements. Nous aimons qu'on étire nos mamelons, qu'on les morde, qu'on les pince ou qu'on les torde. Nous aimons les caresses douces sur les courbes du sein. Nous avons envie de presser nos seins contre ceux de notre amante. Nous nous délectons des mains d'une femme sur notre poitrine. Nous nous abandonnons avec délices aux seins voluptueux qui débordent de nos mains et nous adorons les petits seins arrogants aux mamelons pointus qui chatouillent nos paumes. Nous savourons les mamelons juteux et engorgés qui nous emplissent la bouche. Nous aimons les poitrines masculines et fières dans un corps de femme. Nous aimons aussi sucer le lait colostral de notre partenaire.

Les seins ne sont pas réservés au sexe avec partenaire. Vous pouvez stimuler vos seins en vous masturbant. Certaines femmes gardent des pinces à seins à portée de la main dans ce but. Celles qui ont les seins assez gros peuvent même les téter tout en stimulant leur clitoris.

Les femmes qui aiment les jeux de seins désirent que l'on s'intéresse aux leurs, et particulièrement aux mamelons. Leurs seins se dressent à la seule promesse d'une caresse et, lorsqu'ils ont été stimulés, un frisson parcourt ces femmes du mamelon au clitoris. Certaines femmes parviennent à l'orgasme par la seule stimulation prolongée de leurs mamelons.

Pendant l'excitation, les mamelons se durcissent et les aréoles se gonflent et s'assombrissent. Les seins paraissent grossir. Tout comme le clitoris, un mamelon engorgé peut tolérer des caresses *très* intenses. Il se peut que vos seins réclament un peu plus de rudesse à l'approche de l'orgasme. Certaines femmes doivent être dans un état de grande excitation pour tolérer qu'on caresse leurs mamelons.

Mes mamelons sont extrêmement sensibles. Je ne peux même pas porter des vêtements qui auraient une couture à cet endroit ou me heurter à une embrasure de porte sans en souffrir. Je dois donc être très stimulée sexuellement avant qu'il soit possible de les toucher, mais alors, on peut tout me faire, et surtout téter (mais tout doucement).

Il y a autant de variété dans la manière dont les femmes aiment qu'on caresse leurs seins et leurs mamelons qu'il y a en dans la manière dont elles aiment qu'on stimule leur clitoris. Il ne s'agit pas seulement de savoir si vous aimez un toucher rude ou délicat, bien que cet aspect de la question compte aussi. Vous avez sans doute des préférences quant au *type* de caresses que vous préférez. Peut-être aimez-vous qu'on enveloppe tout le sein pour en caresser le dessous, ou peut-être n'aimez-vous pas du tout qu'on touche le dessous de vos seins. Les femmes qui aiment les jeux de seins indiquent souvent de façon très précise la manière dont elles veulent que leurs mamelons soient stimulés.

Je préfère un toucher délicat ou de petits coups de langue autour du mamelon. Cela ressemble à un chatouillement (pas tout à fait, mais presque). C'est extra ! J'adore ! Mmmmmm...

La sensibilité

Je suis parfois si sensible qu'un effleurement léger suffit à me faire sursauter ou à me secouer de frissons.

La sensibilité des seins varie de jour en jour, pendant le cycle menstruel et tout au long de la vie. Lorsque vous avez vos règles, vos seins enflent, grossissent et s'arrondissent ; ils deviennent très tentants. Il se pourrait que vos seins soient plus sensibles dans les jours qui précèdent vos règles ou pendant vos menstruations. Le SPM et la grossesse rendent parfois les seins « explosifs ».

Un perçage récent rendra bien entendu le mamelon extrêmement tendre. La présence de fibromes tend aussi à rendre les caresses douloureuses. Toute intervention chirurgicale, notamment une réduction ou une augmentation mammaire, peut produire des tissus cicatriciels qui affectent la sensibilité. Bien entendu, le cancer du sein affecte différemment chaque femme qui en est atteinte. Certaines femmes perdent toute sensation après les traitements ; d'autres ont des douleurs aux seins.

Deux ans après ma tumorectomie, c'est à peine si la cicatrice est visible, même quand je la montre du doigt. J'ai perdu toute sensation au mamelon pendant un certain temps, mais la sensibilité est presque redevenue normale. Je continue à ressentir de temps à autre des douleurs nerveuses dans les tissus mammaires à l'emplacement de la tumeur excisée. Toute pression à cet endroit est extrêmement douloureuse, si bien qu'il me faut faire attention dans certaines positions, par exemple, quand je suis étendue sur mon ou ma partenaire. Lorsque j'en parle, il arrive que mes partenaires aient peur et évitent de toucher ce sein. Je comprends. Mais j'aimerais qu'on me caresse quand même, tout doucement, et qu'on intègre ce sein dans nos jeux érotiques. J'étais fière de mes seins avant l'intervention, et je les aime encore plus maintenant.

Donnez-lui des leçons

Je n'aimais pas qu'on caresse mes seins avant de rencontrer mon amante actuelle. Sans doute est-ce la première fois qu'on a pour eux des caresses aussi douces et délicates... ou peut-être ne m'étais-je jamais auparavant donné la permission de ressentir ce que je ressens avec elle ?

Les jeux de seins... voilà bien un domaine où une communication adéquate peut être très enrichissante. Un baiser délicat sur un mamelon hypersensible sera très agréable ou insupportablement douloureux, ou les deux. Renseignez-vous avant de caresser, de sucer, de pincer, de mordiller ou de recourir aux pinces ou à d'autres accessoires. N'allez pas croire que parce que vous préférez les caresses légères et subtiles elle les aimera aussi — il se pourrait même qu'elle ne les sente pas ! Ne croyez pas non plus que si vous aimez qu'on pétrisse vos seins cela lui plaira aussi.

J'aime que ma partenaire lèche, suce et mordille mes mamelons. Mais j'aime surtout qu'elle caresse le globe de mes seins.

La prochaine fois que vous aurez envie de vous donner en spectacle, démontrez clairement ce que vous aimez à votre partenaire. Soyez follement exhibitionniste. Caressez vos seins exactement comme vous aimeriez qu'elle les caresse. Ensuite, prenez sa main dans la vôtre et guidez-la.

J'aime qu'on rudoie mes mamelons, qu'on les pince, les suce, les morde, les étire et les torde, encore et encore et encore et encore.

Il importe autant que vous fassiez part à votre partenaire des sentiments que vous inspirent vos seins qu'il importe de lui montrer ce que vous aimez qu'on leur fasse. La grosseur de vos seins ou même votre identité sexuelle ne suffisent pas pour qu'elle devine vos préférences. Ce que nous pensons de nos seins en tant qu'objets érotiques est très personnel. Les jeux de seins ne plaisent pas à toutes les lesbiennes fems et ne déplaisent pas à toutes les butchs. Chaque femme a cependant des préférences quant aux caresses qu'elles aiment recevoir.

J'aime qu'on frotte tout le sein, qu'on ne s'arrête pas seulement au mamelon. J'aime qu'on caresse ma poitrine comme si c'était un torse d'homme.

J'aime qu'elle m'éveille le matin en me tétant. Il lui suffit de caresser mes seins pour que j'aie un orgasme.

Les seins ne sont pas érogènes pour toutes les femmes. Nombreuses sont celles qui, ayant été victimes d'abus sexuels, se remémorent la violence subie lorsqu'on touche leurs seins. C'est d'autant plus normal que leurs seins ont été l'objet d'une attention destructrice. Certaines de ces femmes renoncent tout à fait aux jeux de seins; d'autres guident leur partenaire dans les caresses auxquelles elles sont sensibles.

Le guide des jeux de seins

Voici quelques techniques populaires:

- Léchez le torse et les aisselles de votre partenaire en vous rapprochant de plus en plus de ses seins.
- Faites l'essai de plusieurs caresses, des plus douces aux plus vigoureuses.
- Léchez et mordillez le dessous hypersensible du sein.
- Enfouissez votre visage entre ses seins.
- Enfermez ses seins dans vos mains et pressez-les l'un contre l'autre.
- Appuyez vos seins sur les siens.
- Mouillez un doigt de salive et caressez-en son mamelon. Ou bien, utilisez une goutte de lubrifiant, de lotion comestible ou même sa cyprine (si vous n'avez pas l'intention de la téter de nouveau ou si vous vivez une relation de fusion organique).
- Roulez un mamelon entre vos doigts. Léchez-le et sucez-le comme vous le feriez de son clitoris.
- Pressez ses seins l'un contre l'autre et léchez les deux mamelons à la fois.
- Pincez et serrez ses mamelons entre le pouce et l'index.
- Stimulez ses seins avec des pinces; vos mains seront libres de faire autre chose.
- Frottez votre vulve contre ses seins; ou frottez un de vos mamelons contre son clitoris après qu'elle a joui.
- Faites de la fellation un jeu de seins. Il n'est pas réservé aux films pornos hétérosexuels de lui « ramoner les tétons ». Après qu'elle aura sucé votre gode de ceinture, glissez votre bite bien lubrifiée de salive entre ses seins. Allez et venez entre ses deux seins tandis qu'elle suce ce godemiché.

Le perçage des mamelons

Mes mamelons percés sont ma principale source de plaisir sexuel. Les caresser suffit à me faire jouir.

Le perçage des mamelons peut rendre les jeux de seins encore plus excitants. Non seulement les anneaux ou autres bijoux sont-ils jolis et agréables à manipuler, de nombreuses femmes constatent que leurs mamelons deviennent hypersensibles lorsqu'ils ont été percés.

Le perçage mammaire met plusieurs mois à guérir complètement. Un perçage récent est parfois très douloureux et vulnérable aux infections. Si vous caressez une femme dont les mamelons ont été percés, demandez-lui quand cette procédure a eu lieu. Demandez-lui aussi si ce perçage affecte la sensibilité de ses mamelons : chez certaines femmes, la formation de tissu cicatriciel autour de l'orifice se traduit par une perte de sensibilité.

Les gadgets des jeux de seins

Vous ignorez sans doute que vos vêtements sont des accessoires sexuels ; pourtant, les dessous sexy et les tenues fétichistes représentent des gadgets érotiques très populaires, surtout pour les exhibitionnistes. Les dentelles délicates qui soulignent le buste, les corsets qui séparent et soulèvent les seins, les soutiens-gorges troués qui dégagent le mamelon, les harnais en cuir, les corsages en cotte de mailles — tous ces vêtements sont conçus pour attirer l'attention sur vos seins.

Les amateurs de ligotage créent de fabuleux corsets de cordes aussi beaux et excitant que tous les dessous sexy. Le ligotage des seins est particulièrement agréable avec une femme aux seins volumineux. Enroulez un cordon épais et doux autour de chaque sein, puis croisez-le en forme de huit. Toutes les précautions habituelles s'imposent : *ne jamais employer* de fil de fer ou de ficelle mince qui risque de taillader la chair ; *ne jamais serrer la corde* au point d'empêcher la circulation du sang ; *toujours garder* une paire de ciseaux à portée de la main en cas d'urgence.

Vous préférez les jeux plus sensuels ? Amusez-vous avec un boa en plume, des gants de fourrure, des vibromasseurs à pile, des palettes légères et des fouets légers. Vous pouvez aussi vous amuser avec des appareils à succion, par exemple un tire-lait ou une ventouse contre les morsures de serpent. Vous pouvez créer toutes sortes de sensations différentes en modifiant la température de l'épiderme avec des glaçons, des pastilles au menthol, du Baume de Tigre ou de la cire chaude. Vous pouvez susciter des sensations délicieuses (ou douloureuses) avec vos ongles, des plumes, des fausses griffes et même la roulette dont se sert votre chiro pour tester vos réflexes.

Les pinces à seins sont sans doute les accessoires les plus populaires. Elles sont de style et de degré de pression variables : certaines retiennent à peine le mamelon, d'autres le mordent au point d'y laisser des marques de dents. Certaines sont ajustables. Vous pouvez leur substituer des articles domestiques — pinces à linge ou pinces à papier.

Examinez bien les pinces à papier, car certaines pourraient déchirer la chair. Tenez compte de ce détail. Vous pouvez placer ces pinces directement sur le mamelon : la sensation ainsi créée est très intense. Faites l'essai de nouvelles pinces sur vos propres seins pour en jauger l'intensité. Pincez un peu la chair du côté du sein ou même celle de l'aréole pour déterminer l'intensité de pincement que vous préférez.

Lorsque mon amante suce mes mamelons et tire dessus, j'aime parfois imaginer que je suis prisonnière d'un appareil qui retient mes mamelons pendant que différentes personnes explorent mon corps. Dieu que j'aime ça...

J'aime les pinces à seins. J'aime une tension maximale pendant une dizaine de minutes. Une fois les pinces enlevées, j'adore qu'on frotte, lèche et suce mes mamelons.

Les pinces à seins freinent l'irrigation sanguine des tissus comprimés. Bien vite, la sensation de pincement diminue en raison de l'engourdissement. Lorsqu'on retire les pinces, le sang irrigue de nouveau les tissus et réveille les terminaisons nerveuses engourdies. Il n'est pas étonnant que la douleur ressentie soit plus grande lorsqu'on retire les pinces qu'au moment où on les met. (*Ne portez pas* ces pinces plus de 20 ou 30 minutes afin de ne pas endommager les tissus.)

Les femmes qui apprécient la torture peuvent adapter ces accessoires à leurs besoins. Par exemple, la cire fondue sera plus ou moins brûlante selon la distance entre la bougie et la peau. La cire tombée d'une bougie que l'on penche à quelques centimètres des mamelons sera bouillante. Les perçages temporaires réalisés à l'aide d'aiguilles stérilisées provoquent des sensations très intenses. Chez certaines femmes, les seins présentent très facilement des ecchymoses : il se peut qu'elles n'aiment pas cela. Demandez la permission à votre partenaire avant de fouetter ses seins avec une badine ou un battoir en caoutchouc. Pour de plus amples renseignements, consulter le chapitre 13, « Sois gentille ! (sinon, gare à toi...) » et le chapitre 15, « Gadgets et attributs sexuels ».

8

Jeux clitoridiens

Ses doigts sont de véritables baguettes magiques.
Ils font des trucs que je ne soupçonnais même pas.

La plupart des femmes affirment que leur clitoris est leur principale zone érogène. Pour toutes celles d'entre nous qui tirent leur plus grand plaisir sexuel de la stimulation clitoridienne, un rapport sexuel n'est jamais complet s'il ne s'accompagne pas de caresses clitoridiennes directes.

> J'adore ça quand elle humidifie la pointe de ses seins à ma vulve et qu'elle caresse mon clito avec son mamelon.

Les jeux clitoridiens englobent les caresses des doigts, des mains, des cuisses, des fesses, de l'abdomen, des mamelons, de la langue et des lèvres (voir le Chapitre 9, « Le sexe oral »), de même que la stimulation par vibromasseur et autres accessoires.

On trouve des clitoris de toutes formes et de toutes dimensions ; ils sont aussi différents que les femmes qui les possèdent. Votre clitoris est peut-être une perle minuscule que dissimulent les plis de son capuchon, ou peut-être est-il aussi gros qu'un pouce, saillant entre vos lèvres. Il peut être rouge foncé, rose pâle, lie de vin ; sa couleur s'intensifie sous l'effet de l'excitation.

Vous pourriez avoir besoin d'une stimulation clitoridienne intense ou frémir dès l'instant où un doigt effleure légèrement le capuchon de votre clitoris.

Il importe, pour élargir votre concept des jeux clitoridiens, que vous sachiez que le clitoris n'est pas seulement le « petit bouton » que mentionnent en passant les textes classiques d'anatomie. Le clitoris est en réalité un système érectile élaboré qui prend naissance au sommet de la vulve, où se situe le clitoris proprement dit (gland, capuchon et hampe), qui épouse l'urètre puis s'étend de chaque côté de l'entrée du vagin. (Voir le Chapitre 3, « L'anatomie et la réponse sexuelle ».) La stimulation directe du clitoris ne représente qu'un début. Intéressez-vous aux lèvres de votre partenaire, à la région de son urètre, à l'entrée du vagin et au périnée. Naturellement, quand elle vous suppliera (« *S'il te plaît, mon clito !* »), reprenez contact avec le gland, le capuchon et la hampe de son clitoris.

Les jeux de mains : tout un art

Les lesbiennes ont un toucher très sensible ; après tout, nous faisons l'amour avec nos mains. Nos mains caressent et excitent notre partenaire et elles la font jouir. Un grand nombre de lesbiennes sont très tactiles. Toucher nous excite autant qu'être touchées. Grâce à nos mains, nous accompagnons notre partenaire dans son plaisir.

Mais la croyance populaire selon laquelle toute lesbienne ou femme bisexuelle sait d'instinct comment caresser le clitoris de sa compagne n'est que cela, une croyance populaire. Les femmes ont des préférences trop marquées pour que ce soit le cas.

> J'aime qu'on caresse mon clito à sa base, à proximité de l'urètre, et en rond, comme une bille.

Les guides sexuels conventionnels rabaissent les caresses manuelles au rang de « masturbation mutuelle », comme si le plaisir que nous procurent nos mains (et la masturbation en solo, tandis que nous y sommes) ne « comptait » pas. Dieu merci, nous sommes plus avisées !

Petite visite guidée

Il y a plusieurs façons de savoir quel genre de stimulation clitoridienne désire notre partenaire. Cette découverte est aussi agréable à faire avec une nouvelle conquête qu'avec notre compagne de toujours. Pour commencer, demandez-le-lui. Au lit ou au café, cette conversation pourrait bien se solder par des ébats passionnés.

Demandez-lui de vous faire faire une petite visite guidée de sa vulve. Si elle est le moindrement exhibitionniste, elle en sera ravie. Et si vous êtes tant soit peu voyeuse, cette visite sera sexuellement très chargée.

Optez pour un moment où vous êtes toutes les deux très détendues. Assurez-vous de ne pas avoir froid quand vous serez nues et que l'éclairage vous permettra de bien voir tous les replis et tous les détails de son anatomie. Demandez à votre partenaire de se déshabiller ; déshabillez-vous également si le cœur vous en dit. Ayez un lubrifiant, des gants de latex et des accessoires à portée de la main.

Demandez à votre amie de se masturber pour vous. Observez la façon dont elle touche ses lèvres et son clitoris. Notez combien de doigts elle utilise, si elle concentre son toucher sur les lèvres du côté gauche ou du côté droit, la hampe, le capuchon ou le dessous du clito, ou sur le gland lui-même.

C'est maintenant à vous de jouer. Commencez par masser l'intérieur de ses cuisses, ses fesses, ses petites lèvres. Enfilez des gants de latex, enrobez-les généreusement de lubrifiant et écartez ses lèvres. Notez le gland du clitoris. S'est-il rétracté sous le capuchon ? Est-il en érection ? De quelle grosseur est-il ? Ses lèvres s'engorgent-elles sous votre regard ? De quelle couleur sont-elles ? Les nymphes font-elles saillie entre les grandes lèvres ?

Caressez toute sa vulve — nymphes, grandes lèvres, périnée, entrée du vagin — avant de vous concentrer sur son clitoris. Passez vos doigts dans sa toison ou, si elle s'est épilée, effleurez la peau soyeuse de ses grandes lèvres. Demandez-lui lesquelles de vos caresses elle préfère. Portez attention à ses réponses, verbales et non verbales.

Tant qu'elles ne sont pas très excitées, de nombreuses femmes préfèrent un contact indirect, par exemple sur le côté du clitoris ou juste au-dessus. Sous l'effet de l'excitation, le clitoris se dresse et s'engorge ; il tolère à ce moment un contact beaucoup plus direct.

> Nos mains sont nos accessoires sexuels les plus importants : elles flattent, elles serrent, elles caressent, elles pétrissent, elles empoignent, elles chatouillent, elles pincent et elles giflent. Bien que l'on trouve fort peu d'éloges des mains dans la pornographie, une femme qui s'y connaît observera les paumes d'une nouvelle partenaire, ses doigts et ses avant-bras et elle appréciera la qualité de son toucher au même titre que ses qualités plus évidentes.
>
> PAT CALIFIA

Votre amie aime peut-être recevoir sur le gland de légères caresses circulaires tracées du bout du doigt ou un mouvement de va-et-vient à côté du clitoris. Sans doute préfère-t-elle sentir deux doigts glisser rapidement de bas en haut de chaque côté de la hampe de son clito. Il se pourrait qu'elle veuille que vous exerciez une pression d'une main sur son pubis tout en frottant son clitoris de l'autre. De nombreuses femmes aiment associer la stimulation clitoridienne à la pénétration vaginale ou anale.

La plupart des femmes requièrent une stimulation continue pour atteindre l'orgasme. Certaines jouissent plus facilement avec des caresses dont la rapidité et l'intensité vont s'amplifiant ; d'autres préfèrent une progression très lente qui leur permet de savourer pleinement chaque vague de sensation conduisant à l'orgasme.

Après l'orgasme, votre partenaire pourrait souhaiter que vous prolongiez vos caresses pour qu'elle se laisse porter vers un second orgasme, des orgasmes en série ou un seul long raz-de-marée de plaisir. Si elle tolère difficilement l'intensité de ces sensations mais ne veut pas mettre fin à vos ébats, retirez-vous un instant. Puis, ramenez-la lentement au point de non-retour par des caresses subtiles et indirectes. Il ne lui en faut peut-être pas plus pour basculer à nouveau dans le plaisir.

Et si vos mains se fatiguent ?

Une main lasse signifie sans doute que vous vous donnez trop de peine ou que votre partenaire n'a pas atteint un degré de réceptivité suffisant pour avoir un orgasme. Est-elle excitée ? Sachez interpréter le langage de son corps : gémissements, roulement des hanches, respiration. Si vous commencez vos jeux sexuels par des caresses clitoridiennes directes, il se pourrait que son excitation n'atteigne jamais un niveau suffisant d'intensité. Assurez-vous qu'elle est très excitée *avant* de caresser son clitoris.

« Caresse-moi un peu. » Elle peut bien sûr vous faire savoir qu'elle n'est absolument pas prête à jouir. Elle peut aussi vous faire part du genre de stimulation qu'elle préfère. Demandez-lui ce dont elle a besoin pour parvenir à l'orgasme.

Lubrifiez, lubrifiez encore, lubrifiez toujours ! Une vulve humide et glissante est plus rapidement excitable qu'une vulve aride. La sensation d'humidité excitera votre partenaire et stimulera ses propres sécrétions. Lubrifiez généreusement votre doigt avant de toucher son clitoris et remettez du lubrifiant à mesure que celui-ci s'assèche.

Les réactions sexuelles humaines ne sont pas linéaires. Nous passons de la phase d'excitation à la phase du plateau et à la phase d'excitation, encore et encore, avant d'atteindre l'orgasme. Est-il nécessaire de viser l'orgasme tout de suite ? Si vos attentions restent sans effet, revenez au point de départ. Explorez le corps de votre amie. Approchez-la puis retirez-vous plusieurs fois de suite pour mieux provoquer son excitation.

Associez la caresse clitoridienne directe à la pénétration vaginale ou anale, à la « feuille de rose » (anilingus), à la stimulation des mamelons ou à d'autres formes de caresses.

Invitez-la à se masturber ou à guider votre main. Demandez-lui de placer correctement vos doigts et de vous indiquer la pression et le rythme qu'elle préfère. Lubrifiez sa main et la vôtre, entrecroisez vos doigts et laissez-la vous entraîner toutes deux jusqu'au point de non-retour.

Appuyez un vibromasseur contre son clitoris ou faites-le-lui tenir dans sa main. Vous pouvez caresser ses mamelons ou la pénétrer vaginalement ou analement pendant qu'elle se fait jouir à l'aide du vibromasseur.

Certaines positions favorisent une caresse clitoridienne soutenue. Votre amie s'allonge sur le dos et vous vous asseyez devant elle de façon à rapprocher votre bassin de ses hanches ; glissez la main entre ses jambes. Vous pouvez placer une jambe sur les siennes et ainsi coller votre bassin contre sa cuisse. En plus de vous rapprocher, cette position fatigue moins la main et le poignet puisque le poignet est plus bas que le coude.

Que faire si vous ne pouvez tout simplement pas masturber votre amie aussi longtemps et aussi intensément que nécessaire ? Certains microtraumatismes répétés (RSI), notamment le syndrome du canal carpien, l'arthrite, la sclérose en plaques (SEP) ainsi que d'autres handicaps limitent l'usage des mains en tant que gadgets sexuels. Négociez. Vous pouvez trouver des activités gratifiantes et sans douleur pour vous deux. Faites part de vos capacités réduites à votre partenaire et dites-lui quelles pratiques sont indolores pour vous. (N'oubliez pas de lui dire quelles sont celles qui vous excitent le plus !)

Si un vibromasseur aggrave vos symptômes et s'il vous est impossible de soutenir longtemps une caresse manuelle, combinez celle-ci à d'autres stimulations. Vos lèvres et votre langue peuvent suppléer vos mains. Vous pouvez caresser ses mamelons, lécher son anus ou enfoncer votre poing dans son vagin pendant qu'elle se fait jouir elle-même. Consultez la section « Les personnes handicapées et le sexe : la maniabilité des gadgets sexuels » du Chapitre 15 (« Gadgets et attributs sexuels ») pour des suggestions d'accessoires efficaces.

Le frottage

> Je parviens à jouir en me frottant simplement contre le corps de mon amante – surtout si je la désire beaucoup.

Lorsque deux corps se frottent pour s'échauffer et s'exciter, on parle de frottage (également appelé *tribadisme*). Vous pouvez monter la cuisse de votre partenaire, frotter votre vulve contre son pubis ou son coccyx. Étendue sur le ventre, vous pouvez serrer le clitoris de votre amie entre vos fesses ; elle peut glisser par-devant une main entre vos cuisses et stimuler votre clitoris tout en se frottant contre vous.

Les femmes au clitoris hypersensible vantent les mérites du frottage. Celles qui préfèrent une sensation plus directe peuvent lui associer un vibromasseur. Deux femmes peuvent glisser entre elles un vibromasseur mince et long. Vous pouvez aussi porter une ceinture qui retient un œuf vibrant. Le frottage peut également être associé aux pinces à seins, aux stimulateurs anaux et aux autres gadgets.

Le guide de la masturbation clitoridienne

Voici quelques-unes des techniques de masturbation clitoridiennes les plus populaires :

- Caressez et mordillez l'intérieur de ses cuisses.
- Frottez votre cuisse entre ses cuisses.
- Chatouillez son clitoris avec vos mamelons.
- Enfermez sa vulve dans votre paume pour bien sentir son désir.
- Enfilez un gant et enduisez généreusement vos doigts de lubrifiant.
- Écartez ses grandes lèvres et caressez ses nymphes.
- Soufflez délicatement sur son clitoris (ne soufflez *jamais* dans le vagin).
- Faites en sorte qu'elle désire vos caresses. Aidez-la à prendre conscience de son désir. Évitez de frotter directement son clito ou de vous jeter vigoureusement dessus (à moins, bien sûr, qu'elle le demande !).
- Commencez par caresser lentement et légèrement sa vulve, du périnée au clitoris (attention à ne pas transporter de bactéries de l'anus au vagin).
- Si elle vous dit « Tu me fais mal », privilégiez les attouchements indirects.
- Frottez délicatement la hampe de son clitoris. Ne dégagez pas le clitoris du capuchon tant qu'elle n'a pas atteint un degré d'excitation suffisant.
- À mesure que son excitation augmente, caressez le pourtour de son clitoris, puis resserrez le mouvement jusqu'à le toucher et accélérez le rythme.
- Enfermez son clitoris entre vos deux index et frottez-le rapidement de bas en haut.

- Associez les caresses digitales à celle d'un vibromasseur. Maintenez le vibromasseur sur le côté du clitoris afin de produire une stimulation indirecte pendant que vous frottez directement son clitoris. La vibration d'un ornement de perçage produit des sensations très agréables.
- Si elle a un perçage génital, enfilez un ruban de couleur dans son anneau : elle pourra lui imprimer elle-même de petites secousses.
- Associez la caresse clitoridienne à la pénétration — vaginale, anale ou les deux. Utilisez au besoin un godemiché, un godemiché anal, un chapelet anal ou un vibromasseur insérable.

J'ai offert à mon con le bijou le plus coûteux que je possède !

Le perçage génital

La première fois que ma partenaire a touché à mon perçage clitoridien, la charge d'énergie qui s'est répandue dans mon corps m'a été presque insupportable : le métal n'est pas seulement conducteur d'électricité ; il est aussi conducteur d'érotisme.

Les perçages génitaux sont très fonctionnels : ils peuvent accroître la sensibilité du clitoris et provoquer toutes sortes de sensations délicieuses. Il existe plusieurs types de perçages génitaux : le perçage du capuchon clitoridien, le perçage en triangle (qui perce la partie inférieure de la hampe du clitoris), le perçage du périnée et celui des lèvres — entre autres. Un perçage corporel mettra de un à six mois à guérir complètement : tout dépend de son type et de son emplacement. Il importe donc que votre amie vous dise à quel moment elle a obtenu son perçage, si cette zone est encore sensible et s'il est trop tôt pour manipuler le bijou qu'elle porte. Demandez-le-lui.

Avec le perçage en triangle ou le perçage du capuchon clitoridien, une petite bille surmonte le gland, ce qui rend les caresses à cet endroit extrêmement excitantes. Un mouvement de va-et-vient de votre cuisse contre le sexe de votre amie frottera son anneau contre son clitoris. Le contact du bijou avec un vibromasseur la fera sursauter. Certaines femmes aiment les tapotements qui font rebondir le petit anneau ou la bille contre la partie exposée de leur clitoris. Faites vibrer un diapason contre l'anneau de capuchon de votre amie : les vibrations sonores traverseront son clitoris.

Les perçages des lèvres ne tolèrent pas d'être ignorés ! Servez-vous-en pour de légers ligotages (*ne jamais* en faire le point de contrainte d'un ligotage sévère). Ornez ses bijoux de rubans, voire de grelots : vous l'entendrez venir de plus d'une façon !

Le rasage génital

Le rasage génital a toujours fait partie de ma vie sexuelle. Une vulve rasée est plus sensible et permet un contact maximal.

De nombreuses femmes aiment la sensation et l'apparence d'un pubis rasé de frais. Le rasage accroît la sensibilité dans toute la région vulvaire.

Ma vulve rasée m'excite et m'intimide à la fois. Ma blonde l'adore. Elle la flatte comme un chat.

L'effleurement le plus léger, même la caresse d'un tissu, vous émeut. Pour beaucoup de lesbiennes, une vulve rasée semble plus accessible ; elles aiment voir les petites lèvres saillir des grandes lèvres.

Rien ne vaut la douceur d'un pubis rasé. Cette peau délicate et nue est le paradis des mains chercheuses. Le frottage de deux vulves épilées est une expérience inoubliable.

Toutes les femmes n'aiment pas se raser à cet endroit. La seule pensée d'un rasoir à proximité de vos parties les plus tendres vous fait-elle frémir ? La vue d'une vulve dénudée chez une femme adulte vous trouble-t-elle ? Il se pourrait aussi que les démangeaisons associées à la repousse des poils vous fassent renoncer au plaisir de la sensation.

Mais certaines femmes ne jurent que par le rasage pubien. Elles ne sont pas du tout prêtes à renoncer à la charge érotique qui accompagne la manipulation délicate d'un rasoir (même électrique) dans cette région hypersensible de leur corps.

Vous pouvez, bien sûr, vous raser vous-même, mais vous faire raser par votre amante est un délice à ne pas manquer. Il y a quelque chose de très intime à confier ainsi vos grandes lèvres et votre pubis à ses lentes et délicates attention. Cela exige aussi une grande confiance. Tandis que votre partenaire manie habilement le rasoir et se concentre sur vos besoins, vous vous abandonnez entièrement à elle. Vous plongez dans une rêverie délicieuse tandis qu'elle effleure délicatement votre clitoris ou tend la peau de vos lèvres. Quand elle en a terminé, vous constatez parfois que vous êtes très humide et que vos jus se sont mêlés à la crème à raser. Invitez sur-le-champ votre amie à s'en assurer elle-même...

Le guide du rasage génital

D'abord, prenez un bain chaud pour assouplir la peau et les poils pubiens. Lavez-vous à fond. Coupez les poils le plus près possible de l'épiderme à l'aide de petits ciseaux bien affûtés. Tirez sur les poils pour les tendre afin d'éviter de vous couper. N'utilisez pas une tondeuse à cheveux sans dispositif de sécurité, sans quoi la tondeuse risque de déchirer la peau très délicate du pubis.

Pour éviter les irritations et les coupures, massez cette région avec de d'huile pour bébé, laissez sécher quelques instants, puis enduisez l'épiderme de mousse ou de gel à raser. N'importe quel gel ou mousse feront l'affaire, mais vous préférerez sans doute un produit sans parfum, voire hypo-allergénique. Beaucoup de femmes privilégient le gel qui permet de bien voir ce que l'on fait. Ne rasez jamais à sec la peau sensible de la vulve.

Servez-vous d'un rasoir jetable d'excellente qualité, à tête pivotante, qui puisse aller dans tous les plis et tous les recoins. Si vous vous rasez pour la première fois, changez de rasoir à mi-chemin. Ne réutilisez pas ces rasoirs.

Installez-vous confortablement. Asseyez-vous par terre en surélevant les jambes et adossez-vous à la baignoire. Munissez-vous d'un miroir à main. Vous pouvez aussi vous asseoir sur une serviette et appuyer le miroir contre la baignoire. Le fait de raser en premier les zones les plus éloignées de vos parties tendres vous rassurera. Rasez-vous d'abord dans le sens du poil. Ensuite, faites une seconde application de mousse ou de gel et, avec une lame neuve, rasez lentement et délicatement dans le sens contraire à la pousse du poil. Pour éviter d'irriter la peau, passez à une autre section ; vous pourrez toujours parfaire votre rasage plus tard.

Vous pouvez raser la vulve et l'intérieur des cuisses jusqu'au périnée et raser aussi la région de l'anus. L'épiderme de votre petit derrière sera doux pour vos jeux érotiques (en particulier pour la feuille de rose). Il y a souvent des poils à l'intérieur des grandes lèvres. Si vous étirez les lèvres au maximum, vous pourrez raser celles-ci en toute sécurité.

Rasez complètement le pubis ou tracez-y un dessin rigolo. Vous pourriez aussi donner aux poils la forme d'un triangle parfait ou ne laisser qu'une touffe de poils au-dessus de la vulve (en guise de poignée d'amour).

Après le rasage, lavez-vous sous la douche avec un savon antibactérien (par exemple, Hibiclens). Essuyez sans frotter. Renoncez au talc ; le talc est cancérigène. Appliquez une bonne lotion hydratante sans parfum. Laissez-la pénétrer dans l'épiderme avant de vous habiller. Lorsque les poils commenceront à repousser dans un jour ou deux, vous ressentirez des démangeaisons. Que vous dit une vulve qui démange ? De la raser à nouveau ou de vous occuper d'elle ? À vous de choisir.

Les gadgets de la masturbation clitoridienne

Le gadget clitoridien le plus indispensable est le lubrifiant ! Même si vos sécrétions sont généreuses, une bonne réserve de lubrifiant à base d'eau ou de silicone ne nuit pas. Un clitoris très humide est beaucoup plus sensible qu'un clitoris sec, et la sensation d'humidité stimulera vos propres sécrétions. Un gant de latex bien enduit de lubrifiant glissera facilement sur le clitoris.

Les lubrifiants à la silicone tels que ID Millenium et Eros sont beaucoup plus soyeux que les lubrifiants à base d'eau. En outre, ils sont compatibles avec le latex et ne s'assèchent pas, ce qui les rend particulièrement indiqués pour les caresses clitoridiennes. (*À ne pas utiliser* avec des accessoires en silicone ; ce lubrifiant dégradera la silicone de votre godemiché ou de votre stimulateur anal.)

> J'ai besoin de stimulation uniforme et soutenue. C'est pourquoi le vibromasseur me convient. J'aime un contact indirect, d'intensité moyenne, mais rapide et constant.

Les vibromasseurs sont les gadgets clitoridiens les plus populaires. Si votre partenaire préfère une stimulation clitoridienne directe et intense, la pression régulière du vibromasseur sera certainement efficace. L'une ou l'autre des partenaires peut actionner le vibromasseur. Si c'est elle, vous aurez les mains libres pour lui procurer d'autres plaisirs. Caressez ses lèvres et l'entrée de son vagin, ou tenez délicatement son clitoris entre le pouce et l'index. Voir le Chapitre 15, « Gadgets et attributs sexuels ».

Les jeux clitoridiens sans risque

- Faites-vous donner un manucure. Assurez-vous que vos ongles sont bien limés.
- Enfilez un gant ou un préservatif non lubrifié sur la tête d'un vibromasseur à tête ronde (par exemple, le Magic Wand). Enfilez toujours un gant ou un préservatif neuf lorsque vous changez d'activité ou de partenaire.
- Utilisez des gants de latex, de nitrile ou de vinyle.
- Enfilez un gant neuf lorsque vous changez d'activité ou de partenaire.
- Ne partagez pas vos vibromasseurs et autres accessoires sans d'abord soigneusement les laver.
- Utilisez un lubrifiant à base d'eau ou de silicone. N'utilisez pas un lubrifiant à base d'huile pour les caresses clitoridiennes.
- Évitez la transmission des bactéries de l'anus au vagin.

Les différents jets d'une douchette ou d'un bain tourbillon procurent une stimulation intense. Variez la pression de l'eau en plaçant un doigt sur le tuyau ou le jet. *Faites attention à ne jamais* propulser d'eau à l'intérieur du vagin.

Beaucoup de femmes aiment fixer des pinces à seins aux grandes ou aux petites lèvres. Comme lorsqu'on les met aux mamelons, ces pinces provoquent une sensation intense au début et une sensation encore plus intense lorsqu'on les retire. Si votre amante se tient debout, suspendez des poids légers (25 à 30 g) aux pinces pour une sensation encore plus délicieuse.

Les jeux clitoridiens sans risque

Bien que le contact de la main à la vulve ne comporte qu'un faible risque de contamination par le VIH et d'autres MST, il est préférable de porter des gants de latex. Le risque augmente en présence de coupures ou de lésions superficielles de la peau et des cuticules où peuvent pénétrer le sang et les sécrétions vaginales. (Versez du vinaigre sur vos mains. Si vous avec des coupures ou des éraflures, vous le saurez !)

L'herpès, le papillomavirus et la vaginose bactérienne se transmettent par contact épidermique. Si vous touchez les organes génitaux de votre partenaire, puis les vôtres, vous favorisez la transmission d'une bactérie ou d'un virus. L'herpès ou le papillomavirus se transmettent même en l'absence de lésions ou de verrues visibles. Les bactéries sont transmissibles de l'anus au vagin. Changez toujours de gant ou lavez-vous soigneusement les mains entre chaque activité. Même le frottage, généralement jugé sécuritaire, comporte un léger risque de transmission.

Source de l'encadré : Pat Califia, *Sex Magic: A Guide for Adventurous Couples* (Masquerade Books, 1993).

9

Le Sexe *oral*

J'adore sentir ma langue glisser
sur un clitoris en érection.

Rien ne vaut le contact entre une langue, une bouche et une vulve ; rien ne vaut le goût, l'odeur et la cyprine d'un sexe tumescent de femme. Nombreuses sont les lesbiennes et les bisexuelles qui aiment sentir la langue et la bouche de leur partenaire patiemment caresser leurs lèvres et leur clitoris engorgés.

Par sexe oral on entend les pratiques suivantes : lécher, sucer, embrasser et tapoter le clitoris, les lèvres et le périnée ; pénétrer le vagin et l'anus de la langue. Plusieurs mots et expressions désignent le contact bouche/vulve : *cunnilingus, brouter, lécher, sucer ou manger (la chatte, la touffe, le minet, le minou, le clito,* etc.). Le contact bouche/anus s'appelle *anilingus* ou *feuille de rose.*

Bien que l'activité suivante ne soit guère mentionnée dans la presque totalité des autres guides sexuels, de nombreuses femmes aiment pratiquer la fellation (tailler une pipe, faire un pompier) sur le godemiché fixé, au moyen d'une ceinture, au bas-ventre d'une lesbienne, d'une bisexuelle ou d'un transsexuel féminin.

Le sexe oral est tabou dans de nombreuses sociétés occidentales. On nous apprend que « c'est sale ». Selon les lois de certains États américains, les caresses buccales sont un crime. Pourtant, certains sondages rapportent qu'elles représentent la pratique sexuelle favorite d'un très grand nombre d'hommes et de femmes. Il va sans dire que, chez les lesbiennes, le sexe oral est extrêmement populaire.

En 1999, le mensuel lesbien *Diva* publiait les résultats d'une enquête menée auprès de 400 de ses lectrices : 47 pour cent d'entre elles affirmaient que le sexe oral était leur tactique préférée pour mettre leur partenaire en train, tandis que pour 38 pour cent de ces lectrices, cette marque d'attention, venant de leur partenaire, était leur « caresse sexuelle la plus prisée[46]. (L'écart est intéressant !)

Je suis bisexuelle. Quand un amant ou une amante me dit ne pas aimer le sexe oral, je lui dis de s'en aller.

Le cunnilingus

Des frissons me parcourent quand elle m'effleure à peine de sa langue. L'expectative de cette caresse suffit à me rendre folle.

Lesbiennes et femmes bisexuelles sont, pour la plupart, friandes de clitoris. Qu'est-ce qui les attire autant dans le cunnilingus ? La langue et les lèvres offrent toute une gamme de sensations que les doigts ne peuvent tout simplement pas égaler. Le contact de deux textures mouillées n'a pas son pareil.

J'aime tout des caresses orales. L'odeur et le goût de sa vulve, la façon dont ses lèvres et son clitoris se gonflent à mesure que je les travaille. Sa réaction quand je ralentis ou accélère le mouvement ou que je suce directement son clito. Ses gémissements quand je durcis la langue pour l'enfoncer dans son con ou pour lécher son cul.

Chez certaines femmes, l'orgasme que leur procure le cunnilingus est dévastateur. Un clitoris hypersensible réagira sans doute mieux à une langue subtile qu'aux caresses moins nuancées d'une main ou d'un vibromasseur.

J'adore que ma blonde jouisse vite quand je la suce. Parfois, je m'étends sur mon vibromasseur pendant que je la lèche. C'est très excitant pour moi.

Il y a quelque chose de très intime dans ce contact entre le visage de votre amante et vos organes génitaux, et dans le spectacle en gros plan de la montée du plaisir de votre partenaire. Sentir une bouche happer vos parties les plus délicates peut vous rendre vulnérable. Vous vous abandonnez totalement. Ce sentiment d'abandon est parfois extrêmement libérateur pour vous et paradisiaque pour votre partenaire.

J'aime savoir que son plaisir dépend entièrement de moi. J'adore qu'elle fonde sous ma bouche.

Ce ne sont pas toutes les femmes qui éprouvent un sentiment de soumission. Pour celles qui chevauchent furieusement le visage de leur amante, c'est même tout le contraire !

46. « The Diva Sex Report », *Diva*, janvier 1999, 16-20.

Mon amante a les lèvres les plus extraordinaires que je connaisse. Elles sont légèrement engorgées, couleur noisette, toujours douces et chaudes... La sensation de ses cuisses contre mes oreilles est splendide.

L'intimité qu'il favorise est la raison pour laquelle le cunnilingus est une expérience aussi marquante et l'expression d'une très grande confiance. Le fait d'accueillir le visage de votre amante entre vos cuisses met au défi l'image et l'acceptation de soi. Êtes-vous bien dans votre corps? Lorsque vous écartez les jambes pour livrer votre sexe au regard de votre partenaire, vous sentez-vous belle?

> Ma première blonde refusait de me manger, et nous n'en avons jamais reparlé. Elle ne me laissait pas la sucer non plus. J'en ai développé une honte et des appréhensions que j'ai mis des années à surmonter. Mais maintenant, il n'y a rien de tel pour moi que le goût de la cyprine. Je mouille à la seule idée de lécher un con. La douceur, la saveur, les jus, l'intimité de cette caresse m'excitent au plus haut point. Je crois que c'est en m'habituant aux fluides organiques et en acceptant l'intimité que j'ai pu en venir à aimer le sexe oral.

Beaucoup de femmes redoutent de goûter ou de sentir mauvais. Évidemment, les vieilles plaisanteries selon lesquelles les organes génitaux féminins puent le poisson n'aident pas. Si ces questions d'odeur et de goût vous préoccupent, prenez un bain avant d'avoir des rapports sexuels. La prochaine fois que vous vous masturberez, goûtez à vos propres jus. Leur saveur délicate, quand vous êtes excitée, vous surprendra sans doute.

Quand vous voulez lécher votre petite amie

Les caresses buccales commencent par la communication verbale. En matière de cunnilingus, les préférences sont aussi variées que pour tout autre pratique. N'assumez pas d'emblée que votre amante apprécie les longs et langoureux lèchements, qu'elle réagit le mieux aux battements rapides de la langue ou qu'elle veut que vous enfouissiez profondément votre visage dans sa toison. Demandez-lui ce qu'elle veut. Suggérez-lui de prendre votre tête entre ses mains et de la positionner où elle le désire. Offrez-vous une séance d'expression libre et de partage: avec votre bouche sur sa vulve, sur *son* clitoris, indiquez-lui ce que *vous* aimez que l'on vous fasse et demandez-lui de vous faire la même démonstration. Ne manquez pas de lui dire exactement ce qui vous fait basculer dans l'orgasme.

Les poils pubiens

> J'aime les filles poilues, à toison épaisse. J'aime que les poils se prennent entre mes dents. J'aime.

La texture des poils pubiens, le geste, après l'amour, de débarrasser leurs dents des poils qui s'y sont logés plaisent à certaines femmes. L'une d'elles nous écrit: « Les meilleures, ce sont les rouquines. Elles sont littéralement flambantes. »

Pour d'autres, ces poils follets sont une distraction. Si c'est votre cas, repoussez-les de la main, ou encore tenez-les entre le pouce et l'index pour écarter ses lèvres et tirez doucement en rythme. Vous pouvez aussi donner à sa toison une petite coupe : rasez le mont de Vénus et les grandes lèvres et raccourcissez les poils qui restent. Faites de cet entretien un prélude amusant de vos jeux amoureux. Consultez, au chapitre 8 (« Jeux clitoridiens »), la section sur le rasage.

Le sang

J'ai adoré le très léger goût de fer que dégageait son con.

La popularité de la littérature lesbienne vampirique témoigne de la place qu'occupe le sang dans l'imaginaire sexuel. Avez-vous des penchants vampiriques ? Certaines lesbiennes aiment goûter le sang menstruel de leur partenaire. Dans certains cas, leur vampirisme est tel qu'elles recherchent même des partenaires qui ont leurs règles.

D'autres sont rebutées par le contact du sang, voire terrifiées, en raison du risque de transmission du VIH, de l'hépatite et d'autres MST.

Il existe néanmoins des façons sécuritaires de permettre la présence du sang dans vos rapports sexuels. L'odeur piquante et ferreuse du sang de votre partenaire suffit parfois : humez l'odeur de votre copine avant de recouvrir sa vulve de pellicule moulante. Ou encore, enfilez un gant et enduisez de son propre sang ses cuisses et ses seins. Qui sait, elle aura peut-être envie de sucer vos doigts ensanglantés ? Bien entendu, si votre relation en est une de fusion organique (vous avez des rapports sexuels exclusifs et non protégés), il vous revient de décider si oui ou non vous inclurez le sexe oral en période de menstruation dans vos rapports sexuels. Pour de plus amples renseignements, consulter le chapitre 16, « La sexualité à risque et la santé gynécologique ».

Le guide du cunnilingus

- Agacez-la. Réchauffez-la par des caresses indirectes.
- Léchez et mordillez l'intérieur de ses cuisses, son ventre, ses grandes lèvres.
- Frottez votre visage contre sa vulve.
- Mordillez ses nymphes ; prenez tour à tour chacune dans votre bouche et sucez.
- Appliquez une goutte de lubrifiant à base d'eau à une digue dentaire, du côté qui sera en contact avec les parties génitales de votre partenaire. Tout en léchant son clitoris, n'empêchez pas la digue de glisser. (Marquez d'un trait indélébile le côté génital de la digue ; quand tout vous échappera, vous saurez où va quoi.)
- Encerclez son clito du bout de la langue. Essayez différentes vitesses et différents degrés de pression.
- Placez une bande de pellicule moulante entre ses jambes et enroulez-la autour de sa taille comme un pagne. Ensuite, léchez-la longuement du clito à l'anus.

- Insérez votre langue dans son vagin. Léchez la zone située immédiatement sous l'urètre et l'intérieur immédiat de l'orifice du vagin.
- Fredonnez ! Le bruit produit des vibrations. Elle les sentira autant qu'elle entendra vos sons tandis que vous veillerez à son plaisir.
- Soufflez sur sa vulve (*ne jamais* souffler d'air directement dans le vagin — vous pourriez provoquer un aéro-embolisme).
- Stimulez le gland, le capuchon et la hampe de son clitoris par de petits coups de langue rapides.
- Aplatissez la langue et promenez-la sur le gland et la hampe de son clito.
- Certaines femmes adorent la sensation douloureuse que leur procurent de vives petites morsures, d'autres non. Renseignez-vous.
- Enfilez un gant — ou deux — et associez le cunnilingus à la pénétration (vaginale, anale ou les deux). Accordez le rythme de vos lèchements aux poussées de vos doigts. Une femme nous écrit: « J'aime qu'elle me pénètre avec ses doigts en me léchant. Si, en plus, en utilise un vibromasseur, oh la la ! j'explose ! »
- Votre amie aime que vous stimuliez son point G (et vous adorez qu'elle éjacule lorsqu'elle jouit) ? Insérez un ou deux doigts dans son vagin et caressez son point G par un mouvement de va-et-vient.
- N'oubliez pas que ce n'est pas une course contre la montre. Retirez-vous un instant, titillez-la, revenez, titillez-la encore. Arrêtez-vous et demandez-lui ce qu'elle préfère. À mesure que monte son plaisir, intensifiez vos caresses.

Anilingus

Cette odeur rance mêlée à ses parfums de femme... quel délice...

Vous n'aviez sans doute jamais pensé que le fait de poser votre bouche contre l'anus de votre partenaire vous exciterait à ce point ou que les caresses de ses lèvres et de sa langue sur le vôtre vous rendraient folle. Ce contact suscite des réactions diverses, depuis le souvenir d'anciennes insultes (« Espèce de lèche-cul ! ») à la honte de l'interdit. Mais lorsqu'on marie la délicatesse et l'innervation de l'anus à la douce chaleur humide de la langue et des lèvres, il en résulte un très riche éventail de sensations érotiques.

Ce qui nous excite n'obéit à aucune logique. Ce qui propulse telle femme au septième ciel pourrait bien éveiller une profonde répulsion chez telle autre. (« Une feuille de rose ? Ouache ! Qui pourrait bien avoir envie de ça ? »)

Pourquoi voudriez-vous enfoncer votre langue dans le cul de votre partenaire ? Parce qu'elle est extrêmement sensible à cet endroit, parce qu'elle se tortille de plaisir sous vos lèchements, parce que l'odeur et le goût nature de son corps éveillent la bête en vous, parce que c'est délicieusement interdit !

Je ne sais pas exactement pourquoi j'aime lécher l'anus d'une femme, mais je mouille rien que d'y penser.

Qu'est-ce qui rend cette pratique si agréable ? Eh bien, les sensations subtiles et douces qui l'accompagnent sont incomparables. L'anus étant l'objet de fort peu d'attentions sexuelles est particulièrement sensible. La petite bouche délicate et plissée de votre anus est très réceptive.

> Les amantes qui lèchent mon anus me tiennent à leur merci. Je tourne littéralement à la glaise. Elles font de moi ce qu'elles veulent.

Les sentiments ambivalents que suscite la présence d'une langue dans votre cul ne sont pas rares. Vous redoutez peut-être de sentir mauvais ou de ne pas avoir très bon goût, ou la présence de fèces. Ces appréhensions qui vous inhibent peuvent aussi vous exciter : une femme nous écrit qu'elle adore lécher l'anus de sa partenaire, car elle a ainsi le sentiment de « s'adonner à des jeux interdits aux bonnes filles ».

> J'étais trop inhibée pour que l'expérience soit très agréable, mais ça ne m'a pas déplu. Si je parvenais à surmonter ma gêne, je suis sûre que j'adorerais ça.

Si les questions de propreté vous préoccupent, prenez une douche, utilisez une digue dentaire ou quelque autre forme de protection, ou donnez-vous un lavement avant les rapports sexuels. De faibles traces de matière fécale subsistent habituellement dans l'anus et le rectum ; un contact buccal/anal non protégé comporte un risque de transmission de l'hépatite A, des bactéries ou de parasites. L'anilingus suivi du cunnilingus comporte un risque d'infection vaginale puisque la langue peut transporter des bactéries de l'anus au vagin.

Certaines femmes aiment raser le pourtour de l'anus. Une peau lisse est plus propre et plus agréable. Le rasage lui-même peut être un préliminaire très excitant.

Le guide de l'anilingus

- Mordillez ses fesses et l'intérieur de ses cuisses.
- Du bout de langue, chatouillez les poils qui entourent son anus.
- Enfilez un gant, enrobez vos doigts de lubrifiant à base d'eau et associez l'anilingus à la pénétration vaginale ou à la caresse clitoridienne.
- Caressez délicatement le pourtour de l'anus d'un mouvement circulaire de la langue.
- Lapez rapidement l'orifice de l'anus.
- Placez votre langue à plat sur son anus et frottez-en l'orifice.
- Léchez sa raie de bas en haut.
- Insérez votre langue dans l'anus.

Les meilleures positions pour le sexe oral

Quelles sont les positions les plus propices au sexe oral ? Celles que vous préférez ! Vous pouvez vous allonger entre les jambes de votre partenaire, surtout si vous aimez garder un contact visuel. Dans cette position, le haut du corps supporte une partie de votre poids. Appuyez-vous sur les coudes tout en soutenant ses fesses dans vos mains et balancez le haut du corps tout en suçant le clitoris de votre amante.

Et ce n'est qu'un début. Elle aime peut-être se mettre à quatre pattes pour se faire lécher. Vous n'avez alors qu'à glisser votre tête sous elle, dans un sens ou dans l'autre. Ou encore, allongez-vous sur le dos et demandez-lui de s'accroupir au-dessus de votre bouche. Ce sera plus confortable pour elle si elle peut prendre appui sur le mur ou la tête de lit.

La position arrière est sans doute préférable pour la feuille de rose, car l'anus est alors très accessible. Mais la plupart des positions du cunnilingus s'adaptent à l'anilingus.

Agenouillée à côté d'elle, vous vous penchez sur sa vulve. Si elle écarte beaucoup les jambes et soulève ses hanches, vous pourrez aussi rejoindre son anus. Ou encore, elle s'assoit au bord d'un fauteuil et vous vous agenouillez devant elle. Elle peut aussi se tenir debout au-dessus de vous.

Quand votre partenaire est debout ou à genoux, vous pouvez facilement sucer son clitoris et ses lèvres qui pendent. Si elle s'allonge sur le dos, jambes très écartées, sa vulve s'ouvre largement et offre une plus grande surface à votre langue.

De nombreuses femmes aiment la stimulation mutuelle que permet le « 69 », soit l'une sur l'autre ou côte à côte. Il est cependant parfois difficile de se concentrer sur sa partenaire quand on s'intéresse à ce qui se passe entre nos cuisses ! Donnez-vous du plaisir l'une après l'autre. Rien ne vous oblige à jouir en même temps, même dans un 69.

Il n'est pas dit, parce que vous vous donnez mutuellement du plaisir, que vous aimez les mêmes caresses. Vous pouvez pénétrer votre amie des doigts, d'un vibromasseur ou de toute la main pendant qu'elle vous travaille de la langue et des lèvres. Vous pouvez la sucer en vous allongeant sur un vibromasseur. Vous pouvez aussi garder une main pour vous !

Le torticolis

Une longue séance de sexe oral peut vous donner un vilain torticolis. Dans votre concentration, vous n'avez pas remarqué la mauvaise position de votre cou.

> Quand ma partenaire met une éternité à jouir, j'ai des douleurs au cou !

Pourquoi payer votre plaisir d'une visite chez le chiro ? Optez pour une position qui permet un meilleur soutien du cou. Par exemple, allongez-vous sur le dos, la nuque appuyée sur un oreiller, tandis que votre amie s'accroupit sur votre visage. Ou encore, glissez des coussins sous les fesses de votre amie (ou sous son ventre, si elle s'étend à plat ventre) pour soulever son bassin.

Si vous êtes sujette aux douleurs dorsales et cervicales, profitez-en pour apporter un peu de variété à votre répertoire. Associez le sexe oral à d'autres formes de stimulation. Assurez-vous que votre partenaire a atteint un niveau d'excitation suffisant avant de la lécher. Convenez que les caresses buccales sont de délicieux hors-d'œuvre et branchez le vibromasseur pour le plat principal.

Un jour, j'ai bien cru me décrocher la mâchoire. Elle prenait tranquillement son pied, et moi je pensais « Je t'aime, mais pour l'amour du ciel, viens, ou ma langue va finir par se fossiliser ! »

Le plaisir que me procure une partenaire qui suce ma bite est indicible. Je ne sais pas l'expliquer. Le gode fait vraiment partie de moi et, il m'est même arrivé de jouir !

La fellation (pénis artificiel)

La première fois que ma blonde m'a tiré une pipe, j'ai joui si fort que j'ai cru éjaculer sur le mur d'en face !

Beaucoup de femmes aiment sucer la queue avide d'une superbe lesbienne. Et celles qui pratiquent le trompe-l'œil génital aiment se faire tailler une pipe.

Mais quel intérêt y a-t-il à sucer un bout de silicone ? L'attrait de cette pratique provient en partie du fantasme et en partie de la sensation. Le plus souvent, la confusion des genres excite les femmes qui aiment la fellation entre femmes.

J'adore sucer une bite lesbienne. Je suis très portée sur les rapports butch/butch.

En vous agenouillant devant votre partenaire vous lui exprimez ouvertement votre désir pour elle. Que vous associiez ou non la fellation à la soumission, c'est là une attitude courageuse. Quand vous poussez la base du godemiché dans la vulve de votre amie, elle sursaute. Levez les yeux et observez son visage tandis que vous léchez le gland de son pénis en silicone et que vous le glissez dans votre bouche. Vous voici très étroitement liée à cette partie d'elle qui vous rendra folle quand elle vous pénétrera vaginalement ou analement.

Que dire de la veinarde qui reçoit cette fellation ? C'est une expérience rassurante que de voir sa partenaire à genoux devant soi. Quand elle désire à ce point votre queue, elle anime vos fantasmes transsexuels.

C'est excitant de tenir sa tête à deux mains tandis qu'elle vous prend dans sa bouche. La pression de sa bouche et de ses mains tandis qu'elle pousse la base du godemiché contre votre mont de Vénus et votre clitoris suffisent parfois à vous faire jouir. Pour un grand nombre de lesbiennes fortes, amatrices de godemichés, la fellation est leur méthode préférée pour atteindre l'orgasme.

Vous pouvez combiner cette fellation siliconique à d'autres stimulations. Votre partenaire peut lécher vos fesses ou insérer un doigt dans votre anus ou votre vagin. Vous pouvez porter un stimulateur anal et des pinces à seins pendant que votre amie suce votre pénis. Vous pouvez glisser un petit vibromasseur à piles sous la ceinture gode et ainsi stimuler directement votre clitoris ou encore maintenir un vibromasseur effilé entre vos cuisses.

Parfois, tandis qu'elle me fait un pompier, je presse un mini vibromasseur contre mon clito et je m'imagine que j'éjacule dans sa bouche.

Certaines femmes combinent la fellation à la pénétration vaginale. Vixen, le fabriquant de gadgets de San Francisco, fabrique un double dong dont l'angle s'adapte parfaitement à la fellation. Un bout du godemiché est inséré dans le vagin de l'une, tandis que l'autre extrémité s'offre à la bouche qui le suce. (Voir le Chapitre 15, « Gadgets et attributs sexuels ».)

La pénétration vaginale combinée à la fellation crée une situation équivoque. Il arrive que les femmes qui aiment recevoir une fellation ne tiennent pas à ce qu'on s'occupe de leur vagin. D'autres aiment qu'on insère nos doigts dans leur vagin tout en se penchant sur elles pour lécher le bout de leur fausse queue. Demandez à votre partenaire ce qu'elle préfère.

Le guide de la fellation (pénis artificiel)

- Léchez et mordillez les cuisses et le ventre de votre amie. Agacez-la !
- Glissez un préservatif non lubrifié dans votre bouche. Déroulez-le sur le godemiché de votre partenaire.
- D'une main, tenez la base du godemiché ; ceci vous aidera à contrôler ses va-et-vient dans votre bouche.
- Poussez la base du gode contre son mont de Vénus et son clitoris.
- Léchez en rond le gland du godemiché.
- Enfilez un gant et glissez vos doigts sous la ceinture. Masturbez votre amie tout en suçant sa bite.
- Glissez deux doigts dans son vagin et caressez son point G au rythme des va-et-vient de son gode dans votre bouche.
- Ayez une digue dentaire à portée de la main. Après avoir mordillé ses testicules (les modèles réalistes en ont) ou la base du godemiché, glissez la langue vers sa vulve ou son anus.
- Sucez le gland et la hampe en alternance, en enfonçant chaque fois un peu plus profondément son pénis dans votre bouche.
- Détendez bien votre gorge : le godemiché y pénétrera plus profondément sans provoquer de réflexe nauséeux. Exercez-vous sur votre propre godemiché ou louez une vidéocassette d'instruction, par exemple « Advanced Guide to Oral Sex », par Nina Hartley.

Le sexe oral sans risque

Même si vous n'êtes pas convaincue que les femmes puissent transmettre le VIH lors des relations orales (et les recherches à ce sujet sont à ce jour insuffisantes), il est démontré que le cunnilingus et l'anilingus peuvent transmettre d'autres MST.

Si le risque de transmission du VIH par cunnilingus non protégé est relativement faible (en l'absence de sang), les caresses buccales peuvent transmettre l'herpès et le papillomavirus (associé au cancer de l'utérus). N'oubliez pas que si vous aimez les ébats vigoureux et les morsures, le contact avec le sang de votre partenaire est toujours possible même si elle n'est pas menstruée.

En présence de sang, le risque de transmission ne se limite pas à l'herpès et au papillomavirus, mais aussi au VIH, à l'hépatite C et à l'hépatite B.

L'anilingus favorise la transmission de l'hépatite A, de l'herpès anal, des verrues anales, de différents parasites et du VIH. De nombreux hygiénistes recommandent le vaccin contre l'hépatite A pour les personnes qui pratiquent l'anilingus non protégé.

Je ne pratiquerais jamais l'anilingus sans digue dentaire. J'ai connu trop d'homosexuels qui ont subi les conséquences de feuilles de rose non protégées.

Une amie m'a transmis l'herpès génital. J'ignorais tout des pratiques sexuelles à risques réduits. J'étais jeune, amoureuse et invincible. Rien de cela ne m'a protégée. Il a suffi que mon amie me fasse jouir avec sa bouche pour que je sois infectée. J'en suis encore très triste. Je travaille beaucoup à faire connaître les MST et le VIH. L'ignorance des jeunes est sidérante. De nombreuses lesbiennes ne savent même pas ce qu'est une digue dentaire.

La transmission de l'herpès, du papillomavirus et d'infections bactériennes entre femmes qui pratiquent le cunnilingus est monnaie courante. Étant donné la prévalence de ces MST, on pourrait croire que toutes les lesbiennes font provision de pellicule moulante et de digues dentaires. Mais si de nombreuses lesbiennes et bisexuelles utilisent une protection en latex lors des caresses buccales, beaucoup ne le font pas. C'est surtout lors des caresses buccales que les lesbiennes renoncent à se protéger.

Mmmmmmmm. J'adore les feuilles de rose. Je ne me protège pas. Je sais que je le devrais. Mais c'est là un comportement à risque auquel je ne renoncerai pas.

Que faire dans ce cas ?

Ces histoires de digues dentaires... quel embêtement ! Si je ne peux pas sucer une fille au naturel, ça ne m'intéresse pas.

Le risque de transmission des MST suffit à inciter certaines femmes à renoncer au sexe oral. Elles ne veulent pas courir le risque de transmettre ou d'attraper l'herpès ou d'autres MST, mais l'idée de lécher du latex ne les excite pas non plus.

Le sexe oral ne fait pas du tout partie de ma vie sexuelle. En raison des risques de transmission, ma partenaire actuelle refuse les caresses buccales (j'ai contracté l'herpès dès ma première relation sexuelle). En outre, elle déteste les digues dentaires et la pellicule moulante. Dans ma vie professionnelle, j'insiste : les digues ou la pellicule sont obligatoires. La plupart des gens refusent !

Beaucoup de femmes pensent que ces protections sont terribles sans même en avoir fait l'essai. Rassemblez vos fournitures et invitez votre partenaire sexuelle préférée à une petite soirée d'expérimentation. Vous aurez sans doute d'agréables surprises !

Les digues dentaires ont été conçues pour empêcher votre langue et votre salive de nuire aux soins que vous porte le dentiste. Ces petits carrés de latex semblent protéger efficacement contre les MST lors des caresses buccales.

> Le latex chatouille un peu. C'est titillant. Et j'aime être titillée.

Mais leur esthétique toute médicale et leur épaisseur les rendent peu populaires. Les fabricants d'accessoires sexuels ont donc développé des digues spécifiquement sexuelles, notamment la digue Lollyes, de Glyde, une feuille de latex transparent au parfum de vanille et mesurant 25 x 15 cm. Les digues Glyde sont légèrement saupoudrées de fécule de maïs (on peut les rincer avant usage). Elles sont assez chères, mais plus agréables que de véritables digues dentaires. La compagnie Lixx fabrique aussi des digues dentaires aromatisées.

La pellicule moulante est économique et on en trouve dans toutes les cuisines. Déchirez-en une longue feuille, faites-en un pagne pour votre amie. Cette pellicule vous permet un lèchement depuis toujours interdit, du clito au vagin à l'anus et retour, sans craindre de transporter des bactéries de l'anus au vagin.

Vous pouvez aussi transformer un gant de latex ou un préservatif (voir l'illustration du chapitre 4, « Le chemin du paradis mène à vous »).

L'anilingus vous attirera sans doute davantage si vous utilisez une protection. Glissez un préservatif non lubrifié dans votre bouche, déroulez-le sur votre langue et pénétrez votre amie aussi profondément que vous le désirez. (Cette technique n'est cependant sécuritaire que si vous évitez tout contact des lèvres avec les membranes de l'anus.)

Le sexe oral à risques réduits

- Utilisez une digue dentaire, une feuille de pellicule moulante, un gant coupé ou un préservatif en guise de protection lors du cunnilingus ou de l'anilingus.
- Déposez un peu de lubrifiant à base d'eau sur le côté de cette protection qui doit être en contact avec les organes génitaux.
- Marquez votre côté de la digue au crayon-feutre : si elle glisse, vous saurez où va quoi.
- Lorsque vous passez de l'anilingus au cunnilingus, employez une digue neuve afin de réduire les risques de transmission des bactéries.
- En cas d'allergies au latex, utilisez de la pellicule moulante ou coupez un gant de vinyle ou de nitrile.
- Recouvrez votre godemiché d'un préservatif non lubrifié et remplacez ce préservatif lorsque vous changez d'activité sexuelle ou de partenaire.
- Si vous aimez les feuilles de rose, envisagez de vous faire vacciner contre l'hépatite A.
- Empêchez la transmission de bactéries de l'anus au vagin.
- Après un anilingus sans protection, rincez-vous la bouche avec un rince-bouche antibactérien avant de lécher le clitoris de votre partenaire.

Une protection permet aussi le cunnilingus pendant les menstruations sans risque de contamination sanguine. Elle vous permet aussi les caresses buccales en compagnie d'une personne que vous ne connaissez pas suffisamment pour qu'un contact aussi intime vous rassure.

Le latex peut aussi devenir un accessoire amusant et créer des sensations que la langue est incapable d'égaler. Vous pouvez créer une bulle de succion, faire claquer le latex contre ses organes génitaux, lubrifier son côté du latex et le faire glisser sur son clito. Si la stimulation clitoridienne directe est trop intense, le latex amenuisera un peu les sensations.

On dit souvent que le fait de devoir tenir la digue dentaire à deux mains empêche celles-ci de s'occuper à autre chose. En outre, le carré de latex tend à s'enrouler sur lui-même. Il faut parfois beaucoup d'effort pour le maintenir en place. Pourquoi ne pas acheter un portoir de digue dentaire ou transformer un porte-jarretières ? Il suffit de raccourcir les jarretières afin que celles-ci maintiennent solidement le carré de latex contre la vulve. Si vous doublez le nombre de jarretières, vous pourrez en même temps porter votre digue et une paire de bas noirs. Servez-vous de votre imagination ! Le sexe à risques réduits est une occasion de faire valoir votre flair pour la mode !

Les digues dentaires ou la pellicule moulante nuisent-elles à l'intimité ? Oui, de nombreuses femmes estiment que lécher ou sucer une partenaire à travers une protection de ce genre assourdit le goût, l'odeur, la texture et ce sentiment de proximité qu'on éprouve au contact d'un autre corps.

> Parfois, je me sens à l'écart de mon amie en raison du latex. Surtout lors des caresses buccales, car c'est le goût d'une femme qui est si agréable et si excitant pour moi.

D'autre part, le rapprochement que crée votre engagement commun à vous en tenir à des pratiques sécuritaires resserrera vos liens d'intimité. Ce peut être une expérience très intime que de parler de votre passé sexuel, de faire l'essai d'accessoires protecteurs et de rire de vos maladresses. Tout en explorant les possibilités qu'offrent le latex et les lubrifiants, vous découvrirez sans doute les plus voluptueux fantasmes de langue et de lèvres de votre amante et ses recoins les plus tendres.

Liens suggérés

GLYDE DAMS
www.sheerglydedams.com
THE SAFER SEX PAGES
www.safersex.org/women/lesbian.html

10

La Pénétration vaginale

Après plusieurs orgasmes vaginaux, j'éprouve une sensation merveilleuse et quasi indescriptible. Je suis flapie.

La pénétration sexuelle est un acte très intime. Les doigts et les mains peuvent ressentir la moindre pulsation, la moindre contraction orgasmique de votre partenaire. Lorsqu'elle vous pénètre de son godemiché ou de la main, vous faites l'expérience d'un contact immédiat et extrêmement troublant.

Il se peut que la pénétration soit votre voie royale vers l'orgasme — la pénétration vaginale vous procure peut-être des orgasmes en série ou des orgasmes prolongés. Certaines femmes affirment que l'orgasme vaginal est plus profond, « dans les basses plutôt que dans les aigus », ainsi que l'écrivait l'une d'elles. Dans de nombreux cas, c'est la combinaison de la pénétration vaginale et de la stimulation clitoridienne (des doigts, d'un vibromasseur ou de la langue) qui conduit le plus sûrement une femme à l'orgasme. Mais même si la pénétration ne vous fait pas basculer dans l'orgasme, vous ressentez sans doute le désir de cette présence. Si vous voulez que la pénétration vous conduise à la jouissance (en tant que partenaire agissante ou partenaire réceptrice[47]), un certain nombre de techniques vous y aideront. Poursuivez votre lecture !

47. La traduction de « top partner » et « bottom partner », si elle est relativement simple dans un contexte de domination/soumission ou de sadomasochisme (maître(sse)/esclave ; sévère/soumise), se complique dans un contexte sexuel général. Afin d'éviter les stéréotypes que véhiculent les sexologues et qui ne plaisent pas à tout le monde (active/passive ; masculine/féminine ; etc.), nous proposons de traduire par « partenaire agissante » et « partenaire réceptrice », parce que ces expressions décrivent des rôles provisoires et interchangeables et qu'elles ne s'accompagnent d'aucune connotation négative. *NdT.*

Petite visite guidée

Un bref survol de votre anatomie sexuelle vous montrera que le clitoris n'est pas limité à sa partie visible, mais qu'il consiste en un système complexe, « une masse pyramidale de tissus érectiles.[48] » Les tissus clitoridiens enveloppent l'urètre et les piliers du clitoris rejoignent la paroi vaginale. Au cours de la pénétration, le clitoris reçoit donc une stimulation indirecte à travers la paroi vaginale.

Pour la plupart des femmes, la zone voisine de l'entrée du vagin est la plus sensible au toucher. Normal, puisque ce premier tiers du vagin regroupe le plus grand nombre de terminaisons nerveuses. Le point G est situé sur la paroi antérieure du vagin, à proximité de l'ouverture.

10 idées reçues concernant la pénétration vaginale

1. Si vous désirez être pénétrée, vous n'êtes pas une vraie lesbienne. Ainsi que l'affirme Susie Bright, « le coït proprement dit n'est pas plus hétérosexuel que le baiser.[49] » La pénétration stimule le premier tiers du vagin, y compris le point G, et stimule, indirectement et délicieusement, le clitoris. Elle suscite aussi un sentiment de présence physiquement agréable et très satisfaisant sur le plan affectif. Contrairement aux idées reçues, les terminaisons nerveuses se moquent de l'identité sexuelle !

2. Les mains et les doigts, c'est parfait pour les préliminaires, mais pas de queue égale pas de sexe. Autrement dit, si le plaisir vient des mains (pénétration des doigts, du poing ou masturbation), il « ne compte pas » ? Allons donc... Les mains sont adroites. Les doigts sont mobiles. Ils sont capables d'attouchements et de mouvements infinis et ils accèdent au point G beaucoup plus facilement que le pénis.

3. Les godemichés ne sont que des imitations. Non. Ce godemiché de ceinture de votre douce amie est authentique ! C'est un véritable pénis lesbien. Les godes possèdent des caractéristiques qui les rendent très appropriés au plaisir sexuel. Même les femmes hétérosexuelles préfèrent parfois un gode à un pénis. On peut choisir un godemiché en fonction de sa dimension, de sa forme et de sa texture ; on peut même en avoir plusieurs qui correspondent à chacune de nos humeurs. Le plaisir est la raison d'être du godemiché. Il reste dur, longtemps après l'orgasme des partenaires. Après l'amour, on le range dans un tiroir.

4. J'aime la pénétration, mais si je voulais recevoir en moi quelque chose qui ressemble à un pénis, j'irais me chercher un homme. Il existe des godemichés pour tous les goûts (façon de parler). Certains, très réalis-

48. Susan Williamson, compte rendu des recherches de O'Connell dans *Today's Life Science*. Voir aussi Helen E. O'Connell, et al., « Anatomical Relationship Between Urethra and Clitoris », *Journal of Urology*, vol. 159, 1892-97, juin 1999.
49. Susie Bright, *Susie Sexpert's Lesbian Sex World* (Cleis Press, 1990, 1998), 15.

tes, présentent des veines, des testicules, un gland (on en trouve même qui ont été moulés sur le sexe de vedettes de films pornos). D'autres sont plus technos, notamment les godes de chez Vixen, de formes et de couleurs variées, souvent ornés de motifs abstraits.

5. Mais pénétrer ma partenaire ne me fera pas jouir ! Pour certains étalons lesbiens, le but n'est pas de jouir. Mais si vous désirez atteindre l'orgasme en pénétrant votre amoureuse, poursuivez votre lecture.

6. Les femmes porteuses de godemichés aimeraient être des hommes. Un étalon lesbien est parfois transgenderiste, butch ou transsexuel féminin. Certaines butchs et certains transsexuels féminins aiment être pénétrés ! Il y a des femmes qui portent des ceintures godes à jarretelles avec des bas résille et de hauts talons. L'usage d'une ceinture gode ne correspond pas à une orientation sexuelle particulière. Vous pouvez choisir de pénétrer ainsi votre partenaire tout simplement parce que vous aimez la sensation que cette pratique vous procure.

7. La pénétration du poing est dangereuse. Pas si on la pratique correctement. Voir ci-dessous la section « La pénétration vaginale du poing ».

8. La pénétration du poing dilate beaucoup le vagin, si bien qu'un doigt, un godemiché ou un pénis ne suffisent plus. Loin de s'atrophier, les muscles vaginaux se renforcent à l'usage. Si la perte de tonus musculaire vous inquiète, faites vos exercices de contraction du faisceau pubococcygien. (Voir le Chapitre 3, « L'anatomie et la réponse sexuelle ».) Aurez-vous à nouveau envie de l'intense sensation que vous procure ce poing en vous ? Certainement !

9. La femme qui aime être pénétrée est « soumise ». La pénétration vaginale s'intègre parfois aux pratiques de domination/soumission où la lesbienne sévère pénètre sa soumise du poing, avec un gode de ceinture ou tenu à la main. Par ailleurs, il arrive que les rôles soient inversés et que la partenaire sévère dirige le jeu avec beaucoup d'autorité. La partenaire sévère devient à son tour très soumise lorsqu'elle s'agenouille entre les jambes de sa partenaire devenue sévère pour l'occasion. Certes, de nombreuses femmes qui aiment la pénétration n'ont aucun penchant pour les rapports de force. La pénétration est pour elles une source de plaisir, un point c'est tout.

10. Les femmes qui aiment la pénétration sont en réalité bisexuelles, voire hétérosexuelles. Peut-être bien que oui, peut-être bien que non. La peur qui sous-tend cette idée reçue est que votre partenaire vous abandonnera pour un homme. De nombreuses lesbiennes que les hommes n'intéressent pas le moins du monde adorent la pénétration vaginale, tout comme les femmes bisexuelles. Que votre partenaire aime ou non faire l'amour avec un homme, en ce moment c'est votre bite en érection qu'elle désire recevoir en elle, cette bite que vous pointez entre ses jambes.

Examinez votre vagin avant d'y inviter une partenaire. Si vous insérez vos doigts dans votre vagin et que vous en frottez la paroi antérieure en un mouvement de va-et-vient, vous percevrez votre point G. Pour certaines femmes, la stimulation du point G est très agréable ; d'autres la jugent agaçante. Avec vos doigts ou au moyen d'un godemiché recourbé et ferme, variez les mouvements et les pressions. Localisez le col de l'utérus et notez comment l'utérus se soulève et comment le vagin se dilate à l'approche de l'orgasme. Il vous sera beaucoup plus facile de faire part de vos préférences à votre amie si vous les découvrez d'abord ! Voir le chapitre 3, « L'anatomie et la réponse sexuelle », et le chapitre 5, « La masturbation ».

La pénétration des doigts

Vos doigts sont experts en communication. Ils sont capables de transmettre des sensations extrêmement subtiles. Les doigts sont aussi très adroits. On peut les plier pour qu'ils accèdent aux moindres replis et recoins. Les doigts peuvent servir de prélude à quelque chose de plus… volumineux — plusieurs doigts, une main, un godemiché — ou être eux-mêmes le plat de résistance. Toutes les femmes n'aiment pas accueillir quatre doigts dans leur vagin ; celles qui aiment cette présence souhaitent parfois qu'elle augmente progressivement, un doigt à la fois.

Vous pouvez caresser l'entrée du vagin de votre partenaire et y chercher ses zones les plus sensibles pendant qu'elle le resserre autour de vos doigts. Vous pouvez caresser son point G en recourbant les doigts vers la paroi antérieure du vagin. Expérimentez avec différents rythmes et différents degrés de pression ainsi que vous le feriez avec le gland et le capuchon de son clitoris.

En tant que partenaire réceptrice, vous pouvez pousser votre bassin contre la main de votre amante. Votre point G est relativement facile à identifier : il s'agit d'une masse de tissus plus spongieux et plus rugueux que ceux du reste du vagin.

Pénétrez votre amie d'une main et de l'autre caressez son clitoris. Le doigt qui encercle son clito peut marier son rythme à celui qui la pénètre. Vous pourriez aussi maintenir un vibromasseur contre son clito. Votre amie pourrait se masturber et vous laisser ainsi libre de vous occuper de son vagin. Deux ou trois doigts peuvent effectuer un mouvement de va-et-vient beaucoup plus rapide qu'il ne serait possible avec un gode de ceinture.

La pénétration vaginale du poing

> Quand elle me pénètre avec son poing, je ne suis plus qu'un con gigantesque.

La pénétration du poing consiste à insérer une main entière dans le vagin (ou l'anus – Voir le Chapitre 11, « La pénétration anale »). Contrairement à ce que laisse croire cette expression, la main n'est pas repliée en poing pour être insérée dans le vagin de force, mais elle y entre à plat, lentement et délicatement. Ce n'est qu'une fois à l'intérieur que les doigts se referment sur eux-mêmes.

La pénétration du poing suppose une grande confiance et un désir extrême. Il faut *vouloir* être ainsi pénétrée pour s'offrir autant à un autre être, et il faut une grande confiance pour permettre une telle intimité. La pénétration du poing n'est pas toujours possible — telle main sera nettement trop grande pour tel vagin — mais elle dépend beaucoup plus du degré d'excitation que de l'anatomie.

Les personnes qui aiment pénétrer ainsi leur partenaire recherchent le contact primal que procure l'insertion de toute la main dans le corps de quelqu'un d'autre. Rien ne vaut la pénétration du poing pour créer une intimité affective de cet ordre, disent-elles. On perçoit alors chaque frisson, chaque pulsation de désir de sa partenaire. Ainsi profondément en elle, on éprouve le sentiment de tenir, littéralement, le cœur même de sa sexualité dans la paume de la main.

Les femmes qui aiment la pénétration profonde trouvent à satisfaire ce besoin dans la pénétration du poing. Elles peuvent chevaucher les mouvements les plus subtils de la main de leur partenaire jusqu'à plonger dans un océan de sensations et s'abandonner complètement au plaisir intense que procure une pénétration aussi inexorable.

Comment fait-on au juste ? Le vagin est très flexible. Ne s'étire-t-il pas au point de permettre la présence d'un bébé pendant l'accouchement ? Chez une femme très excitée sexuellement, le vagin se dilate, s'ouvre, se gonfle. À l'approche de l'orgasme, il est fort spacieux.

C'est presque par hasard que certaines femmes font leur première expérience de la pénétration du poing. Un jour où vous vous sentez particulièrement en appétit, quand trois, voire quatre doigts ne vous suffisent pas, voilà que votre vagin engouffre la main de votre partenaire. Mais, dans la plupart des cas, la pénétration par le poing est le résultat d'un processus délibéré.

Ce type de pénétration exige de la patience et du lubrifiant... beaucoup de lubrifiant. La partenaire réceptrice est celle qui contrôle l'insertion de la main de sa compagne. Elle doit faire savoir à celle-ci avec combien de doigts elle veut être pénétrée, à quelle vitesse et avec quelle force. Elle doit savoir ce qu'elle aime et ce qu'elle n'aime pas, ce dont elle a besoin et ce qu'elle désire, et être en mesure de transmettre cette information à sa partenaire même quand les sensations qu'elle éprouve la bouleversent.

À moins que vous ne soyez très experte en ce domaine, ne procédez pas à la hâte. Prenez votre temps. Avant même de *songer* à ce type de pénétration, assurez-vous que votre partenaire est très excitée sexuellement.

Enfilez un gant de latex et enduisez toute la main, dessus et dessous, jusqu'au poignet, de lubrifiant à base d'eau. Engagez deux doigts dans le vagin de votre partenaire. Puis trois. Puis quatre. Repliez le pouce contre la paume. Faites en sorte que votre main soit la plus élancée possible : les guides de la pénétration du poing disent de resserrer la main en forme de bec de canard.

Insérez votre main dans son vagin jusqu'à sa partie la plus large, la paume orientée vers la paroi antérieure du vagin et les jointures face au coccyx. Parvenue à ce point, ne progressez que d'un millimètre à la fois en vous interrompant fréquemment pour ajouter du lubrifiant. Parlez à votre partenaire, demandez-lui ce qu'elle aime et ce qu'elle n'aime pas. Regardez-la dans les yeux. Accordez votre respiration à la sienne. Placez votre main libre à plat sur sa poitrine ou tenez-lui la main. Rapprochez-vous le plus possible, de la façon qui vous convient.

Certaines femmes aiment ressentir, à l'ouverture dilatée du vagin, la pression circulaire d'un mouvement en cuiller. Il se pourrait que vous pussiez faire votre chemin en elle par des mouvements de rotation, ou que vous puissiez la pénétrer plus profondément en droite ligne. Soudain, vous constaterez un léger effet de succion et votre main sera avalée par le vagin de votre partenaire.

Est-ce douloureux ? Le plus souvent, lorsque vous avez inséré quatre doigts dans le vagin et que vous vous apprêtez à y engouffrer la main tout entière, la douleur provient de ce que la partie la plus large de la main force l'anneau musculaire de l'orifice vaginal. Il se peut aussi que les os de votre main exercent une pression douloureuse contre l'os iliaque.

La peur ou le stress font se contracter le vagin aussi spontanément que le désir le dilate. Ne forcez pas votre main. La pénétration du poing n'est pas, en soi, douloureuse. Ramenez la pénétration à trois doigts, voire à deux. Ajoutez du lubrifiant. Essayez un angle différent. Laissez-vous guider par votre partenaire.

Certaines femmes se dilatent beaucoup plus facilement après avoir joui. Si votre partenaire roule du bassin contre votre main, qu'elle serre les cuisses et se contracte autour de vos doigts — autrement dit, si elle approche d'un orgasme colossal — vous voudrez sans doute prolonger sa jouissance. Après l'orgasme, restez au-dedans d'elle et bougez votre main très lentement. Laissez renaître son désir. Sans doute son vagin s'ouvrira-t-il suffisamment pour que votre main y glisse toute seule.

D'autres femmes s'ouvrent le plus lors d'une longue pénétration *sans* orgasme. Plus leur degré d'excitation est élevé, plus leur vagin se dilate. Vous pouvez retarder l'orgasme de votre partenaire dans une délicieuse torture. Ralentissez sa progression. Interrompez le mouvement de vos doigts. Demandez à votre amie de détendre les muscles du bassin et des cuisses et d'accorder sa respiration à la vôtre. Respirez ensemble lentement et profondément. Pour une femme qui aime s'enrouler autour d'un doigt ou d'un godemiché, cette interruption semblera aller à l'encontre de son désir... mais cela fonctionne !

Cela dit, la pénétration du poing n'est pas le résultat d'un effort de volonté. Ne vous orientez pas strictement vers ce but. Les deux partenaires doivent être très détendues et disponibles.

Que faire une fois que vous aurez inséré votre main dans le vagin de votre amante ? Refermez-la en poing. Immédiatement. Et ne bougez plus tant que votre partenaire ne se sera pas habituée à cette présence bouleversante dans son vagin — pour ne pas dire dans sa conscience !

Quand votre amie sera prête, remuez doucement votre main. N'oubliez pas qu'un mouvement très ténu pour vous est un raz-de-marée pour elle. Certaines femmes aiment de tout petits mouvements de rotation du poi-

La première fois qu'elle m'a pénétrée avec sa main, je la regardais dans les yeux ; ce fut un moment très intime. Elle dit qu'elle sent avant moi le début de mon orgasme. J'aime que nous soyons proches l'une de l'autre à ce point.

gnet. D'autres préfèrent des poussées délicates — un centimètre à peine en avançant et en reculant, lentement d'abord puis de plus en plus vite à mesure qu'augmente le désir de votre partenaire. Il se pourrait qu'elle s'ouvre suffisamment pour vous permettre d'entrer et de sortir complètement la main dans un interminable mouvement de va-et-vient. L'intensité de cette caresse est indescriptible.

Certaines femmes aiment ressentir une pression contre le col de l'utérus. Cela ne veut pas dire que vous deviez vous y jeter avec violence. Le col de l'utérus est délicat et se blesse facilement. Mais vous pourriez profiter de la dilation maximale du vagin juste avant l'orgasme. Tout dépendant du cycle menstruel de votre amie et de l'emplacement du col de l'utérus, vous serez peut-être en mesure de glisser votre main à l'intérieur.

Ce type de pénétration permet de prolonger très, très longtemps un voluptueux plaisir sans basculer dans l'orgasme. En fait, certaines femmes aiment être ainsi pénétrées indéfiniment sans même penser à jouir. D'autres s'engagent sur la pente ascendante de l'orgasme au premier mouvement du poing. On peut associer la pénétration du poing à beaucoup d'autres sources de stimulation, notamment le vibromasseur, les pinces à seins et même un petit stimulateur anal. Certaines femmes aiment caresser leur clito avec un vibromasseur pendant qu'on les pénètre ainsi. D'autres préfèrent se masturber du doigt.

Ne retirez pas d'un coup votre main du vagin de votre partenaire. Il est préférable de sortir du vagin aussi délicatement que vous y êtes entrée. Si votre partenaire s'est contractée sur votre main, vous devrez procéder aussi lentement que pour la pénétration.

La pénétration du poing peut être très troublante pour les partenaires. Donnez-vous le temps de vous dépassionner.

La ceinture gode

Le godemiché est probablement l'accessoire sexuel le plus ancien de toute l'histoire de l'humanité. On le tient à la main, ou sanglé au bas-ventre — les mains sont alors libres de s'occuper à d'autres plaisirs.

Il y a des godes de toutes formes et de toutes dimensions. La base du godemiché qui se prête le mieux au port par ceinture est évasée de façon à bien retenir le gadget à la sangle.

Les ceintures simples (style tonga) présentent une sangle unique glissée entre les jambes. Certaines femmes aiment la stimulation que leur procure la sangle centrale; d'autres n'aiment pas cette présence entre leurs cuisses. La sangle du milieu peut recevoir un manchon de fixation pour un godemiché intérieur vaginal ou anal.

Dans les ceintures doubles (style suspensoir), les sangles s'enroulent autour des cuisses et des fesses à la manière d'un suspensoir. Ils positionnent en général le godemiché plus bas sur l'abdomen, à la hauteur du pubis. Ils stimulent sans doute davantage la personne qui les porte.

Les harnais de cuisse se portent sur la cuisse; le godemiché saille d'un anneau dans le tissu. Pour certaines femmes, le harnais de cuisse permet un mouvement plus facile et plus naturel. Si vous aimez chevaucher la cuisse de votre partenaire, ce harnais est pour vous.

Au Chapitre 15, « Gadgets et attributs sexuels », vous trouverez des indications plus détaillées sur les godemichés et les ceintures.

Le port d'une ceinture gode demande un peu de pratique. La vue d'un godemiché qui se balance entre vos cuisses vous intimidera sans doute la première fois que vous verrez votre reflet dans une glace. Faites l'essai de votre sexe d'emprunt dans la solitude. Pour vous habituer à sa présence, masturbez-vous tout en le portant.

Explorez des doigts le vagin de votre partenaire avant de la pénétrer avec votre godemiché. Appréciez la dimension et la forme de son vagin et apprenez ce qu'elle préfère. Déroulez un préservatif sur votre godemiché et enduisez-le généreusement de lubrifiant à base d'eau. Insérez le godemiché dans le vagin de votre amante en vous aidant de la main. Procédez lentement et observez l'expression de son visage.

La partenaire réceptrice est celle qui contrôle cette pénétration. C'est l'occasion rêvée de perfectionner vos talents de communicatrice. Puisque le godemiché de votre partenaire ne possède pas de terminaisons nerveuses (bien que ce soit parfois difficile à croire), elle ne peut pas deviner si elle heurte violemment le col de votre utérus. Si c'est le cas, dites-le-lui. Voulez-vous qu'elle vous pénètre lentement et profondément ? Voulez-vous des poussées plus rapides ? Plus intenses ? Dites-le !

La stimulation indirecte du clitoris par le godemiché suffira peut-être à vous faire jouir. Il se pourrait même que le fantasme d'une femme dotée d'un pénis en érection vous fasse basculer dans l'orgasme. Vous pouvez, bien sûr, associer la pénétration vaginale à la masturbation. Stimulez votre clito à l'aide d'un vibromasseur ou avec vos doigts en même temps que votre partenaire vous pénètre. Votre partenaire peut aussi glisser un anneau pénien vibrant sur son godemiché ; cet anneau stimulera votre clitoris pendant qu'elle roule des hanches en vous. Si elle vous pénètre en levrette, elle pourra facilement caresser votre clitoris tout en vous pénétrant.

Voulez-vous sentir que votre partenaire jouit en vous pénétrant avec son gode ? Votre amante désire-t-elle atteindre l'orgasme tandis qu'elle vous pénètre ainsi ?

La seule idée d'enfoncer un gode de ceinture dans le vagin d'une amante pourrait suffire à vous faire basculer dans l'orgasme. Le contact de la base du godemiché avec votre clitoris pourrait vous procurer une stimulation suffisante. Si vous avez besoin de caresses clitoridiennes plus directes pour jouir, maintenez, à l'aide de sangles, un vibromasseur à piles (par exemple, un œuf vibrant) contre votre clitoris. Votre partenaire peut tenir un vibromasseur Magic Wand entre vos cuisses. Il vous est également possible de glisser la main sous votre ceinture pour vous masturber tout en pénétrant votre partenaire. Rien ne vous empêche de porter un godemiché vaginal ou anal vibrant.

Pour la partenaire porteuse d'un godemiché l'orgasme ne fait pas toujours partie du jeu. Certaines femmes aiment voir le gode aller et venir entre les cuisses de leur partenaire et conduire celle-ci jusqu'au plaisir. Souvent,

Quand elle me ramone avec son gode, je bande comme une pute. C'est de la vraie bonne baise.

Trucs et astuces de Fairy Butch pour jouir avec un gode de ceinture

- Frottez votre clitoris contre la sangle médiane d'une ceinture tonga.
- Placez un manchon en cuir autour de la sangle médiane d'une ceinture tonga pour maintenir un œuf vibrant contre votre clito ou un godemiché dans votre vagin – ou les deux !
- Glissez un anneau pénien vibrant sur votre godemiché, derrière la sangle de la ceinture.
- Pressez la base d'un gode vibrant contre votre clitoris pour intensifier le frottement.
- Utilisez un godemiché à base nodulée et placez-le de façon à ce qu'il stimule votre clitoris.
- Insérez un godemiché anal dans votre anus pour une stimulation anale mains libres.
- Dans une housse Leather Butterfly placée sous le harnais, insérez un œuf vibrant qui massera votre clitoris.
- Profitez des poussées de la pénétration pour caresser les piliers de votre clitoris pendant que vous pénétrez votre partenaire.
- Demandez à votre partenaire de vous pénétrer vaginalement tandis que vous portez une ceinture suspensoir.
- Deux harnais de cuisse permettront aux deux partenaires d'être simultanément agissantes et réceptrices.
- Un double gode ou un vibromasseur double vous masturberont vaginalement et analement tandis que vous pénétrez votre partenaire.

du reste, ce qui rend cette pratique si populaire, c'est précisément cela : une partenaire enthousiaste dont le pénis est toujours en érection !

Le guide de la pénétration vaginale

- La partenaire réceptrice dirige les opérations. Dites exactement à votre amante comment vous aimeriez qu'elle vous pénètre.
- Déroulez un préservatif sur le godemiché de votre partenaire et lubrifiez-le !
- La partenaire agissante s'assure que son amante est très excitée avant de la pénétrer.
- Utilisez beaucoup, beaucoup de lubrifiant, même si les sécrétions de votre partenaire sont généreuses. Réchauffez le lubrifiant en passant la bouteille sous l'eau chaude avant de commencer.
- Enfilez un gant de latex. Le latex lubrifié adoucira beaucoup vos doigts.

- Même si vous avez l'intention de pénétrer votre partenaire du poing ou avec un godemiché, commencez par insérer un seul doigt dans son vagin. Allez de l'avant sans vous presser.
- Vous pouvez guider vous-même la main de votre amante.
- Agacez-la. Ne lui donnez pas tout de suite tout ce qu'elle demande. Allez-y lentement.
- Sortez les accessoires : associez les pinces à seins, les liens, les vibromasseurs et les stimulateurs anaux à la pénétration.
- Penchez-vous et léchez son clitoris tout en faisant aller vos doigts ou un gode dans son vagin.
- Servez-vous de vos deux mains : glissez un doigt d'une main dans le vagin de votre partenaire et un doigt de l'autre main dans son anus. Vos doigts peuvent se toucher à travers la mince paroi qui sépare le vagin de l'anus. (Évitez la transmission des bactéries de l'anus au vagin.)
- Vous pouvez rouler des hanches ou effectuer des mouvements de va-et-vient pour varier les poussées du godemiché.
- Appuyez la paume d'une main sur le pubis de votre amie et pressez : vous sentirez vos doigts contre son point G.
- La partenaire réceptrice peut draper ses jambes autour des hanches de sa partenaire pour diriger les mouvements du gode. Agrippez-vous à sa ceinture pour enfoncer le godemiché plus profondément en vous ou pour contrôler le rythme des poussées.
- Faites l'essai de la pénétration de deux poings : placez vos mains paume contre paume et, en frottant vos paumes ensemble, glissez une main à l'intérieur du vagin au moment ou l'autre en sort.
- Maintenez un vibromasseur contre le clitoris de votre amie — ou contre le vôtre !

Les meilleures positions pour la pénétration vaginale

À genoux entre les jambes de votre partenaire. Votre amie s'allonge sur le dos et vous lui faites face en vous agenouillant entre ses jambes. Cette position est idéale pour la pénétration du poing, du doigt ou d'un godemiché tenu à la main.

Cette position permet le contact visuel. En outre, votre amante peut caresser vos seins ou votre ventre, et vous les siens. Son vagin et son anus sont à votre portée. Il vous suffit de vous pencher pour lécher son clitoris tout en la pénétrant.

Elle est libre de caresser son clitoris des doigts ou à l'aide d'un vibromasseur. Si elle soulève ses genoux elle peut varier l'angle de pénétration. Pour une pénétration plus profonde, elle peut appuyer ses chevilles sur vos épaules ou replier les jambes et passer les bras sous ses genoux.

La position du missionnaire. Cette position semble démodée, mais elle est idéale pour la pénétration intime quand vous portez une ceinture gode. Votre partenaire s'allonge sur le dos et vous vous étendez entre ses deux jambes. Cette position convient aux harnais de cuisse et aux harnais portés autour des hanches.

Les longs baisers profonds sont facilités par cette position qui permet aussi un contact visuel et des roulements de hanches conjugués. La partenaire réceptrice peut envelopper son amante des bras et des jambes. Les deux amies peuvent insérer un vibromasseur entre leurs deux corps.

Cette position convient à la balançoire, qui porte aussi le nom de « toile » (*sling*). Nombreuses sont les lesbiennes qui vantent les vertus de la toile. Cette balançoire souple supporte tout le poids du corps et permet une détente musculaire complète. L'absence de tension musculaire rend la pénétration plus agréable. Ces balançoires sont faites de sangles de nylon, de toile, de cuir ou de caoutchouc. La plupart du temps, on les fixe au plafond ou au mur par des œillets, ou encore à un support autoporteur.

La partenaire réceptrice par-dessus. Cette position permet à la partenaire réceptrice de contrôler la profondeur de pénétration du godemiché. La partenaire agissante peut prendre place sur une chaise, s'allonger sur le dos, ou s'installer dans la toile tandis que vous vous placez à croupetons sur elle afin de monter et descendre sur le godemiché. Cette position convient très bien aux femmes qui ne peuvent supporter aucun poids sur elle.

Il est ainsi possible de contrôler non seulement la profondeur de la pénétration, mais aussi son rythme et son mouvement. Vous pouvez effectuer de lents mouvements circulaires ou pomper avec force aussi vite que vous le voulez. Si vous contractez vos muscles pubococcygiens autour du godemiché, vous pouvez en frotter la base contre le bassin de votre partenaire.

Que vous soyez assises sur une chaise ou dans une balançoire, enveloppez-vous l'une l'autre des bras et des jambes et savourez l'intimité de ce contact. Lorsque la partenaire agissante s'allonge sur le dos, elle peut caresser votre clito des doigts ou à l'aide d'un vibromasseur. Cette position convient bien au harnais de cuisse.

Par l'arrière. Cette position est le plus souvent associée à la pénétration anale, mais elle convient très bien à plusieurs types de pénétration — des doigts, du poing, par un godemiché manuel ou de ceinture. La partenaire réceptrice s'appuie sur les mains et les genoux, et la partenaire agissante s'agenouille ou se tient debout derrière elle. Cette position convient aux femmes qui ne peuvent pas tolérer le poids d'un autre corps.

> Cette vision de moi, penchée vers l'avant tandis qu'elle me baise par-derrière, c'est de là que provient mon orgasme.

La position en levrette favorise la pénétration la plus profonde et la stimulation la plus directe du point G. Elle convient aux femmes qui désirent des poussées intenses et fermes. La partenaire agissante peut s'agripper aux hanches de son amante pour enfoncer le gode dans son vagin. La partenaire réceptrice est libre de ses mouvements : elle peut aller à la rencontre du godemiché ou de la main de sa partenaire.

Dans cette position, la partenaire réceptrice peut facilement se masturber des doigts ou frotter sa vulve contre le matelas ou contre sa main.

La position de côté. Comme la position du missionnaire, la position de côté favorise l'intimité lors de la pénétration. La partenaire réceptrice place une jambe sur votre hanche et vous glissez un godemiché dans son vagin tout en la serrant dans vos bras pour l'embrasser. Cette position permet la pénétration mutuelle des doigts ou la lente et sensuelle pénétration d'un gode de ceinture. Elle convient aux partenaires qui ne peuvent pas supporter le poids d'un autre corps. Le harnais de cuisse et le harnais de hanches s'adaptent très bien à cette position.

La position debout. De nombreuses lesbiennes rêvent d'écraser leur partenaire contre un mur, de soulever sa jupe et d'enfoncer en elle leurs doigts, un gode ou une main tout entière. La position debout s'accompagne d'un sentiment d'urgence: vous étiez trop impatientes pour vous rendre jusqu'au lit.

Certes, la taille compte pour beaucoup. Il faut des femmes de tailles compatibles pour que la pénétration debout soit confortable, à moins que l'une des deux partenaires, beaucoup plus grande, puisse soulever son amie. Vous pouvez mieux vous ajuster si vous vous tenez dans les marches d'un escalier. Cette position convient aux femmes qui ne peuvent pas supporter le poids d'un autre corps.

Les gadgets de la pénétration vaginale

Le lubrifiant doit figurer en tête de votre liste d'achats. Le lubrifiant à base d'eau est *indispensable* à la pénétration vaginale, que ce soit à l'aide d'un godemiché ou avec les doigts. Associé aux gants de latex, le lubrifiant à base d'eau transforme la main en objet super-glissant. (N'utilisez que des lubrifiants à base d'eau pour la pénétration vaginale. Les lubrifiants gras, par exemple le Crisco, sont difficiles à éliminer du vagin par rinçage et favorisent ce faisant les infections vaginales.)

Le godemiché de base en silicone, mesurant une vingtaine de centimètres, est un gadget relativement primitif. Les godemichés les plus avant-gardistes sont les godes Cyberskin, un matériau remarquablement réaliste.

Si vous portez une ceinture à sangle centrale, vous pouvez lui ajouter un manchon où fixer un second godemiché vaginal ou un gode anal; vous pouvez aussi glisser un gode vaginal ou anal vibrant dans ce manchon pour une stimulation supérieure.

Certaines femmes aiment les godemichés doubles (doubles dongs) qui permettent la pénétration de la partenaire en même temps que l'autopénétration. Les nouveaux modèles, recourbés, facilitent cette pratique. Certains sont flexibles: on peut les plier selon l'angle qui nous convient le mieux.

Les godes manuels s'adaptent parfaitement à la stimulation du point G. Certains ont même été conçus dans ce but, notamment le Crystal Wand, en forme de S.

La pénétration vaginale à risques réduits

- Faites-vous donner un manucure. Assurez-vous que vos ongles sont lisses.
- Optez pour des gants de latex, de nitrile ou de vinyle.
- Choisissez un lubrifiant à base d'eau.
- Enfilez un gant propre quand vous changez d'activité ou de partenaire.
- Ne partagez pas vos godemichés ou vos vibromasseurs sans les laver soigneusement entre chaque usage.
- Habillez vos godes d'un préservatif. Remplacez le préservatif chaque fois que vous changez d'activité ou de partenaire.
- Ne permettez pas la transmission des bactéries de l'anus au vagin.

Il existe une très grande variété de vibromasseurs à piles conçus pour la pénétration. Consultez le Chapitre 15, « Gadgets et attributs sexuels », pour de plus amples renseignements.

La pénétration vaginale sans risque

Si le taux de risque de transmission du VIH est très faible lors de la pénétration des doigts, de la main ou d'un godemiché, la pénétration non protégée entre femmes favorise la transmission de certaines MST telles que l'herpès, le papillomavirus ou la chlamydia.

La pénétration des doigts ou par le poing est risquée lorsqu'on ne porte pas de gant. Les ongles peuvent érafler la paroi vaginale et favoriser ainsi la transmission des bactéries et des MST. Les cuticules déchirées ou les égratignures superficielles facilitent la transmission des MST présentes dans le sang menstruel ou les sécrétions vaginales de votre partenaire.

Le partage des godemichés favorise les infections et la transmission de certaines MST. Utilisez un préservatif et un savon antibactérien.

L'herpès, le papillomavirus et les bactéries sont transmissibles par contact cutané. Si vous touchez aux parties génitales de votre partenaire et que vous touchez ensuite les vôtres, vous favorisez la transmission de bactéries ou de virus. La transmission de l'herpès ou du VIH, dans un sens ou dans l'autre, a lieu même en l'absence de lésions, de verrues ou de coupures visibles. Le passage des bactéries de l'anus au vagin est toujours possible; changez de gant ou lavez-vous les mains à fond avant de passer à une autre activité.

Même chez les couples monogames qui n'utilisent pas de protection, certaines précautions s'imposent.

Premièrement, assurez-vous que vos mains sont propres. Ne vous contentez pas de les savonner et de les rincer en vitesse, nettoyez-les à fond. Assurez-vous que vos ongles sont propres: si vous préférez ne pas porter de gants lors de vos rapports sexuels, portez-en pour travailler. Ne touchez pas à votre partenaire après vous être touchée sans d'abord vous laver les mains.

Faites-vous donner un manucure. Gardez vos ongles très courts (il ne faut plus voir de blanc) et assurez-vous que vos cuticules sont saines et lisses. Coupez proprement les envies. Cela signifie-t-il que les belles femmes aux ongles magnifiques sont interdites de jeu ? Que non ! Mais elles peuvent prendre quelques précautions : limez vos ongles et adoucissez-les en vous assurant qu'ils ne comportent aucun angle aigu. Avant d'enfiler un gant de latex, enveloppez vos ongles de boules de coton hydrophile. Voilà ! Si vous renoncez aux gants, sachez en tout temps où vous posez vos ongles. Ne touchez la paroi vaginale que du coussin des doigts. La pénétration du poing est sans doute plus appropriée que celle des doigts, car elle vous permet de cacher vos ongles dans la paume de la main.

Enfin, n'oubliez pas d'uriner avant et après la pénétration vaginale. Une vessie vide facilitera l'insertion d'un godemiché ou de la main. Uriner après les rapports sexuels aide à prévenir les infections urinaires.

Consulter le chapitre 16, « La sexualité à risque et la santé gynécologique », pour de plus amples renseignements.

Où aller pour en savoir plus

Certaines boutiques offrent des ateliers sur la pénétration à l'aide d'un godemiché de ceinture et d'autres techniques sexuelles. À San Francisco, Karlyn Lotney (pseudonyme Fairy Butch) propose une initiation à la pénétration par godemiché de ceinture. Dans la région de Boston, Kim Airs, de Grand Opening, a donné des ateliers sur la stimulation du point G et la pénétration lesbienne. À Toronto, la boutique Good for Her a donné des ateliers de pénétration vaginale du poing.

En l'absence d'ateliers ou de classes, louez une vidéocassette de sexe lesbien où vous verrez des lesbiennes et des bisexuelles pratiquer la pénétration. La collection « San Francisco Lesbians » comporte de nombreuses scènes de pénétration par godemiché de ceinture. On trouve aussi dans l'Internet des textes d'information destinés aux lesbiennes, notamment « Ask Aphrodite » et « Ask Fairy Butch ».

Liens suggérés

ASK APHRODITE
www.a-womans-touch.com

ASK DR. MYRTLE
www.a-womans-touch.com

ASK FAIRY BUTCH
www.fairybutch.com

11

La pénétration anale

La pénétration anale est pour moi très intense.
J'aime la confiance que cela suppose
et la lenteur obligatoire de cette pratique.

La pénétration anale est délectable. Les replis délicats et la paroi tendre de l'anus sont extrêmement riches de terminaisons nerveuses et capables de transmettre des sensations très subtiles. Un simple doigt suffit à provoquer un plaisir anal intense.

De nombreuses femmes affirment que la pénétration anale, surtout lorsqu'elle est associée à la stimulation clitoridienne, leur procure leurs orgasmes les plus intenses. Vous aimez sans doute la pénétration anale, car celle-ci permet une stimulation indirecte du point G en raison de la pression exercée contre la paroi rectale. Il se peut aussi que vous stimule le plaisir défendu de vous adonner à une pratique largement taboue.

La clé du plaisir anal réside dans la communication, la détente et la lubrification. Pour les responsables de Toys in Babeland de New York et de Seattle, ces trois éléments constituent le fondement même (excusez le calembour !) de la pénétration anale : « Ce sont trois choses dont on n'a jamais assez. Alors n'hésitez pas : parlez-en, respirez profondément, utilisez plus de lubrifiant que vous croyez nécessaire, allez-y doucement et amusez-vous ![50] »

50. Site de Toys in Babeland : www.babeland.com

Petite visite guidée

Mettez-vous à l'aise. Prenez un bain chaud, écoutez de la musique relaxante, allumez quelques bougies et débranchez le téléphone. Emparez-vous d'un miroir à main et de votre lubrifiant préféré. Enfilez un gant de latex. (Si vous préférez ne pas porter de gant, assurez-vous que vos ongles sont bien limés et lisses et que vos mains sont propres et douces. Voir la section « Préparatifs de base. »)

Asseyez-vous sur le lit ou blottissez-vous dans un fauteuil moelleux. Placez le miroir entre vos cuisses. Pour une meilleure vue d'ensemble, agenouillez-vous ou accroupissez-vous au-dessus de la glace. Les fronces de l'anus témoignent de sa délicatesse. Nous avons l'habitude de parler du derrière en termes si vulgaires que nous oublions à quel point cet endroit est tendre et délicat.

Passez un doigt lubrifié sur l'orifice. Habituez-vous à la sensation de cette caresse. Glissez seulement le bout du doigt à l'intérieur. Notez la sensation de chaleur, le resserrement de vos sphincters autour de votre doigt et les pulsations rythmées de l'anus à mesure que s'accroît votre excitation et que les tissus de l'anus s'engorgent.

L'orifice anal comporte deux muscles : le sphincter interne et le sphincter externe. Le sphincter externe est un muscle volontaire : on peut le contracter de la même manière que l'on contracte le faisceau pubococcygien. Le sphincter interne est un muscle involontaire : il réagit spontanément à un stimulus tel que le plaisir ou la peur. Il est cependant possible d'entraîner le sphincter interne comme n'importe quel autre muscle involontaire.

Lors d'une intromission directe, le sphincter réagit par une contraction aussi réflexe que le clignement de l'œil. Cette réaction, que certains sexologues appellent « clin d'œil ana[51] », explique bon nombre de mauvaises expériences sexuelles. Votre partenaire essaie de vous pénétrer en enfonçant un doigt ou un accessoire dans votre anus. Votre sphincter interne se contracte autour de ce corps étranger. C'est douloureux. La prochaine fois qu'un doigt, un godemiché ou un stimulateur anal approche de votre anus, le souvenir de cette première expérience déclenche une contraction réflexe immédiate.

Il est tout aussi possible de conditionner l'anus au plaisir que de le conditionner à la douleur. La détente, la communication et l'abondance de lubrifiant permettent d'entraîner l'anus à l'attente du plaisir.

L'anus rejoint le canal anal qui mesure environ cinq centimètres. Si vous insérez un doigt lubrifié plus profondément dans l'anus, vous constaterez qu'au-delà de l'ouverture étroite du canal anal se trouve le rectum. Le rectum, en forme de S, est plus spacieux ; il mesure de dix à quinze centimètres. À son extrémité, le rectum s'abouche au côlon sigmoïde. (Contrairement au vagin, le rectum n'est pas « fermé » ; un objet peut réellement s'y égarer. Lisez attentivement les directives que nous vous donnons pour l'achat d'un accessoire anal.) Le segment inférieur du rectum se recourbe en

---

51. Robert Morgan, cité par Tristan Taormino dans *The Ultimate Guide to Anal Sex for Women* (Cleis Press, 1997), 88.

direction de la face antérieure de l'abdomen, tandis que le segment supérieur se recourbe vers l'épine dorsale. Vos doigts ne sont sans doute pas assez longs pour suivre ces méandres, mais un mince godemiché parviendra à détecter l'emplacement de la courbe antérieure du rectum. Bien entendu, l'anus et le rectum sont différents chez chaque individu.

10 bonnes raisons de pratiquer la pénétration anale

1. La pénétration anale est très agréable !
2. La détente. La tension dans la région anale n'est pas rare. La pénétration anale équivaut à un massage interne.
3. La pénétration anale aide à guérir, voire à prévenir les hémorroïdes[52].
4. La pénétration anale vous aide à apprivoiser une partie de votre anatomie que l'on vous a (au mieux) habituée à ignorer.
5. Tout est possible avec la pénétration anale. Vous vous placez à genoux et, pendant que votre partenaire vous pénètre analement par l'arrière, vous avez la possibilité de presser un vibromasseur contre votre clitoris, d'insérer vos doigts dans votre vagin, de stimuler votre point G, ou encore, à travers la mince paroi qui sépare le vagin du rectum, de sentir les doigts, le godemiché ou la main de votre partenaire.
6. La pénétration anale permet la stimulation indirecte du point G et du clitoris.
7. La pénétration anale suscite souvent des orgasmes explosifs.
8. Puisqu'on relie souvent la pénétration anale aux stéréotypes sexuels et au pouvoir, elle favorise l'expression de vos fantasmes. Imaginez que vous êtes une jeune fille passivement soumise au désir de son amant dominateur. Munie d'une ceinture gode, faites semblant d'être un homosexuel qui prend son pied dans l'arrière-boutique d'un bar gai.
9. La pénétration anale vous donne l'impression d'être une véritable petite salope. Rien de tel, pour l'audace, que de violer un tabou.
10. La pénétration anale éveille un sentiment de vulnérabilité et d'abandon. On se sent entièrement prise. On peut se laisser aller complètement.

52. Jack Morin, *Anal Pleasure and Health* (Down There Press, 1998), 227-29. Aux dires de Morin, les hémorroïdes sont dues à une tension du sphincter interne associée à une trop grande consommation d'aliments raffinés. « Quand la pénétration rectale a lieu dans la détente, elle est bénéfique, même pour les personnes souffrant d'hémorroïdes. »

Tout comme le clitoris, l'anus et le rectum s'engorgent à mesure qu'augmente votre degré d'excitation. Vous verrez sans doute dans la glace que votre anus se dilate quand vous êtes excitée. Le rectum se dilate aussi — pas autant que le vagin, naturellement, mais assez pour accueillir un doigt, un godemiché ou un pénis, un stimulateur anal, voire une main entière. Contrairement au vagin, le rectum ne produit pas de sécrétions naturelles.

La paroi de l'anus et du rectum est très délicate et se déchire facilement. Soyez donc extrêmement prudente dans le choix de vos accessoires et ne négligez pas vos ongles.

Chez le mâle génétique, la glande prostatique, située sur la paroi antérieure du rectum à quelques centimètres de l'ouverture, réagit à la stimulation autant que le point G. Si vous avez des rapports sexuels avec un transsexuel masculin, n'oubliez pas qu'elle a une prostate. Demandez-lui s'il lui serait agréable que vous la caressiez.

Préparatifs de base

> J'aime me donner un lavement au moyen d'une bouillotte et d'un tuyau, mais je dois faire cela en privé. J'aime la sensation que me procure l'eau tiède qui entre en moi.

Voici quelques suggestions de préparatifs pour la pénétration anale:

- *Faites vous donner un manucure.* Même si vous envisagez surtout de pénétrer votre partenaire au moyen d'un godemiché, vous commencerez sûrement vos jeux par des caresses manuelles. Taillez vos ongles courts et limez-les jusqu'à ce qu'ils soient parfaitement lisses quand vous les glissez sur votre visage. Enlevez les envies. Enduisez vos mains d'une lotion hydratante. (Si vous voulez garder vos ongles longs, recouvrez-les de coton hydrophile avant d'enfiler un gant.)
- *Portez un gant.* Même dans une relation de fusion organique, le port du gant renforce le plaisir anal. Pourquoi ? Le gant protège contre les égratignures et offre une surface ultra-lisse.
- *Ayez une alimentation saine.* Consommez suffisamment de fibres et d'aliments entiers. Évitez les graines de sésame et les fraises, ou tout aliment contenant des noix ou des graines. Celles-ci irritent les tissus rectaux.
- *Évacuez vos intestins avant les rapports sexuels.*
- *Prenez un bain.* Un bain chaud vous détendra et vous rendra délicieusement propre et rose.
- *Donnez-vous un lavement.* Certaines personnes aiment se donner un lavement avant toute pénétration anale. Les spécialistes de la pénétration du poing le conseillent fortement. Vous trouverez tous les renseignements dont vous avez besoin sur les lavements dans l'ouvrage de Tristan Taormino, *The Ultimate Guide to Anal Sex for Women.* Voici quelques données de base: on trouve en pharmacie des nécessaires à lavement, des injecteurs à poire ou des sacs, et, par catalogue, des embouts que l'on peut fixer à la pomme de douche. Pour les novices, le plus simple est d'acheter une préparation commerciale, par exemple Fleet,

de vider la bouteille de son contenu et de bien la rincer. Les solutions commerciales contiennent des laxatifs et des produits chimiques qui peuvent irriter le rectum. Il est préférable d'utiliser de l'eau filtrée chauffée à 37° C. Propulsez doucement l'eau chaude dans le rectum jusqu'à satiété. Attendez quelques minutes, puis évacuez l'eau et les matières fécales présentes dans vos intestins. Répétez l'opération jusqu'à ce que l'eau évacuée soit claire. Donnez-vous ce lavement plusieurs heures avant les rapports sexuels. Le lavement après les rapports sexuels est à proscrire. Renoncez aux lavements quotidiens: trop fréquents, ils privent le rectum de ses muqueuses nécessaires. N'ajoutez jamais à l'eau des stimulants tels que du café ou de l'alcool. Ceux-ci pourraient vous rendre très malade. Enfin, ne partagez jamais votre nécessaire à lavement.

- *Détendez-vous!* Les deux partenaires doivent être très détendues pour que la pénétration anale soit agréable. Prenez un bain ensemble. Embrassez-vous et caressez-vous. Donnez-vous des massages. Parlez-vous. Confiez-vous mutuellement vos fantasmes de pénétration anale en vous stimulant l'une l'autre dans votre désir de cette pratique.

J'ai eu le bonheur d'initier mon amie à la pénétration anale. Je me suis efforcée d'agir comme j'aurais aimé que l'on agisse avec moi. Je me suis collée à elle, en cuiller, j'ai embrassé sa nuque et je l'ai caressée partout où je le pouvais. Après lui avoir décrit à l'oreille ce que je m'apprêtais à lui faire, j'ai commencé à masser doucement ses fesses en m'approchant lentement de son anus. J'ai abondamment lubrifié un doigt de ma main gantée. J'ai joué avec l'orifice de son anus pendant plusieurs minutes, sans cesser d'embrasser son cou et de lui parler. Je lui ai demandé ce qu'elle ressentait et si elle souhaitait que je continue. Enfin, j'ai inséré le bout de mon doigt. Elle était très détendue, elle ne s'est pas contractée, elle n'a pas retenu son souffle. Je l'ai pénétrée plus profondément, environ la moitié du doigt. Pour une première fois, c'était suffisant. Depuis ce jour, il y a environ deux ans, elle est beaucoup plus audacieuse. Elle accepte plusieurs doigts et même un joli stimulateur anal rose.

La pénétration des doigts

Les doigts se prêtent parfaitement à la pénétration anale: ils sont communicatifs, sensibles et agiles. Comme lors de la pénétration vaginale, la pénétration digitale peut servir de prélude à la pénétration d'un godemiché ou d'une main tout entière, ou encore devenir le plat de résistance.

Votre partenaire s'allonge sur le ventre, jambes écartées, un coussin sous les hanches, ou encore elle s'allonge sur le dos, jambes écartées, un coussin sous les fesses. Enfilez un gant de latex et enduisez un doigt de lubrifiant. Écartez les fesses de votre partenaire. Paume vers le haut, caressez l'orifice de l'anus de haut en bas avec le coussin du doigt. N'insérez pas tout de suite votre doigt. Encerclez l'anus lentement d'abord, puis de plus en plus vite; ensuite, caressez l'orifice de bas en haut. Surveillez ses réactions.

Demandez-lui ce qu'elle ressent. Accélérez le rythme des attouchements et de ses réactions.

La partenaire réceptrice domine la situation. Dites clairement à votre partenaire ce que vous aimez et ce que vous n'aimez pas. Demandez-lui de ralentir si elle va trop vite, de réduire ou d'augmenter la pression, ou de lubrifier son doigt davantage. Le fait de parler de vos fesses pendant qu'un doigt vous touche vous intimidera sans doute. Il se pourrait aussi qu'il vous soit difficile de décrire des sensations aussi délicates. Profitez-en pour enrichir votre vocabulaire de la pénétration anale. Bientôt, vous décrirez en détail à votre partenaire la manière dont vous souhaitez qu'elle caresse votre joli petit derrière.

La partenaire agissante tire parti de cette information. Lorsque la partenaire réceptrice note que telle ou telle caresse lui est désagréable (manque de lubrifiant, mouvement trop ferme, caresse trop irritante), la partenaire agissante prend note du langage corporel correspondant. L'anus de votre amie se contracte-t-il ? S'est-il complètement resserré ? Notez-vous une tension dans les muscles de ses fesses et de ses cuisses ? Un changement dans sa respiration ?

Quand votre partenaire gémit de plaisir, notez comment son corps traduit ce plaisir : détend-elle les muscles ? L'anus se dilate-t-il ? Remarquez-vous une contraction, un engorgement, des pulsations ? La couleur de l'anus est-elle différente quand il s'engorge ? Comment respire votre amie ? Quels sons émet-elle ? Parvenez-vous à la faire gémir en caressant délicatement son anus du bout du doigt ?

Demandez-lui de vous dire exactement comment elle souhaite que vous la pénétriez. Elle dira, par exemple, « Le bout du doigt, seulement, s'il te plaît », ou encore, « Insère ton doigt au complet mais tout doucement ».

Promenez votre doigt le long de la fente de ses fesses jusqu'à toucher l'orifice de l'anus. Glissez-y le bout du doigt, pas davantage. Restez immobile tant qu'elle ne se sera pas habituée à cette présence et à cette pression. À mesure que se détendra le sphincter interne, l'anus se dilatera. Attendez qu'elle vous demande de la pénétrer plus profondément ou de bouger en elle. Elle préférera peut-être une légère vibration ou un va-et-vient subtil.

Quand elle est prête, entrez un peu plus profondément, par exemple jusqu'à la deuxième jointure. Arrêtez-vous encore pour lui donner de temps de se faire à cette sensation nouvelle. Ensuite, insérez complètement le doigt. Si nécessaire, sortez le doigt pour bien le lubrifier, puis réinsérez-le.

Que faire si vous lui faites mal ? Si votre partenaire a mal, *arrêtez-vous*. La pénétration anale ne doit pas être douloureuse. Retirez votre doigt, lubrifiez-le et recommencez, doucement. Caressez l'extérieur de l'anus. Demandez-lui quand elle voudrait être pénétrée à nouveau. Procédez lentement. N'entrez pas aussi profondément que la fois précédente. Arrêtez-vous avant qu'elle ne ressente de la douleur. À chaque étape, laissez votre partenaire diriger les opérations. Comme pour la pénétration vaginale, ne lui donnez pas tout ce qu'elle veut. Laissez son désir croître jusqu'à ce que son anus engouffre votre doigt.

Pour moi, pénétration anale + stimulation clitoridienne = orgasme explosif !

Quand vous l'aurez pénétrée complètement, demandez-lui quels mouvements elle préfère. Faites des essais. Vous pouvez caresser en rond la paroi de l'anus ou du rectum, ou encore presser la paroi antérieure de l'anus et ainsi stimuler indirectement le vagin, le clitoris et le point G. Vous pouvez effectuer de doux mouvements de va-et-vient. N'oubliez pas que plus vous insérez de doigts dans l'anus, plus vous occupez d'espace, plus vous exercez de pression, plus vous aurez besoin de lubrifiant. Il en va de même si vous faites l'essai de nouvelles caresses.

La pénétration anale des doigts se fait progressivement. Votre amie réclamera peut-être deux ou trois doigts à mesure que montera son plaisir. Il se pourrait aussi qu'un seul doigt lui suffise. La première fois, vous devrez sans doute vous contenter d'insérer partiellement un doigt. C'est très bien ainsi. La qualité doit l'emporter sur la qualité.

Certaines femmes atteignent très facilement l'orgasme par la pénétration anale. Le plaisir de plus en plus grand qui habite ces terminaisons nerveuses hypersensibles se traduit par un orgasme extrêmement intense. Si les caresses clitoridiennes indirectes vous plaisent, vous aimerez sans doute la pression rythmique de deux doigts contre la paroi antérieure du rectum. Cette stimulation suffira peut-être à votre clitoris et à votre point G. Ou encore, vous préférerez accompagner cette pénétration anale de caresses clitoridiennes directes des doigts, de la langue ou d'un vibromasseur. Il se peut que vous aimiez être pénétrée simultanément vaginalement et analement. Parvenue à un seuil élevé d'excitation, vous aimerez peut-être des poussées plus fermes. N'oubliez pas d'utiliser beaucoup de lubrifiant.

La pénétration anale du poing

Tout ce que nous avons dit au sujet de la pénétration vaginale du poing s'applique dix fois plus à la pénétration anale du poing. Le rectum est moins souple et plus facile à déchirer que le vagin. La pénétration anale du poing exige beaucoup de patience et de confiance, de même qu'un très grand désir et de prodigieuses quantités de lubrifiant. Pourquoi diable voudrait-on insérer sa main dans le rectum de sa partenaire ? Pourquoi diable voudrait-on sentir que l'anus et le rectum se dilatent assez pour accueillir la main de quelqu'un d'autre ? Comme dans le cas de la pénétration vaginale, cette pratique est très intime et extrêmement agréable.

Votre initiation à la pénétration anale du poing aura sans doute lieu quand vous ressentirez un désir insatiable. Ou encore, après une séance de pénétration anale, votre partenaire vous dira : « Je me sentais si ouverte... j'aurais pu recevoir toute ta main. »

Est-ce dangereux ? Est-ce que cela me dilatera à tout jamais ? Non. La pénétration du poing *renforce* au contraire les sphincters. Ainsi que l'affirme une fervente de cette pratique : « Le fait d'entraîner un muscle à faire des choses extraordinaires et nouvelles ne nuit pas, en général, à ses fonctions habituelles.[53] » Les légendes selon lesquelles les adeptes de la

53. Site Web de RedRight : www.winternet.com/~redright/fffaq.htm

pénétration anale du poing doivent porter des couches ne sont que cela : des légendes.

Cela m'excite beaucoup de la pénétrer analement du poing. Je me sens agressive et tendre en même temps.

La pénétration anale du poing convient bien aux femmes qui aiment les longues et lentes caresses anales, pour la bonne raison que cette pratique exige beaucoup de lenteur. Il convient aussi de ne pas se fixer de but précis. N'obligez jamais le corps à une présence plus grande que celle qui peut lui procurer du plaisir. Si vous ne parvenez pas à insérer toute une main dans l'anus à la première tentative, la prochaine fois sera peut-être la bonne. Même si vous ne parvenez jamais à accueillir une main entière, le simple fait de tenter l'expérience pourrait vous procurer beaucoup de plaisir.

La partenaire réceptrice doit *vouloir* la main de sa partenaire en elle pour que son anus et son rectum se dilatent suffisamment. Elle doit croire fermement que sa partenaire ne lui fera pas de mal, qu'elle sait ce qu'elle fait et qu'elle respecte et aime sa disponibilité et sa vulnérabilité.

La partenaire agissante doit ajuster le rythme de son désir aux réactions de sa partenaire. Elle doit vouloir ressentir son amie de l'intérieur avec une passion telle qu'elle lui permet de transformer en art une pratique que bien peu de gens comprennent. Elle doit avoir pleinement confiance que son amie saura communiquer avec elle du début à la fin.

Comme pour les autres caresses anales, assurez-vous que votre partenaire est suffisamment stimulée avant de la pénétrer. Commencez par insérer un ou deux doigts dans l'anus, puis trois, puis quatre, graduellement, et enfoncez-les délicatement jusqu'à la partie la plus large de la main. Lubrifiez souvent votre main. Si vous rencontrez une résistance, retirez-vous, ajoutez du lubrifiant et recommencez, doucement. Votre amie aimera peut-être que vous entriez tout droit en elle ou que vous la pénétriez par des mouvements de rotation.

Une fois à l'intérieur jusqu'au poignet, ne bougez plus tant que votre partenaire ne se sera pas habituée à cette présence envahissante. Il se pourrait qu'elle souhaite s'arrêter là ou qu'elle désire une pénétration encore plus profonde. Elle désirera peut-être de délicats mouvements de rotation, une pression contre la paroi antérieure du rectum ou de subtils mouvements de va-et-vient — un millimètre à la fois !

Elle sera sans doute trop bouleversée pour même penser à jouir, ou encore désirer un orgasme intense suivi du retrait immédiat de votre main. Vous pouvez stimuler son clitoris jusqu'à l'orgasme avec vos doigts, votre langue ou un vibromasseur. *Même si elle exige que vous retiriez immédiatement votre main dès qu'elle aura joui, agissez lentement et délicatement.*

La pénétration anale du poing peut être très troublante pour les partenaires. Donnez-vous le temps de vous cajoler après avoir fait l'amour.

La ceinture gode

J'ignore pourquoi j'adore à ce point qu'on me pénètre analement avec un gode. Je me sens vulnérable, ouverte, à disposition. On est sans doute loin de la rectitude politique lesbienne, mais pour me faire jouir, il n'y a pas de meilleur moyen.

Une lesbienne forte et costaude qui pousse son énorme queue dans votre derrière est un très beau fantasme, mais il est préférable, dans les faits, de commencer avec un doigt, puis de passer à un petit godemiché, plus tard à un gode élancé, ensuite à un gode plus large et, enfin, à un gode de bonne dimension.

Vous voudrez peut-être vous procurer une ceinture gode que vous réserverez à la pénétration anale (voir ci-dessous la section « La pénétration anale sans risque »). D'une part, c'est plus hygiénique et, d'autre part, même si vous aimez un godemiché épais dans votre vagin, vous préférerez peut-être un godemiché plus long et élancé dans votre anus.

Avec un gode de ceinture, la partenaire réceptrice préférera sans doute chevaucher sa partenaire. Elle peut ainsi choisir la profondeur et le rythme des poussées. La position arrière convient également dans la mesure où la partenaire agissante ne bouge pas et que la partenaire réceptrice va à la rencontre du gode. Elle a ainsi un meilleur contrôle de la situation que la partenaire agissante dont le godemiché ne possède pas de terminaisons nerveuses. N'oubliez pas que la paroi rectale est beaucoup plus fragile que la paroi vaginale et qu'elle se déchire facilement.

Le guide de la pénétration anale

- La partenaire réceptrice contrôle les ébats. Faites part exactement à votre partenaire de la façon dont vous souhaitez être pénétrée.
- Utilisez du lubrifiant — beaucoup de lubrifiant. Réchauffez-le en passant le tube sous un robinet d'eau tiède avant de l'employer.
- Enfilez un gant et lubrifiez un seul doigt. Commencez lentement.
- Caressez l'ouverture de l'anus en rond, sans y insérer votre doigt; embrassez et mordillez l'intérieur des cuisses et des fesses de votre amante tout en caressant son anus.
- Agacez-la. Frustrez-la un peu avant de lui donner ce qu'elle demande.
- Glissez le bout du doigt à l'intérieur — doucement!
- Exercez une pression vers la paroi antérieure ou postérieure du rectum, faites des mouvements circulaires ou des mouvements de va-et-vient.
- Glissez un godemiché dans l'anus de votre amie, puis pénétrez-la vaginalement ou caressez son clitoris. (Placez la tête du gode à côté de l'anus et pénétrez-la de biais. Ne l'enfoncez pas d'un coup sec.)
- Tout en maintenant un gode ou votre doigt à l'intérieur de votre partenaire, caressez ses seins et son ventre.
- Grimpez sur votre partenaire et empalez-vous lentement sur son godemiché.
- Glissez un anneau pénien vibrant sur votre godemiché et frottez-vous contre les fesses de votre partenaire.
- Placez-vous à quatre pattes et allez à la rencontre des doigts ou du gode de votre partenaire.
- Sortez vos gadgets: pinces à seins, liens, vibromasseurs.
- Glissez les doigts d'une main dans le vagin de votre partenaire et les doigts de l'autre main dans son anus.

Au-delà du corps :
les aspects émotionnels et psychologiques de l'érotisme anal d'après Tristan Taormino

Notre bien-être émotionnel, psychologique et spirituel joue un rôle majeur dans notre expérience de l'érotisme ; la sexualité anale ne fait pas exception à la règle.

L'érotisme anal suscite beaucoup d'appréhension et de sentiments négatifs. Souvent, ces peurs ont été engendrées par les idées fausses et les tabous de la société. Les idées reçues voulant que l'analité soit contre nature, perverse, sale, douloureuse et dangereuse se sont transformées en peurs réelles dans l'esprit des gens. Il importe aussi de comprendre que les tabous qui touchent la sexualité anale nous ont été inculqués dans notre enfance et qu'ils persistent à nous influencer à des degrés divers.

Que redoute le plus la partenaire réceptrice ?

Mon amante me trouvera non conformiste d'en avoir envie.
J'attraperai les hémorroïdes.
Ce sera sale, et mes fesses sentiront mauvais.
Je serai constipée ou j'aurai la diarrhée.
Ça fera mal ; on déchirera quelque chose.
Je n'aimerai pas ça ; ce sera désagréable.
Je refuserai son godemiché.
J'attraperai une MST ou une autre maladie.

Que redoute le plus la partenaire agissante ?

Je lui ferai mal et elle saignera.
Ce sera sale ; j'aurai de la merde sur moi.
Je ferai tout de travers.
Je n'aimerai pas cela.
Mon amante me trouvera non conformiste d'en avoir envie.
J'attraperai une MST ou une autre maladie.

Ces appréhensions sont issues de nos idées reçues et de nos idées fausses en matière d'analité, mais il importe de respecter votre partenaire et de l'appuyer lorsqu'elle vous confie ses peurs. Accordez-vous une importante permission : chacune de vous aura le droit d'interrompre ou de mettre fin à cette activité en tout temps avec l'approbation de sa partenaire. Établissez dès le départ les règles du jeu et les limites à ne pas dépasser. Ces limites peuvent changer à mesure que vous acquerrez de l'expérience. Il importe que les deux partenaires se protègent contre la douleur et la maladie, et que règnent la confiance et le respect réciproques.

Les peurs, les appréhensions inexprimées se feront inévitablement sentir dans un anus tendu et récalcitrant. Nina Hartley nous rappelle que « De toutes les parties du corps, aucune ne reconnaît mieux un menteur que l'anus. Si votre tête dit Oui ! Oui ! et que votre cœur fait Non ! Non !, l'anus obéira toujours à la volonté du cœur.[54] »

Une discussion honnête et sincère mettra en lumière ce que chaque partenaire désire retirer de cette expérience érotique et pourquoi, de façon à ce que les partenaires soient moins susceptibles de présumer des désirs et des attentes de chacune. Demandez-vous, par exemple, ce que vous voulez, ce que vous attendez, quels sont vos désirs et vos besoins.

Je veux recevoir un doigt, et puis arrêter.
Je veux pouvoir insérer un petit godemiché dans mon anus.
Je veux me sentir en sécurité.

54. Nina Hartley, « Nina Hartley's Guide to Anal Sex » (Adam and Eve Productions, 1994).

Quelle est votre expérience en matière d'érotisme anal ? Partagez-la, parlez-en. Pourquoi ces pratiques vous intéressent-elles ?

Je veux explorer de nouvelles avenues avec ma partenaire.
Je suis curieuse des sensations que cela procure.
Je l'ai déjà fait et j'aimerais recommencer.
Tu veux le faire et je ne veux rien te refuser.
Je veux me sentir proche de mon amante.
C'est une expérience particulière et très intime que je désire partager avec mon amante.
J'ai vu ça dans un film porno, ça m'a excitée et j'ai envie d'essayer.
Cela a toujours fait partie de mes fantasmes.

Les fantasmes occupent une très grande place dans notre vie quotidienne et érotique. De nombreuses personnes ont des fantasmes de pénétration anale mais hésitent à verbaliser leurs désirs. Les légendes et les idées fausses touchant l'analité encouragent notre silence et nous empêchent de satisfaire notre curiosité. Le fait de confier nos fantasmes sexuels à notre partenaire peut approfondir nos liens et nous aider à exprimer nos besoins et nos désirs.

Il est tout aussi important de faire la distinction entre nos fantasmes et nos réalités. Si, dans votre fantasme masturbatoire préféré, votre partenaire vous propulse invariablement au septième ciel dès qu'elle enfonce un gros pénis en silicone dans votre arrière-train, ne vous étonnez pas si vous n'obtenez pas les mêmes résultats dans la vie réelle. Certains fantasmes sont réalisables et d'autres doivent demeurer à l'état de fantasmes. Ayez des attentes réalistes et sachez reconnaître les limites de votre propre corps, surtout lorsqu'il s'agit de pénétration anale. Un doigt dans l'anus et la description, murmurée à l'oreille, de ce qu'est en train de vous faire cette grosse queue suffiront peut-être ?

Pendant que vous vous adonnez à cette activité, parlez-vous, dites-vous ce qui est bon et ce qui ne l'est pas, ce qui vous excite et ce qui vous rebute.

Est-ce que tu aimes ça ?
Voudrais-tu que je bouge plus ou moins ?
Veux-tu que je caresse ta chatte en même temps que je m'occupe de ton cul ?
Aimes-tu cette position ?
Ah oui, c'est bon... n'arrête pas.
J'aime te caresser de cette façon.
Veux-tu un autre doigt maintenant ?

Après coup, évaluez la situation ; vos commentaires vous serviront la prochaine fois. Rappelez-vous les objectifs que vous vous étiez fixés. Est-ce que je suis allée trop vite ? Ai-je utilisé suffisamment de lubrifiant ? Est-ce que le va-et-vient était suffisant ? Préfères-tu davantage de pression ? Préfères-tu mes doigts ou le gode ? Pourquoi ? La prochaine fois, devrais-je faire certaines choses différemment ? Aimerais-tu que je caresse davantage tes parties génitales pendant que je joue avec ton derrière ? Les compliments sont toujours les bienvenus, la critique non. Soyez généreuse dans vos propos. Si vous voulez lui faire part de ce que vous n'avez pas aimé, commencez par lui parler de ce qui vous a plu. La communication, à toutes les étapes de la pénétration anale, rehaussera cette expérience et aidera les partenaires à formuler leurs besoins. Idéalement, la communication aide chacune des partenaires à puiser tout ce qu'elle désire de l'érotisme anal.

Les meilleures positions pour la pénétration anale

> La seule fois où j'ai eu un orgasme par la pénétration anale, j'étais à genoux, ma partenaire avait inséré un doigt dans mon anus et le faisait aller et venir lentement pendant que je stimulais mon clitoris au moyen d'un vibromasseur.

Toutes les positions de la pénétration vaginale s'adaptent à la pénétration anale. Agenouillez-vous ou asseyez-vous entre les jambes de votre partenaire; cette position est excellente pour la pénétration des doigts, la main ou d'un godemiché. La position où la partenaire réceptrice se place à califourchon sur sa partenaire convient à la pénétration anale au moyen d'un gode de ceinture, car la partenaire réceptrice peut ainsi décider de la profondeur, du rythme et de l'intensité des poussées. La position du missionnaire convient aussi à la pénétration anale au moyen d'un gode de ceinture. De nombreuses adeptes de la pénétration anale préfèrent à toute autre la position du missionnaire dans une balançoire. La position de côté favorise une pénétration plus douce et plus lente.

La position arrière est très populaire pour la pénétration anale des doigts, du poing ou d'un godemiché de ceinture. Cette position accorde à la partenaire réceptrice une grande liberté de mouvement; la partenaire agissante qui ne bouge pas lui laisse l'entier contrôle de la situation.

Les gadgets de la pénétration anale

Encore une fois, le lubrifiant doit figurer en tête de votre liste d'achats. Pour la pénétration anale, le lubrifiant est l'élément le plus important du coffre à jouets. Contrairement au vagin, le rectum ne produit pas de sécrétions. La paroi rectale, quoique élastique, est fragile et se déchire facilement.

Bon nombre de femmes préfèrent les lubrifiants à base d'huile pour la pénétration anale (par exemple, Crisco) parce qu'ils ne s'évaporent pas aussi rapidement que les lubrifiants à base d'eau. Leur épaisseur et leur viscosité supérieure magnifient l'effet de glissement. On peut aussi mélanger de l'huile d'olive à un lubrifiant épais à base d'eau pour obtenir une concoction plus glissante.

Je recommande cependant les lubrifiants à base d'eau pour deux raisons. D'abord, si, en dépit de vos efforts, des gouttes de lubrifiant passent de l'anus au vagin, un lubrifiant à base d'huile empirera la situation. Celui-ci pourrait transmettre des bactéries de l'anus au vagin, et en raison de l'huile qu'il contient, compliquer leur expulsion. Ensuite, les produits à base de pétrole, en décomposant le latex, occasionnent de minuscules perforations dans les préservatifs et les gants.

Les lubrifiants à base d'huile sont-ils sécuritaires? Oui, à la condition que l'on prenne certaines précautions. Premièrement, assurez-vous que le lubrifiant ne se répandra pas de l'anus au vagin. Deuxièmement, changez de gant toutes les 15 minutes. L'huile ne dégradera pas le latex de vos gants en moins de 15 minutes. Les préservatifs sont cependant beaucoup plus minces que les gants. Si vous utilisez un lubrifiant à base d'huile avec un préservatif en latex, vous devrez désinfecter vos gadgets après usage, puisque l'huile aura causé des perforations microscopiques dans le préservatif. Si vous insistez pour utiliser un lubrifiant à base d'huile avec un godemiché, investissez dans des préservatifs en polyuréthane. (N'enduisez *jamais* de lubrifiant à base d'huile un préservatif en latex pour protéger un pénis véritable, car le contact du latex avec le pétrole du lubrifiant enlèvera toute son efficacité au préservatif.)

Les gants en nitrile, outre qu'ils conviennent aux personnes allergiques au latex, peuvent être utilisés en toute sécurité avec un lubrifiant à base d'huile.

Voici quelques règles à observer lorsque vous choisissez un stimulateur anal :

- Sa base doit être évasée afin d'empêcher qu'il glisse dans le rectum et fasse son chemin jusqu'au côlon. Les billes d'un chapelet anal doivent être solidement fixées à leur cordelette et celle-ci doit être munie d'un anneau de préhension.
- La surface de l'accessoire doit être lisse, sans angle aigu et sans parties détachables ou cassables.
- On doit pouvoir laver l'accessoire à l'eau chaude avec un savon antibactérien.
- Si vous envisagez de pénétrer profondément votre partenaire avec cet accessoire, il doit être suffisamment flexible pour s'adapter aux méandres du rectum.

Beaucoup de gadgets servant à la pénétration vaginale s'adaptent à la pénétration anale, notamment les godemichés de ceinture. Certains accessoires sont cependant spécifiquement conçus pour cet usage. Les stimulateurs anaux sont faits pour rester à l'intérieur du rectum. Ils tirent parti de la tendance naturelle des sphincters de se contracter autour d'un objet. Ces accessoires varient en forme et en dimension : de quelques centimètres de longueur et minces comme le pouce à gros comme un poignet. On en trouve même en forme de carambole. Il existe aussi des godes anaux vibrants de plusieurs types.

Les chapelets anaux sont de petites billes fixées à une cordelette. On insère ces billes graduées dans l'anus de la partenaire. Au moment de l'orgasme, on les retire. Les chapelets anaux ont longtemps été fabriqués en plastique dur de mauvaise qualité dont il fallait limer la couture. Aujourd'hui, il en existe de toutes sortes, notamment en silicone, ce qui est beaucoup plus sécuritaire et plus hygiénique (on peut stériliser la silicone en la faisant bouillir).

Certains vibromasseurs sont conçus pour insertion dans l'anus, y compris un long vibromasseur recourbé et flexible qui conserve la forme qu'on lui donne.

N'oubliez pas de commencer par de petits accessoires ! Vous pourrez toujours vous en procurer de plus gros plus tard. Vous trouverez d'autres renseignements sur les gadgets érotiques au chapitre 15, « Gadgets et attributs sexuels ».

La pénétration anale sans risque

La première règle de sécurité est la suivante : *Si ça fait mal, arrêtez !* Ne pratiquez aucune activité qui risque d'endommager la paroi du rectum. Interrompez toute activité qui provoque un saignement.

Pourquoi une lesbienne doit-elle porter un gant de latex pour la pénétration anale s'il n'y a pas de sperme ? Eh bien, si vos doigts présentent des lésions invisibles à l'œil nu, votre partenaire, si elle est infectée par le colibacille, risque de vous transmettre celui-ci[55]. Avant de jeter vos gants, versez du vinaigre sur vos mains. Si vous avez des éraflures, vous le saurez !

Ne partagez pas vos accessoires sans d'abord les nettoyer à fond avec de l'eau chaude et un savon désinfectant. Même si vous avez recouvert ce godemiché d'un préservatif, nettoyez-le avant de vous en servir sur vous-même ou sur une autre partenaire. Lavez toujours soigneusement les accessoires ayant servi à la pénétration anale avant de les insérer dans le vagin afin de prévenir la transmission des bactéries. Si possible, optez pour des gadgets en silicone, car vous pouvez les désinfecter en les faisant bouillir pendant deux ou trois minutes. Bien sûr, vous pouvez aussi réserver certains accessoires à la pénétration anale.

La pénétration anale à risques réduits

- Faites vous donner un manucure. Assurez-vous que vos ongles sont soigneusement limés et lisses.
- Utilisez des gants de latex, de nitrile ou de vinyle.
- Enfilez un gant neuf quand vous changez d'activité ou de partenaire.
- Optez pour un lubrifiant à base d'eau.
- Recouvrez votre godemiché d'un préservatif. Utilisez toujours un préservatif neuf quand vous changez d'activité ou de partenaire.
- Ne partagez pas vos godes ou vos vibromasseurs sans les nettoyer entre chaque usage.
- Ne permettez pas la transmission des bactéries de l'anus au vagin.

55. Ask Dr. Myrtle, site Web de A Woman's Touch : www.a-womans-touch.com
Source de l'encadré : Tristan Taormino, « Beyond Our Bodies : Emotional and Psychological Aspects of Anal Eroticism », dans *The Ultimate Guide to Anal Sex for Women,* par Tristan Taormino (Cleis Press, 1997).

Où aller pour en savoir plus

Avec un peu de chance, une boutique érotique près de chez vous proposera des ateliers de pénétration anale. Sinon, il existe depuis peu des vidéocassettes de formation.

Une recherche d'information dans l'Internet sur la pénétration anale du poing a donné un certain nombre de sites Web s'adressant aux homosexuels. Je recommande fortement RedRight, un site dont le nom s'inspire du code des mouchoirs : un mouchoir rouge dans la poche arrière droite signifie que vous êtes partenaire réceptrice lors de la pénétration anale du poing.

Suggestion de site Web

REDRIGHT
www.winternet.com/~redright/fffaq.htm

12

L'identité sexuelle (le destin n'y est pour rien)

Ma sexualité lesbienne commence
et finit avec la femme que je suis.

L'identité sexuelle est sexy. La lesbienne fem que vous voyez là, en escarpins à hauts talons, si manifestement féminine et audacieusement érotique, est aussi attirée sans réserve par son propre sexe. La butch que voici est sûre d'elle et de sa sexualité quand debout, les pouces dans les ganses de sa ceinture, elle fléchit les muscles des cuisses pour attirer l'attention sur la bosse de son jean. Cette personne au sexe ambigu est à la fois intensément érotique et si inattendue qu'elle en est bouleversante.

L'identité sexuelle est un gadget pour certaines femmes, le gadget le plus intéressant de tous. Elles aiment se travestir et délibérément combiner les signifiants identitaires : femmes dotées de pénis ; butchs travesties en femmes. Pour d'autres, l'identité sexuelle est affaire de style : elle correspond à leur image. Pour d'autres encore, les mots « butch », « fem », « gaie », « transgenderiste » et même « androgyne » font référence à une identité sexuelle profonde dont on ne se dépouille pas le soir comme on enlèverait un déguisement.

Qu'un godemiché soit strictement un godemiché et rien de plus pour vous, cela vous regarde. Votre rapport à votre identité sexuelle est personnel ;

l'opinion des autres n'importe pas. Il n'est pas utile que vous vous situiez sur un continuum mâle/femelle ou que vous vous apposiez une étiquette spécifique à moins que cela ne vous soit indispensable.

Votre identité sexuelle peut aussi fluctuer, voire se transformer tout au long de votre existence. Elle peut aussi demeurer la même, tandis que votre acceptation de votre nature véritable, votre aptitude à être exactement la même personne au-dehors comme au-dedans, se renforce au fil des ans.

Qu'est-ce que l'identité sexuelle a à voir avec la sexualité lesbienne? Votre « sexe » représente votre équipement physique; votre « identité sexuelle » représente ce que vous faites de cet équipement et votre « orientation sexuelle » représente le territoire de vos désirs.

Qu'est-ce que l'identité sexuelle ?

Comment savoir si vous êtes de sexe féminin ? Êtes-vous de sexe féminin parce que vous avez un clitoris ? Parce que votre vie adulte a été rythmée par les cycles habituels de l'ovulation et de la menstruation ? Parce que vous avez été élevée comme une fille ? Parce qu'on vous a forcée à être de sexe féminin ? Parce que vous vous « sentez » femme ?

L'identité sexuelle n'est pas qu'une question d'anatomie; elle définit votre rapport à votre sexe génétique. Votre identité sexuelle s'accorde ou ne s'accorde pas à votre sexe génétique. Vous pourriez, par exemple, avoir un corps de femme et vous réclamer du sexe masculin. Votre clitoris est peut-être à vos yeux un pénis, vos seins un torse.

Il se pourrait aussi que vous ayez un corps de femme et que votre féminité vous ravisse, mais que vous sachiez profondément que votre expérience de la féminité ne ressemble en rien à celle d'une femme hétérosexuelle. Ces différences pourraient être extrêmement difficiles à décrire.

Les signes extérieurs de l'appartenance à un sexe ou à l'autre pourraient vous sembler hors de propos: votre corps de femme se passe de commentaires. Vous vous considérez peut-être comme une créature androgyne. Ou encore, vous préférez ne pas en parler.

Il se pourrait que vous ayez un corps d'homme tout en vous identifiant au sexe féminin. Votre pénis est votre clitoris; votre prostate votre point G. Quelle que soit la perception que les autres ont de vous, vous savez que vous êtes une femme.

Or, qu'est-ce qui fait qu'une personne est un homme ou une femme ? Son anatomie ? Son identité ? Les deux à la fois ?

Plusieurs facteurs colorent l'identité sexuelle : la mode (qui porte le pantalon), l'argent (qui bénéficie d'un chèque de paie), les rôles (qui est actif), les caractéristiques culturelles, religieuses, historiques ou sociales. (N'aurait-on pas voulu que Rosie the Riveter se métamorphose en Donna Reed ? « Tu peux dire adieu aux outils électriques, mon ange ! »)

Il arrive qu'on tente de deviner l'identité sexuelle d'une personne par l'observation de caractéristiques sexuelles secondaires telles que le faciès, la pilosité, la musculature et l'adiposité, la masse corporelle, la voix, la démarche et le mode d'expression.

On peut déterminer le « sexe » d'un point de vue anatomique en observant les organes génitaux externes. Les femmes ont longtemps été considérées comme des non-mâles (pénis = garçon ; absence de pénis = fille). On peut aussi se fier aux organes reproducteurs : la femme a des ovaires, l'homme a des testicules. Le système hormonal peut nous fournir la réponse : une femme produit plus d'œstrogène et de progestérone que de testostérone. L'aspect génétique nous renseigne aussi, puisque les chromosomes XX et XY déterminent le sexe de l'individu.

L'anatomie sexuelle masculine et l'anatomie sexuelle féminine se ressemblent beaucoup : les tissus érectiles et les terminaisons nerveuses sont les mêmes. C'est leur organisation qui diffère. Au cours des premiers stades du développement du fœtus, il n'existe aucune différence anatomique entre mâles et femelles. La différenciation génitale commence vers la huitième semaine de la grossesse[56]. Les tissus du gland deviennent le gland du pénis ou celui du clitoris. Le capuchon du clitoris et le prépuce proviennent des mêmes tissus, comme c'est le cas des lèvres et du scrotum, des testicules et des ovaires, de la hampe de la verge et de celle du clitoris. Il faut attendre le cinquième mois de la grossesse pour détecter correctement le sexe du fœtus par les ultrasons.

Intersexualité

Que se passe-t-il lorsque les caractères sexuels ne sont pas harmonisés ? Selon la Intersex Society of North America (ISNA), 1 bébé sur 500 naît avec des chromosomes autres que XX et XY[57]. Les bébés intersexués ne présentent pas des caractères sexuels nettement mâles ou femelles. Qui, devant ce flou, décide si l'organe concerné est un pénis ou un clitoris ?

Malheureusement, le corps médical juge qu'il revient au médecin de prendre cette décision. Le phallus d'un bébé doit mesurer au moins 2,5 cm pour être considéré comme un pénis, tandis que le clitoris *ne doit pas* excéder 0,95 cm. La différence de 1,6 cm entre ces deux critères représente, selon un auteur, « une zone pubienne incertaine, un territoire génital ambigu.[58] » Que se passe-t-il lorsque le phallus du bébé mesure plus de 0,95 et moins de 2,5 cm ?

En présence d'intersexualité, le corps médical intervient chirurgicalement — dans certains cas dès la naissance, dans d'autres cas à la puberté (lorsqu'un développement sexuel inattendu peut se produire). On décide le plus souvent que le bébé intersexué est une fille : la chirurgie rapetisse le clitoris hypertrophié pour lui donner une taille « normale ». En conséquence de cette mutilation[59], bon nombre de femmes intersexuées ont une sensibilité clitoridienne réduite et certaines sont incapables d'atteindre l'orgasme.

56. Cheryl Chase, correspondance, septembre 1999.
57. Site Web de l'ISNA. www.isna.org
58. Annalee Newitz, « When Doctors Try to Fix What Ain't Broke », GettingIt.com, 27 juillet 1999, www.gettingit.com
59. Comme la clitoridectomie pratiquée pour des motifs religieux ou culturel, la chirurgie que subissent les enfants intersexués équivaut à une mutilation génitale. Grâce aux personnes qui militent en faveur de l'intersexualité, ces pratiques sont en voie de disparition en certains endroits.

Comme justification à cette intervention précoce, le corps médical affirme que ce que l'enfant ignore ne saurait lui faire de mal — mais c'est faux. La vraie raison de ces chirurgies est le malaise suscité par la notion voulant que les catégories mâle et femelle ne soient pas définitivement fixées.

De toute évidence, les fluctuations sexuelles humaines ne s'inscrivent pas dans ces deux petites boîtes clairement étiquetées. Selon la ISNA, « la différentiation des caractères sexuels a lieu selon un continuum mâle/femelle.[60] »

Pourtant, l'idée selon laquelle les enfants doivent avoir une identité sexuelle « immuable » pour « fonctionner » en société est à l'origine de l'attitude de la médecine face à l'intersexualité. Les organes génitaux de l'enfant doivent « correspondre aux caractères anatomiques » de son sexe. Les garçons doivent avoir un pénis ; les filles doivent avoir un vagin et « aucun phallus visible.[61] »

Les femmes intersexuées sont-elles lesbiennes ? bisexuelles ? hétérosexuelles ? Peut-on savoir si une personne est intersexuée en observant ses organes génitaux ? Quels pronoms personnels doit-on utiliser pour s'adresser à une personne intersexuée ? Les réponses à ces questions varient d'individu à individu. Renseignez-vous.

> Je suis transgenderiste en raison d'une intersexualité native, je suis lesbienne et profondément femme. Heureusement, nous sommes beaucoup plus que les adjectifs qui nous décrivent !

Transgenderisme et transsexualité

Le terme « transgenderisme » regroupe toutes les personnes dont le sexe reconnu (mâle ou femelle) ne correspond pas parfaitement à leur identité sexuelle, c'est-à-dire les transsexuels masculins, les transsexuels féminins, les travestis, les drag queens et les drag kings, et même les butchs et les lesbiennes fems qui envisagent leur nature comme étant différente de la représentation traditionnelle que s'en fait la société.

Certaines personnes ont une vision homogène de leur identité sexuelle. Des lesbiennes butchs s'identifient fortement aux transsexuels masculins ; les deux groupes sont extrêmement conscients de leur masculinité, bien que le permis de conduire des individus du premier groupe dise « sexe féminin » et celui des individus du second groupe dise « sexe masculin ».

Un transsexuel est une personne qui assume les caractères sexuels et les habitudes de vie du sexe opposé. La plupart des transsexuels se soumettent à un processus de réassignement (hormonal, chirurgical ou les deux) de leurs caractères sexuels primaires et secondaires. Dans d'autres cas, ils assument totalement leur nouvelle identité sans aucune altération physiologique. Il ne leur semble pas indispensable de transformer leur anatomie pour obéir à la définition traditionnelle des caractères mâles et femelles. D'autres

60. Site Web de l'ISNA, www.isna.org
61. Alice Domurat Dreger, « 'Ambiguous Sex' — or Ambivalent Medicine ? » *Hastings Center Report,* vol. 28, n° 3, 24-35, mai/juin 1998. Le texte intégral de cet article est disponible sur le site de l'ISNA, www.isna.org

Un corps avec des seins et un pénis ? J'adore !

bénéficient d'un traitement hormonal mais renoncent à la chirurgie reconstructive en raison de son coût élevé et parce que ses résultats laissent souvent à désirer. Les transsexuels sont homosexuels, bisexuels ou hétérosexuels ; ils peuvent être butchs ou fems. Ils souhaitent parfois être perçus comme un homme ou une femme ordinaire, être des transsexuels déclarés ou dire appartenir au « troisième sexe ». Peu importe. Un transsexuel féminin est une femme et un transsexuel masculin est un homme.

Le réassignement sexuel chirurgical affecte parfois les pulsions sexuelles. La prise d'œstrogène affecte négativement la libido de nombreux transsexuels féminins en phase de transition, tandis que, chez bon nombre de transsexuels masculins, la prise de testostérone se traduit par un renforcement de la libido. Mais il n'y a pas que ces changements associés à la prise d'hormones qui comptent. Ce n'est pas une mince affaire que d'affronter le monde en tant que personne nouvellement constituée. Souvenez-vous de votre puberté !

Les transsexuels féminins

> Je suis femme, mais je suis née avec un corps d'homme sans y être pour rien.

La prise d'œstrogène et d'un anti-androgène entraîne, chez le transsexuel féminin, une diminution des caractères sexuels secondaires masculins et une augmentation des caractères sexuels féminins : le système pileux et la masse musculaire sont réduits, la voix se féminise, les seins grossissent, l'épiderme s'adoucit, les hanches et les fesses s'arrondissent.

Les techniques chirurgicales incluent l'augmentation mammaire (bon nombre de transsexuels féminins estiment que l'hormonothérapie suffit à leur donner des seins très acceptables) et la transformation des organes génitaux en clitoris et en vagin.

La vaginoplastie et la labioplastie font partie des procédés chirurgicaux qui affectent le bas du corps. Par exemple, un vagin est créé par inversion du pénis et greffe de peau en provenance du pénis et du scrotum. Ainsi, même si ce nouveau vagin ne sécrète pas de cyprine, ses tissus s'engorgent normalement sous l'effet de l'excitation sexuelle. Certains chirurgiens créent un clitoris capable de sensations à partir de tissus prélevés sur le gland du pénis. Les tissus du gland peuvent aussi servir à fabriquer un utérus[62].

Certains transsexuels féminins déclarent éprouver des difficultés à atteindre l'orgasme suite à une perte de fonction du pénis due à la prise d'œstrogène et d'anti-androgènes. Ils doivent développer une sensibilité différente et apprendre à jouir autrement.

> Pendant la phase de transition, je me suis liée d'amitié avec une jeune bisexuelle. Le traitement hormonal auquel j'étais astreinte inhibait les fonctions de mes organes génitaux, si bien que cette amie m'a appris d'autres façons de jouir. Lorsque j'ai connu mon premier orgasme féminin, je ne suis plus jamais revenue en arrière.

62. Site Web du Transgender Surgical and Medical Care Center, www.tsmccenter.com

Les transsexuels masculins

> L'acceptation de mon corps m'a permis d'avoir des rapports sexuels plus satisfaisants. Je n'ai pas encore entamé le processus de réassignement sexuel, mais il m'a suffi d'en prendre la décision pour éprouver un sentiment de libération.

Chez les transsexuels masculins, la prise de testostérone entraîne une augmentation du système pileux et de la masse musculaire, la masculinisation de la voix, la diminution des courbes du corps et souvent une intensification de la pulsion sexuelle. Les techniques chirurgicales permettent de façonner un torse d'homme et de fabriquer un pénis et un scrotum à partir des organes génitaux féminins.

La testostérone entraîne une hypertrophie du clitoris, qui peut alors atteindre jusqu'à 8 centimètres. Certains transsexuels augmentent encore la taille du clitoris à l'aide d'une pompe mammaire (disponible dans les boutiques érotiques pour gais). La fente de la base d'un godemiché conçu pour renfermer un œuf vibrant peut accueillir un clitoris de 8 centimètres en érection.

La pulsion sexuelle des transsexuels masculins est parfois très différente de celle qu'ils éprouvaient avant la prise de testostérone. Ils ressentent souvent une urgence de jouir qui leur était jusque-là inconnue.

On crée un torse masculin et plat en pratiquant une double mastectomie et un refaçonnement du mamelon. Chez certains transsexuels masculins, le réassignement sexuel chirurgical rend les mamelons plus érogènes. Lorsque leur poitrine correspond à leur identité sexuelle, ces hommes qui naguère préféraient négliger leurs seins aiment maintenant qu'on caresse leurs mamelons, qu'on les pince, qu'on les suce ou qu'on les morde. Bien entendu, chaque personne est différente.

La vaginectomie, la métaoidioplastie et la phalloplastie sont les interventions qui touchent les organes génitaux. La vaginectomie est l'ablation du vagin. Dans la métaoidioplastie, le clitoris hypertrophié par la prise de testostérone est dégagé des tissus environnants ; le tissu des lèvres sert à la fabrication des bourses. La phalloplastie est la construction d'un pénis au moyen de greffes cutanées prélevées en d'autres régions du corps. Dans certains cas, l'implantation d'une prothèse pénienne gonflable permet l'érection. Certains transsexuels masculins optent aussi pour une hystérectomie totale[63].

De nombreux transsexuels masculins renoncent à la reconstruction génitale et conservent leurs caractères physiologiques féminins. Cela ne signifie pas qu'ils souhaitent être perçus comme des femmes. Ces transgenderistes ont un clitoris hypertrophié par la prise de testostérone, mais ils ont aussi un vagin, un point G et un utérus. Plusieurs se présentent comme gais ou bisexuels plutôt que comme lesbiennes.

63. *Ibid.*

Les partenaires de transgenderistes masculins et féminins

« Quels pronoms personnels dois-je utiliser pour m'adresser à mes amis transsexuels ? » « Si je fréquente un transsexuel féminin avant chirurgie, suis-je bisexuelle ? » « Qu'en est-il si son permis de conduire dit qu'elle est une femme ? » « Puis-je amener mon partenaire transsexuel masculin à une soirée réservée aux femmes ? » « Mes amies lesbiennes agissent comme si je les avais trahies. Au secours ! »

Quand vos amies et vos amantes remettent en question leur identité sexuelle, il est normal que vous vous posiez des questions. Heureusement, les conjoints de transgenderistes ont entrepris la mise en place de listes électroniques de discussion et de groupes de soutien.

> Ma partenaire principale se présente comme transsexuel masculin. Je crois que cela a un rôle à jouer dans ma bisexualité.

Quels pronoms utiliser ? Ceux qui respectent la volonté de votre partenaire transgenderiste. Est-il possible d'avoir des rapports sexuels avec un partenaire transgenderiste et être lesbienne ? Certaines partenaires féminines de transsexuels masculins se présentent comme bisexuelles ou gaies plutôt que comme lesbiennes, exprimant ainsi leur soutien d'une partenaire qui, parce qu'elle ne se considère plus comme une femme, ne peut faire partie d'un couple lesbien. C'est à vous de décider de la manière dont vous vous présentez. L'orientation sexuelle est un choix personnel. (Voir ci-dessous, « L'orientation sexuelle ».)

> La lesbienne la plus féminine que j'aie jamais eue pour amante était un transsexuel féminin. Mais c'était difficile. Je devais constamment prendre sa défense.

Il suffit de jeter un coup d'œil rapide à la liste des associations transgenderistes pour se rendre compte des nombreuses appellations d'un univers « strictement féminin » : femmes nées femmes seulement ; femmes nées femmes et transsexuels féminins ; femmes nées femmes et femmes transgenderistes assumant à plein temps un rôle féminin ; femmes porteuses des chromosomes XX ou assumant à plein temps un rôle féminin ; lesbiennes et bisexuelles ; femmes nées femmes, transsexuels masculins en transition et femmes transgenderistes ; femmes nées femmes (sans égard à l'identité sexuelle exprimée) et transsexuels féminins (sans égard à la chirurgie) ; femmes et hommes transgenderistes ; toute personne qui se présente comme femme.

L'orientation sexuelle

Êtes-vous lesbienne parce que vous êtes sexuellement attirée par les femmes ou parce que vous n'êtes pas sexuellement attirée par les hommes ? Si vous fantasmez sur les hommes, êtes-vous bisexuelle ? Êtes-vous bisexuelle si vous avez des rapports sexuels avec des hommes ?

L'échelle Kinsey, qui évalue l'orientation sexuelle selon une graduation de 0 à 6 (0 représentant un comportement exclusivement hétérosexuel, 6 représentant un comportement exclusivement homosexuel et 3 représentant un comportement bisexuel) est bien connue. Il avait beau être très avant-gardiste en 1948, Alfred Kinsey a quand même mis au point ce concept !

Kinsey observait les comportements de ses sujets. Pour déterminer l'orientation sexuelle, il ne suffit pas, bien entendu, de savoir à quelles pratiques on s'adonne et avec qui. Qui vous attire ? Qui stimule vos fantasmes ? Qui aimez-vous ? Par exemple, selon l'échelle Kinsey, une lesbienne d'âge moyen qui affirme enfin son lesbianisme après avoir connu pendant vingt ans une vie de couple hétérosexuelle s'inscrirait sans doute dans la catégorie des hétérosexuelles et bisexuelles. Elle aura eu beau avoir envie de faire l'amour avec une femme pendant vingt ans, ne pas avoir aimé faire l'amour avec son mari, se réjouir de sa nouvelle vie et n'avoir aucune intention de faire l'amour avec un homme, cela ne changera rien à l'affaire...

J'incorpore certains aspects de ma vie érotique hétérosexuelle dans ma vie sexuelle lesbienne ; pour moi, ces deux sexualités sont indissociables.

Quand on joue avec les garçons

Imaginez deux femmes au passé sexuel identique. L'une se dit lesbienne, l'autre bisexuelle. Comment est-ce possible ? L'orientation sexuelle est affaire d'auto-identification : les étiquettes que les autres vous apposent ont fort peu à voir avec votre réalité personnelle. Pour certaines femmes, être bisexuelle signifie qu'elles aiment également les rapports sexuels avec des hommes et avec des femmes. Pour d'autres, cela signifie qu'elles pourraient tomber amoureuses d'un homme ou d'une femme. Certaines femmes ont des rapports sexuels avec des hommes et avec des femmes toute leur vie sans ressentir le besoin de s'auto-identifier. Vous pourriez très bien faire l'amour avec des hommes et constater que le terme « lesbienne » est celui qui vous décrit le mieux et qui décrit le mieux l'objet de vos désirs.

Beaucoup de femmes aiment faire l'amour avec des hommes aussi homosexuels qu'elles le sont elles-mêmes ! Il se pourrait que vous aimiez les gais et les bisexuels, de même que les transsexuels des deux sexes à toutes les phases de leur transition. La nature de vos rapports sexuels diffère sans doute beaucoup selon qu'ils ont lieu avec des hommes ou avec des femmes. Par exemple, vous pourriez aimer porter une ceinture gode pour pénétrer votre partenaire masculin, mais aimer que votre amante vous pénètre — ou vice versa. Vous pourriez privilégier des pratiques identiques avec des partenaires des deux sexes. Les activités sexuelles, les rôles ou les styles que vous aimez varient peut-être d'une personne à l'autre et n'ont rien à voir avec l'identité sexuelle de qui que ce soit.

Il se peut que vous préfériez avoir des rapports sexuels avec des femmes dont l'orientation sexuelle correspond à la vôtre. Qu'en est-il si, en tant que lesbienne, vous voulez ne faire l'amour qu'avec des femmes qui ne font l'amour qu'avec des femmes ? C'est très bien. Exprimez vos préférences sans vous justifier, mais n'oubliez pas qu'il ne s'agit que de préférences, non pas d'une prise de position morale.

La relation butch-fem

Pour bon nombre de lesbiennes, la dynamique butch-fem rehausse l'expérience sexuelle. Le contraste entre ces deux partenaires déclenche un *frisson* passionnant. Certaines butchs préfèrent prendre pour partenaires des fems très féminines, que celles-ci soient de vigoureuses fems fatales ou des fems accommodantes et douces. Certaines fems préfèrent les transsexuels masculins parce qu'une masculinité aussi forte chez une personne qui n'est pas née homme et n'a pas été éduquée en homme les excite.

Les termes « butch » et « fem » décrivent peut-être autant votre identité sexuelle que la nature de votre sexualité. Pour vous, la relation butch-fem ne se limite pas à ses aspects romantiques ou populaires, voire aux rôles actif et passif des partenaires. Après tout, une fem est une fem, qu'une butch l'accompagne ou non. Son identité sexuelle lui appartient, elle ne requiert aucune validation de la part de sa compagne. De même, une butch est une butch, qu'une fem s'appuie ou non à son bras.

Le sens de la relation butch-fem dépend de chacune. Il existe des butchs et des fems de tout genre et de toute orientation sexuelle. Vous êtes libre d'aimer les rapports sexuels de butch-butch ou fem-fem. Vous constatez peut-être que les signifiants sexuels importent pour vous (chevelure, vêtements, rôles et accessoires sexuels) sans qu'il vous soit nécessaire d'adopter une identité exclusivement butch ou fem. Il n'est pas non plus indispensable de correspondre à un type corporel spécifique pour être butch ou fem. Il ne vous est pas utile de vous maquiller pour être fem, de vidanger l'huile de votre camion pour être butch ou d'adhérer à n'importe quel autre des stéréotypes auxquels vous tentez d'échapper depuis des années. Envisagez la relation butch-fem sous l'angle de la présence, dans votre vie, de l'identité sexuelle. La relation butch-fem est sexuellement explosive. Il vous appartient de la créer.

Du trompe-l'œil génital à la pénétration et au passage (« passing »)[64], les lesbiennes en ont long à dire sur la dynamique sexuelle butch-fem !

> Le mariage du sexe féminin à la masculinité est très excitant. Une butch me fait perdre la tête.

64. « Passing » : le fait de « passer », d'assumer avec succès dans la vie quotidienne le rôle du genre opposé à son sexe génétique. (Cf. : http://myriam-ts.ifrance.com/myriam-ts/Glosns.htm), d'où le substantif « passage » que nous suggérons. *NdT.*

10 idées fausses sur la relation butch-fem

1. *Toutes les bisexuelles sont fems.* Faux. Certaines butchs très rudes et très passionnées sont bisexuelles.

2. *Les butchs sont plus fortes que les fems. Masculinité = force ; féminité = faiblesse. Butch = partenaire active ; fem = partenaire passive.* Si c'est là votre opinion, allez dans votre chambre et n'en sortez pas tant que vous n'aurez pas lu *Le Deuxième sexe,* de Simone de Beauvoir.

3. *Une butch ne pleure pas.* Voir n° 2. Le débat est clos.

4. *Il faut se situer quelque part sur le continuum butch-fem. Butch féminine. Fem masculine. Garçon manqué. Garçonne. Butch. Fem.* Non. Les étiquettes sont inutiles. Votre identité sexuelle d'aujourd'hui pourrait encore changer. Elle n'est pas immuable.

5. *Les vraies butchs ne se laissent pas pénétrer.* Bon, bon, d'accord, mettons qu'elles se font sodomiser. Mais si vous donnez un caractère érotique à vos organes génitaux, vous n'êtes pas une vraie butch. Jamais de la vie. De nombreuses butchs aiment la pénétration vaginale des doigts, d'un gode ou du poing. Et, tandis qu'on y est, toutes les fems n'aiment pas la pénétration, et certaines butchs l'adorent.

6. *Les fems ne portent pas d'accessoires.* Certaines fems portent une ceinture gode pour pénétrer leur amante. Rien ne m'excite autant qu'une jolie fem qui cache une surprise sous sa jupe.

7. *Toutes les fems portent du rouge à lèvres, des talons hauts, un porte-jarretelles et des dessous délicats.* Pas forcément ! De nombreuses femmes se présentent comme fems sans pour autant apprécier les tenues typiquement féminines. Être fem n'a pas forcément à voir avec la mode et tout à voir avec la sexualité et l'identité sexuelle.

8. *Les butchs sont grosses et les fems sont petites.* Il y a des butchs et des fems de toutes les tailles et de toutes les silhouettes. Une butch peut porter du 40DD et une fem n'avoir presque pas de seins !

9. *Toutes les butchs sont sportives.* Faux. Il y a en qui jouent du piano. D'autres aiment mieux courir les magasins que jouer au foot.

10. *Toutes les butchs sont attirées par les fems et vice versa.* Beaucoup de butchs fréquentent d'autres butchs. Et beaucoup de fems aiment d'autres fems.

Le passage du pouvoir de butch à fem et retour me plaît énormément. En tant que butch, je protège ma partenaire fem et je la domine sexuellement. Mais en même temps, je me plie volontiers aux désirs de ma fem. Ses besoins et ses souhaits passent avant les miens.

J'ondule des hanches quand je marche ; mes seins bougent et mes cuisses obéissent aux mouvements fluides de ma féminité.

Je n'assume pas tous les jours le rôle de fem fatale. Mais quand je vais draguer ou faire la fête, je suis à la limite de la drag queen. Ça m'excite – et ça attire les butchs qui ont des couilles.

Je suis très heureuse d'être une femme, mais j'ai une apparence hétérosexuelle en raison de la façon dont j'habite mon corps, de la façon dont je bouge et de la façon dont je me pare. Je n'aime pas cela, mais c'est une impasse propre aux lesbiennes fems.

Je suis une butch intouchable transgenderiste ; il est très important pour moi que ma partenaire respecte mon image corporelle. J'ai un corps de femme, mais j'aime qu'on me touche de façon à rendre hommage à ma masculinité.

J'aime que ma butch dirige les opérations. J'aime me blottir dans les bras de mon amante tandis qu'elle me ravit. J'adore son regard plein de tendresse et de désir quand elle me fait l'amour.

J'aime les butchs qui pratiquent le trompe-l'œil génital. On voit qu'elles sont prévoyantes et prêtes à tout. Bravo !

Parfois, quand ma fem a joui plusieurs fois de suite, je m'allonge contre elle, la tête près de sa chatte, et j'utilise un vibromasseur comme si c'était ma bite. C'est très excitant pour nous deux et j'ai des orgasmes explosifs comme ça.

Je suis impertinente, entêtée et il n'est pas facile de me « soumettre » sexuellement. J'ai besoin de l'autorité, de l'assurance et de l'intransigeance d'une vraie butch. Pour moi, être une fem rude signifie que je ne désire pas une partenaire qui s'attend au donnant, donnant (elle me fait jouir, ensuite je la fais jouir). Si une butch mollit avec moi et me laisse toucher son sexe et ses seins sans se réapproprier leur caractère viril, je n'aurai sans doute plus envie d'avoir des rapports sexuels avec elle.

Je n'aime que les femmes féminines – et les hommes féminins !

13

Sois Gentille ! (sinon, gare à toi...)

Le sexe n'est pas toujours une question de pouvoir, mais les jeux de pouvoir sexuels m'ont beaucoup appris sur les luttes de pouvoir dans la « réalité ».

Rêvez-vous d'attacher votre partenaire aux colonnes du lit par les poignets et par les chevilles ? L'idée d'être impuissante et ligotée vous séduit-elle ? Avez-vous des fantasmes de privation sensorielle — bandeaux, cagoules, housses, bâillons ou ligotages complexes ? Vous privilégiez peut-être la torture érotique qui vous permet à votre gré d'autoriser ou d'interdire à votre partenaire de jouir (« Demande-le poliment. » « *Je t'en prie !* » « Non. Redemande-le-moi. ») ? Les accessoires sensuels tels que les plumes et les palettes recouvertes de fourrure vous attirent-ils ? Préférez-vous les instruments non conformistes plus appropriés aux jeux SM, notamment les fouets, les cravaches et les badines ? Affichez-vous les cicatrices des coupures ou des marques que l'on vous a infligées ?

Le sadomasochisme, la domination et la soumission, les jeux limites, les jeux de pouvoir et la magie sensuelle... ces expressions désignent les jeux sexuels où il y a transmission consensuelle d'autorité entre les partenaires. L'abréviation SM désigne une vaste gamme de pratiques sexuelles sans égard à leur contenu sadique ou masochiste, tandis que BDSM est une abréviation de portée générale qui regroupe les notions de ligotage, de domination, de soumission et de sadomasochisme.

La douleur physique ne fait pas toujours partie des jeux de BDSM. Certains adeptes s'y adonnent pendant des années sans en garder la moindre cicatrice. Ils se passionnent pour la domination et la soumission, pour la privation sensorielle et les jeux sensoriels. Une personne peut être extrêmement sadique sans jamais lever la main sur sa partenaire (qu'y a-t-il de plus sadique ?). Tous les adeptes du BDSM ne s'adonnent pas à des jeux de rôle dominant/dominé ; dans certains cas, ils aiment tout simplement se faire fouetter.

Mais tous les adeptes du BDSM ont ceci en commun : ils recourent à cette sexualité limite dans le but d'élargir leur zone de confort et pour accroître leur connaissance de soi. Ils explorent une zone de la sexualité humaine qui effraie parfois par son intensité et qui peut leur procurer des plaisirs autrement inaccessibles. Ils violent certainement un tabou.

Pourquoi la domination et la soumission, le sadomasochisme, la privation sensorielle et la douleur physique dans un contexte sexuel vous intéresseraient-ils ? Parce que la marginalité sexuelle est très excitante ! Bon nombre de femmes jugent très érotique cette danse à mi-chemin de la sécurité et du danger.

Aïe !!! (Mmmm...)

Pourquoi certaines personnes aiment-elles souffrir ? Sont-elles malades ? Pas du tout ! Le système nerveux est capable de traiter un large éventail de sensations. L'aspect agréable ou déplaisant de ces sensations relève de la subjectivité.

Vous est-il déjà arrivé de trouver des suçons dans votre cou le lendemain d'une nuit d'amour torride et de vous demander à quel moment exactement la chose s'était produite ? Lorsque l'excitation sexuelle est à son comble, certaines sensations intolérables ou agaçantes en temps normal deviennent délicieuses. Quand vous êtes très excitée, une torsion du mamelon ou une morsure de l'intérieur de la cuisse pourrait même vous stimuler encore plus.

La frontière entre douleur et plaisir est parfois très mince quand les endorphines se mettent de la partie. Les endorphines sont des composés chimiques similaires aux hormones, que le cerveau libère en réaction au stress ou à la douleur physique. Les marathoniens disent entrer dans un état second lorsqu'ils repoussent les limites de leur endurance. L'euphorie provoquée par les endorphines est possible au gymnase, lors des rapports sexuels ou lorsqu'on fouette énergiquement sa partenaire à l'occasion d'une séance de SM prolongée. Elle peut aussi être provoquée par la douleur physique.

Tout comme les opiacés, les endorphines n'éliminent pas la douleur. Elles vous procurent une sensation d'extrême bien-être en dépit de la souffrance physique. Lorsque les circonstances s'y prêtent, on peut épauler des vagues consécutives de douleur, respirer à leur rythme à mesure qu'elles parcourent le corps. On peut même se surprendre à en redemander encore et encore...

> Le rythme des coups de fouet a quelque chose de très érotique. Le claquement répété se fond aux pulsations du clitoris...

Qu'est-ce que le BDSM ?

B et D	Ligotage (en anglais : « bondage ») et discipline
D/S	Domination et soumission
SM	Sadomasochisme

Quelles circonstances rendent la douleur délicieuse ? La réaction à la souffrance physique varie d'un individu à l'autre. Voici tout de même quelques directives générales à appliquer aux jeux de BDSM :

- *Le réchauffement.* Une brève période de réchauffement prolongera la durée de votre séance. Commencez par administrer des coups très légers jusqu'à ce que les fesses ou le dos de votre partenaire rosisse. Une flagellation sensuelle, où les coups n'excèdent jamais le seuil de tolérance de votre partenaire, la préparera à des jeux plus intenses.
- *Le rythme de déroulement.* Permettez à votre partenaire de se remettre d'une sensation avant de passer à la prochaine. Des coups rudes mais intermittents, le mariage de coups sensuels et de coups plus vifs contribueront à accroître sa résistance à la douleur et à repousser les limites de son endurance (si tel est son désir). Après un coup violent, appuyez la paume de la main sur le point de contact. La chaleur de votre corps apaisera sa meurtrissure.
- *La respiration.* Respirez *avec* les sensations ressenties. Ne retenez pas votre souffle et ne contractez pas les muscles *contre* la douleur. Épaulez-en la vague.
- *La sensation.* Certaines femmes préfèrent les coups sourds aux pincements — et vice versa. Différents gadgets produiront différentes sensations. Dans l'ensemble, plus l'instrument est fin, plus grand sera le pincement. Une palette large ou un martinet à lanières épaisses produira une sensation plus sourde qu'une badine légère ou un fouet de cocher. Certaines femmes qui aiment la lourdeur des coups d'un gros fouet semblent capables de tolérer longtemps cette flagellation. D'autres préfèrent les douleurs vives et très localisées d'une parfaite bastonnade.
- *Le contexte érotique.* La douleur est souvent plus tolérable lorsqu'on prête un caractère érotique aux circonstances. Par exemple, la lente caresse d'un doigt sur le clitoris adoucira les coups de cravache sur vos fesses !
- *La discipline et la récompense.* Dans certaines scènes, la douleur récompense une bonne action. Dans d'autres, elle punit une faute, réelle ou imaginaire.
- *La soumission.* Certaines femmes érotisent la douleur dans une scène de domination/soumission. Autrement dit, elles veulent faire plaisir à la partenaire sévère. Si celle-ci aime administrer une bonne bastonnade, elles la subissent volontiers.

- *Le masochisme.* La personne masochiste aime souffrir dans le cadre d'une séance de SM. Que la douleur s'accompagne ou non d'attouchements érotiques, que la soumise ait ou non envie de faire plaisir à sa partenaire sévère ou que le mal soit une récompense ou une punition, la personne masochiste désire éprouver une sensation de douleur physique.

La négociation

En tant que sévère, j'aime que ma soumise choisisse les gadgets qui lui plaisent et aussi un gadget dont elle n'a pas du tout envie. J'aime le geste de fouetter, le mouvement et le rythme des corps, celui qui donne et celui qui reçoit. La fessée, aussi, ne serait-ce que pour qu'une femme se mette à quatre pattes ou en travers de mes genoux. Je dois avouer que l'interdiction de jouir est ma pratique préférée. Ses récompenses sont merveilleuses.

La négociation d'une séance de SM suppose qu'on explore les désirs, les besoins, les limites et les appréhensions de chacun et qu'on trouve un terrain d'entente. Les clés d'une négociation efficace sont l'honnêteté et le respect mutuel. Négocier, *ce n'est pas* persuader.

La négociation est un art en soi. On peut négocier un scénario spécifique ou une relation tout entière. La négociation peut avoir lieu dans un café, au téléphone, par courriel. Il est toujours possible d'interrompre un scénario pour en renégocier certains aspects. Les couples de longue date peuvent négocier une scène en cinq minutes, tandis que de nouveaux partenaires négocient parfois les détails de leur scénario pendant plusieurs semaines. N'oubliez pas que l'expectative de l'acte est souvent aussi excitante que l'acte lui-même !

Bon nombre de femmes affirment que la négociation SM leur en a appris davantage sur les limites à ne pas franchir que tous les ouvrages de développement personnel ou les groupes de soutien consultés. La négociation d'un scénario SM jette un éclairage très vif sur l'abnégation qui porte si souvent le masque de la « politesse ». Pour négocier un scénario SM, vous devez savoir clairement ce que vous voulez et être en mesure de le formuler. On s'attend à ce que vous exprimiez vos désirs en détail, sans vous justifier, et à ce que vous refusiez tout ce que vous ne voulez pas, sans vous expliquer. On s'attend à ce que vous preniez vos desiderata en charge et que vous laissiez votre partenaire s'occuper des siens.

La communication très libre que nécessite une négociation SM représente, pour de nombreuses femmes, une libération des exigences et des contrats de troc qui s'insinuent dans la plupart des relations (« Si je fais ceci pour toi, tu feras cela pour moi »). On nous écrit : « Je préfère mettre cartes sur table et discuter ouvertement. »

Comment se négocie un scénario ? Il est préférable, lors de la négociation, de renoncer aux rôles dominant/dominé et d'éviter le contexte sexuel.

10 avantages associés aux jeux SM

1. Les jeux non conformistes sont très excitants ! Pour de nombreuses femmes, l'orgasme qui clôt une longue séance de SM est particulièrement intense.

2. La frontière entre le plaisir et la douleur est propice à l'euphorie provoquée par les endorphines.

3. Laissez-vous aller ou prenez la situation en main. Il est rare que nous puissions choisir de nous abandonner à ce point ou de contrôler à ce point la situation dans notre vie de tous les jours.

4. Ces pratiques ne sont ni souhaitables ni sécuritaires dans la vie « réelle ». Dans la vie réelle, vous n'avez nulle intention de violer votre petite amie ou de subir des humiliations aux mains de vos meilleures amies. Mais lorsque de tels actes s'intègrent à vos pratiques SM, elles vous excitent au plus haut point.

5. On peut prendre certains risques. Pour la personne en quête d'émotions vives, le scénario SM ressemble à d'interminables montagnes russes. Vous avez beau être solidement attachée, vous plongez vers le sol dans une nacelle ouverte ! Quelles sensations vous parcourent quand vous êtes enchaînée à un poteau dans un donjon et qu'une dominatrice masquée s'approche de vous en brandissant un long et fin fouet de cocher... ?

6. Vous pouvez renoncer à vos peurs et savourer cet aspect sombre de votre personnalité que vous avez si bien su dissimuler. « Jamais je ne me serais crue capable d'une telle cruauté ! » « Je ne savais pas à quel point je serais heureuse de me mettre à genoux pour astiquer une paire de bottes ! »

7. Débarrassez-vous de votre carapace quotidienne. « La douleur et l'humiliation me transportent en un lieu où je puis accéder à mon moi véritable sans crainte et sans hésitation », nous écrit une femme.

8. Un aussi profond abandon de soi et une telle confiance en soi (et en sa partenaire) sont des expériences libératrices et réparatrices à l'extrême.

9. Une telle aventure érotique peut resserrer les liens d'intimité entre vous et votre partenaire.

10. L'aspect spirituel de cette transcendance des soucis quotidiens, de cette quête de transformation de soi et du rituel sadomasochiste n'est pas à dédaigner.

Chaque individu privilégie une approche personnelle. Vous pourriez, par exemple, brandir votre liste de jeux érotiques (celle du Chapitre 2, « Fantasmes et désirs ») et inscrire « oui », « non » ou « peut-être » en regard de chaque proposition. Ce choix est valable pendant une journée ou tout un mois, ou encore à l'occasion d'une scène spécifique avec une partenaire spécifique. Commencez par vous poser (et poser à votre partenaire) quelques questions élémentaires.

J'aime perdre le contrôle. J'aime me livrer aux mains de ma partenaire sévère et, du moins en théorie, ne pas pouvoir échapper à mes entraves.

Quel genre de scénario t'intéresse ? Aimes-tu les jeux de rôles élaborés avec costumes et accessoires ? Préférerais-tu une scène de torture distinguée dans un pensionnat de l'époque victorienne ? Aimerais-tu que je t'attache au pilori et que je te fouette devant six de tes amies ?

Quels éléments vous paraissent indispensables ? Le ligotage est-il nécessaire ? Que dites-vous d'une superbe collection d'accessoires SM ? L'orgasme est-il obligatoire ? Une femme soumise nous écrit : « Je veux être entièrement prise en compte. Je m'abandonne totalement à une femme sévère pour qu'elle me consacre toute son attention et ses pensées. »

Quelles sont vos limites ? Acceptez-vous la fessée ? La bastonnade ? Le sang ?

Peut-on vous meurtrir ? « Cela m'excite de voir les marques que je laisse sur son corps », nous écrit une femme. « Les réactions du corps, les rougeurs, l'enflure, les ecchymoses... cela m'impressionne beaucoup. J'aime admirer, le lendemain, les résultats de mon travail. »

Quelles expériences aimeriez-vous tenter ? « La privation sensorielle m'attire beaucoup. Je m'imagine les yeux bandés, bâillonnée, les mains immobilisées dans d'épaisses mitaines en caoutchouc », nous écrit une femme.

Le perçage vous attire-t-il ? La fessée ? Les caprices d'enfant gâtée ?

Qu'est-ce que vous *refusez* ? Les éraflures ? Les humiliations ? La résistance ? La pénétration anale ?

Quel est votre mot de passe sécuritaire ? (N'oubliez pas que le rôle sévère doit aussi avoir son mot de passe !)

Consultez le chapitre 6 « La communication et la quête de partenaires sexuelles » pour en savoir plus sur l'aptitude à la communication.

Le scénario SM : le rituel et le décor

Tout comme la représentation théâtrale, le scénario sadomasochiste a des personnages, un décor, une introduction, un développement et une conclusion (autrement dit, il se déroule comme une pièce en trois actes).

Et, tout comme un rituel ou une pratique spirituelle, la scène SM a parfois une signification plus grande que ne le laisse supposer le scénario. Astiquer les bottes de votre maîtresse dans le cadre d'une scène de domination/soumission a peut-être pour vous un sens plus concret que polir vos chaussures, toute seule à la maison.

Quelle scène désirez-vous recréer ? Fera-t-elle appel à la douleur physique et aux jeux sensoriels ? Aux jeux de rôles et aux costumes ? À l'esclavage ? À la résistance ? À la soumission ?

Quels en seront les acteurs ? Le plus souvent, la partenaire sévère dirige les opérations tandis que la partenaire soumise profite des attentions de la première ou obéit à ses ordres. (Je dis « le plus souvent », car cette répartition des rôles peut être négociée selon votre bon plaisir.) Si certaines femmes préfèrent assumer un rôle dominant ou un rôle de soumission à l'exclusion de tout autre, la plupart aiment assumer ces deux rôles en alternance. Que voulez-vous être ? Sévère ou soumise ?

Quel genre de partenaire sévère désirez-vous être ? Le maître ou la maîtresse d'une esclave docile ? Le papa d'une enfant désobéissante ? Souhaitez-vous infliger de la douleur physique à votre partenaire ? Voulez-vous être obéie ? Adulée ? Désirez-vous qu'on vous résiste ? Voulez-vous prendre votre partenaire « de force » ? Voulez-vous l'humilier ou l'embarrasser ? Aimeriez-vous la dominer ?

Quel genre de partenaire soumise désirez-vous être ? Esclave, chouchou ou enfant gâtée ? Voulez-vous être dominée ? Disciplinée ? Domptée ? Punie ?

Quel sera le décor de votre scénario ? Votre chambre à coucher ? Une partouze ? Comment s'amorcera votre scène ? De nombreuses adeptes du BDSM ont recours à un objet rituel, par exemple un collier à cadenas, pour marquer le début et la fin d'une scène. On met le collier au début de la scène ; à la fin de la scène, on déverrouille le cadenas, on enlève le collier et on le range dans le coffre à jouets.

À la limite de l'émotion

De nombreuses femmes optent délibérément pour des jeux qui repoussent les limites de leur tolérance — je parle de leur tolérance psychologique. Une femme qui a été victime d'agression sexuelle pourrait négocier une scène de viol à titre de victime ou à titre d'agresseur. Une femme victime d'abus sexuel pendant son enfance pourrait opter pour des jeux de rôles tels que papa/fillette ou maman/garçonnet, en tant que parent ou en tant qu'enfant. Une femme qui cherche à surmonter ses inhibitions sexuelles pourrait vouloir participer à un scénario où on l'« oblige » à avoir des rapports sexuels devant des inconnues (qui, bien entendu, ont consenti à être les témoins de son « humiliation »).

> Dieu merci, cette enquête est anonyme. Je vous supplie de protéger ma vie privée, car je n'ai jamais parlé de ceci à qui que ce soit. Oui, il m'arrive d'avoir des fantasmes de viol où je suis la « victime ». Il m'est difficile de l'admettre, car j'ai toujours milité pour les droits des femmes. Je suis contre toute forme de violence et j'ai moi-même été victime de violence conjugale, si bien qu'il m'est difficile de comprendre mon attrait pour ce fantasme.

Pourquoi une victime de viol voudrait-elle revivre cette expérience ? Souvent, ce qui nous embarrasse nous excite sexuellement ; il n'est pas rare que la charge érotique égale notre malaise. Les objets de honte ou de colère provoquent parfois une très forte excitation sexuelle. Il peut être très stimulant de repousser les limites de notre tolérance.

J'adore que mon papa prenne bien soin de moi. Dans beaucoup de mes fantasmes je suis une petite fille qui doit faire plaisir à son papa.

Le sadomasochisme n'est pas synonyme d'abus sexuel

(L'abus sexuel n'est pas synonyme de sadomasochisme)

Le sadomasochisme est consensuel.

Le sadomasochisme fait l'objet d'une négociation préalable.

Le sadomasochisme obéit à des limites responsables et à des règles de sécurité.

Le sadomasochisme est agréable, érotique et affectueux.

Les deux partenaires prennent plaisir à leurs jeux sadomasochistes.

L'une ou l'autre des partenaires peut mettre fin à tout moment aux jeux sadomasochistes.

Les joueurs sadomasochistes s'adonnent à des jeux de pouvoir consensuels en assumant volontairement leur rôle et en deçà de limites négociées.

Le sadomasochisme crée des liens de confiance.

L'abus sexuel n'est pas consensuel.

L'abus sexuel ne fait l'objet d'aucune négociation.

L'abus sexuel ne respecte aucune règle, aucune limite et aucun mot de passe sécuritaire.

L'abus sexuel est manipulateur, égoïste et dommageable.

Les victimes d'abus sexuel n'y prennent aucun plaisir.

La victime/survivante ne peut mettre fin à l'abus sexuel.

L'agresseur impose sa domination par des manipulations et des violences non consenties.

L'abus sexuel détruit la confiance.

Nos secrets — par exemple, nos fantasmes interdits et certaines complicités imaginaires — sont parfois dotés d'une puissante charge érotique. Vous sentez-vous coupable d'avoir des fantasmes de viol ? Croyez-vous que votre réaction érotique face à ce passé de violence sexuelle signifie que vous désiriez ce qui vous est arrivé ? Jamais de la vie ! Le sexe est une chose, l'abus sexuel en est une autre. Le sexe est consensuel, l'abus sexuel ne l'est pas. Si vous avez des doutes à ce sujet, comparez un rapport sexuel négocié à un abus sexuel réel. Les différences entre les deux vous apparaîtront

---

Source de l'encadré : « *Le sadomasochisme n'est pas synonyme d'abus sexuel (L'abus sexuel n'est pas synonyme de sadomasochisme)* » Tiré d'une brochure de AABL. Reproduction autorisée.

clairement. Relisez l'encadré ci-dessus, et vous comprendrez. En fait, plus vous pratiquerez la négociation (que ce soit pour un scénario SM, pour une aventure sexuelle ou pour un voyage au Grand Canyon en compagnie de votre amante et de ses deux enfants), plus il vous deviendra facile d'identifier ce qui sépare une relation sexuelle respectueuse et consensuelle de la manipulation et des méthodes coercitives caractéristiques de l'abus. Vous ne voyez toujours pas ? Rédigez une liste (non)érotique et (non)récréative de l'abus sexuel dont vous avez été victime. Énumérez tout ce qui s'est passé entre vous et votre agresseur. Écrivez maintenant « oui » en regard de chacune des activités que vous avez *négociée explicitement*. Quoi ? Vous n'écrivez rien ? Évidemment ! L'abus sexuel n'a strictement rien à voir avec les rapports sexuels mutuellement consentis.

Certaines femmes choisissent volontairement de recréer des scènes d'abandon et d'abus parce qu'elles désirent s'explorer et se comprendre. Certes, une partenaire SM ne remplacera jamais un bon thérapeute, mais elle peut avoir un rôle actif qui facilitera votre introspection. Qu'en est-il de ce traumatisme encore irrésolu ? D'où vient votre sentiment de honte ? D'où vient votre sentiment de fierté ?

Vous pouvez aussi renverser les rôles. Le sadomasochisme peut favoriser la guérison. Ainsi que l'écrit Par Califia : « En tant que partenaire sévère, je découvre les anciennes blessures de ma partenaire et ses appétits inassouvis. Je la nourris. Je nettoie et je cicatrise ses blessures. Je conçois et j'impose des punitions appropriées à ses vieux « péchés ». Je déstabilise ma partenaire, je la vois telle qu'elle est, je lui pardonne, je l'excite et je la fais jouir en dépit de sa piètre estime d'elle-même, de sa haine de soi-même et de sa peur. Un bon scénario ne se conclut pas par un orgasme, mais bien par une catharsis.[65] »

> Ma copine m'a fait la surprise d'un scénario qui recréait mon fantasme de viol. Ce fut une expérience enrichissante, dès lors que deux femmes gauchissaient la notion de viol pour en faire un jeu sexuel entre partenaires confiantes et amoureuses. En tant que victime de viol, j'ai craint que cette scène ne réveille d'anciens traumatismes, mais cela n'a pas été le cas. Mon amie et moi étions seules concernées par ce qui se passait. Rien d'autre n'est intervenu.

Apprenez de nouveaux trucs

On pourrait écrire une encyclopédie sur le BDSM. Voici néanmoins quelques techniques, instruments, trucs et astuces utiles parmi les plus populaires.

Le ligotage

De nombreuses novices découvrent les joies de l'assujettissement lorsqu'elles attachent leur partenaire aux poteaux du lit avec un foulard de soie. Foulards et cordes de toutes sortes sont toujours disponibles. Mais ils

65. Pat Califia, *Public Sex : The Culture of Radical Sex* (Cleis Press, 1994), 163.

ne sont pas des choix idéaux en matière de ligotage. Avec un foulard de soie, le nœud a tendance à se resserrer lorsqu'on tire dessus et pourrait être impossible à défaire en cas d'urgence. La corde ou la ficelle peut entailler la peau comme un tourniquet. Même si elle n'entaille pas la peau, elle peut entraver la circulation du sang et provoquer des lésions nerveuses.

Les câbles plus gros sont non seulement plus sécuritaires, mais aussi plus faciles à manipuler et plus sensuels. Optez pour un câble d'au moins 0,63 cm de diamètre. Un câble de 1,3 cm sera encore plus sensuel. Ne lésinez pas. Procurez-vous un câble de 7 à 15 mètres de longueur. Il y en a de toutes les couleurs, de toutes les grosseurs et de toutes les matières à la quincaillerie. La corde de qualité n'est pas donnée. Attendez-vous à débourser davantage pour un câble d'excellente qualité.

Celles qui ne possèdent pas une croix de Saint-André (ce X plus grand que nature qui est la pièce de résistance de la plupart des donjons) peuvent ligoter leur partenaire à une chaise. Faites-la s'asseoir sur la chaise en vous assurant que son dos est bien appuyé contre le dossier, que ses mollets sont parallèles aux pattes de devant et que ses pieds sont bien à plat sur le sol. Commencez par la ligoter à la chaise en passant la corde autour de sa taille. Si elle place ses bras de chaque côté, incluez-les pour obtenir un effet de momie. Laissez ses seins libres en traçant autour d'eux le chiffre huit lorsque vous ligoterez sa poitrine. Si elle tend les mains devant elle, les paumes l'une contre l'autre, entrecroisez le câble autour de ses poignets pour les attacher. Si le dossier de la chaise est suffisamment bas, vous pouvez aussi attacher ses mains derrière son dos. Assurez-vous de ne pas traumatiser l'articulation des épaules. Attachez chacune de ses jambes à une patte de la chaise.

Si vous pliez le câble en deux, vous pouvez enrouler cette double corde autour d'elle plusieurs fois puis en glisser les deux extrémités dans la boucle du milieu. Vous pouvez aussi opter pour un nœud facile à défaire. Si votre partenaire ne peut pas rejoindre le nœud avec ses mains, elle ne pourra pas s'échapper.

Puisque votre partenaire est assise, que ses poignets et ses épaules ne sont pas tendus ni attachés trop serrés ou maintenus dans une position inconfortable, elle peut rester ainsi ligotée pendant assez longtemps.

Certains scénarios exigeront que vous ligotiez votre partenaire de façon à lui interdire le moindre mouvement, afin qu'elle soit entièrement à votre merci. Dans d'autres scènes, vous voudrez qu'elle prenne bien conscience de ses liens. La sensualité du ligotage lui donnera l'impression d'être bien soutenue, comme par un corset. En entourant le câble autour de sa poitrine, dites-lui que ses liens sont un prolongement de vous-même, que votre désir est ce qui la tient prisonnière. D'être ainsi assujettie par sa partenaire sévère lui procurera un merveilleux sentiment de sécurité. Ainsi attachée, elle peut « s'abandonner ».

Vous pouvez également utiliser de la pellicule moulante — plusieurs rouleaux — pour ligoter votre partenaire à un poteau, une chaise ou une croix. Vous pouvez envelopper ainsi tout son corps, à l'exception des organes génitaux que vous torturerez sublimissimement ! Bien entendu, gardez la pellicule moulante loin du nez et de la bouche de votre partenaire. Évitez les coups de chaleur en maintenant cet enveloppement en place un maximum de trente minutes, selon la température ambiante. Par temps de canicule, la pellicule moulante est à proscrire.

L'asservissement le plus pénible pour une soumise est souvent celui de la volonté : il ne nécessite aucun câble, aucun lien, aucun cadenas, aucune clef. L'obéissance à un ordre — « Reste là et ne bouge plus ! » — testera sa soumission. Il est particulièrement difficile de se faire fouetter ou de recevoir la bastonnade quand rien ne nous retient que la seule volonté de nous soumettre.

Les menottes

Les menottes de poignets et de chevilles sont très souvent les premiers accessoires sadomasochistes que nous nous procurons ailleurs qu'à la quincaillerie. On trouve sur le marché des menottes peu coûteuses, faites de tissus et de Velcro, ou des menottes haut de gamme en cuir. L'important est qu'elles soient suffisamment larges pour éviter de traumatiser les articulations, qu'elles soient bien ajustées et qu'on puisse les attacher solidement (certains modèles sont conçus pour être utilisées avec un cadenas). Tous les modèles de menottes présentent un anneau dans lequel on peut glisser une corde ou une chaîne. Beaucoup de femmes préfèrent les vraies menottes en métal qui suscitent en elles des fantasmes de capture par des agents des forces de l'ordre. Si vous comptez utiliser des menottes, assurez-vous qu'elles sont de qualité et qu'elles sont munies d'un cran de sécurité qui les empêche de trop serrer les poignets. Les menottes de mauvaise qualité tendent à se resserrer sous la tension. Surtout, n'égarez pas la clef !

Voici quelques règles de base pour l'utilisation de menottes de poignets et de chevilles : si elles sont trop serrées, vous entraverez la circulation sanguine. Assurez-vous que les doigts et les pieds de votre partenaire ne sont pas engourdis. Ne laissez pas ses mains au-dessus de sa tête plus de trente minutes. Elles pourraient s'évanouir. Faites en sorte que le poids de son corps ne crée pas de tension aux articulations. Les menottes de poignets et de chevilles ne conviennent pas à la suspension.

La privation sensorielle

La privation sensorielle crée une ambiance mystérieuse. Lorsqu'elle a les yeux bandés, votre partenaire cherche à deviner ce que vous faites et où vous êtes en prêtant l'oreille au moindre bruit. Puisqu'elle ignore si vous êtes en train de choisir une badine légère ou un fouet en cuir, elle ne peut prévoir ce qu'elle ressentira… et la surprise intensifiera cette sensation. (N'oubliez pas ce détail quand vous vous préparez à la fouetter ou à lui donner la bastonnade… la sensation est plus forte chez une partenaire qui a les yeux bandés.)

Un bâillon empêchera toute communication verbale ou sonore. Si elle est incapable de parler, votre partenaire se sentira particulièrement impuissante. N'oubliez pas que le bâillon exige le recours à un mot de passe visuel. Pourra-t-elle claquer des doigts ? Montrer son pouce ? Assurez-vous également que le bâillon n'entravera pas sa respiration et qu'il lui permettra d'avaler sa salive sans s'étouffer.

À la sensation d'avoir les yeux bandés que procure la cagoule s'ajoute une sensation d'enveloppement. Une housse étendra cette sensation à tout le corps. Pour certaines femmes, la cagoule et la housse représentent une expérience extrêmement sécurisante, voire transcendante : lorsque vous êtes ainsi laissée à vous-même dans l'obscurité, en présence de votre seule perception intérieure, vous développez une conscience aiguë de vous-même. Pour d'autres, la cagoule et la housse sont des objets terrifiants. Si vous optez pour la cagoule, assurez-vous qu'elle permet une aération suffisante. Et n'oubliez pas de convenir d'un signal de sécurité.

Vous pouvez, bien sûr, tailler une cagoule dans un bas-culotte. Bandez les yeux de votre amie puis glissez la cuisse du bas-culotte par-dessus sa tête. Pour une cagoule plus épaisse, doublez le bas.

La fessée

La première volée de coups érotiques que reçoit une femme est souvent une « bonne » fessée. En raison du contact direct de la main avec les fesses, la fessée est très érotique. La chaleur et la force des coups provoquent des frissons dans toute la région pelvienne. Quand la partenaire soumise est à plat ventre sur les cuisses de la partenaire sévère, à chacun des coups reçus son clitoris frotte contre les genoux de sa dominatrice.

Une fessée peut se composer de tapotements et de caresses sensuelles ou de coups violents de la paume. Une fessée peut laisser des traces très personnelles, la marque de la main sur le derrière de l'être aimé.

La fessée réveille chez plusieurs femmes des associations fortement émotives, puisque nombreuses sont celles qui ont reçu la fessée quand elles étaient petites. Chez d'autres, ce sont les gifles qui ravivent des souvenirs. Une femme nous écrit : « Il y a quelque chose de très personnel dans la gifle ou la fessée. La main ouverte accentue la dynamique du pouvoir. »

La palette

La palette est un instrument facile à manier pour une novice. On en trouve facilement et elle requiert moins d'adresse que les autres instruments. Il existe des palettes recouvertes de fourrure ou des palettes avec fourrure d'un côté et cuir de l'autre. On trouve des palettes en bois dur, comme celles dont on se sert dans les confréries d'étudiants. Vous pouvez même opter pour une simple raquette de tennis de table. Ne frappez que les parties charnues des fesses et du haut de la cuisse. Ne frappez jamais les os ou les articulations. L'endroit le plus envoûtant est la jonction de la cuisse et de la fesse.

La badine

La badine est une mince tige de rotin, de plastique ou de fibre de verre. Elle terrifie beaucoup de gens — et avec raison. La badine peut être extrêmement douloureuse et même laisser des zébrures. En Angleterre, la bastonnade à la badine traditionnellement administrée aux élèves dissipés compte « six bons coups » sur les fesses et les cuisses — pour les garçons ; les filles reçoivent la bastonnade sur les paumes. Les zébrures de la badine sont particulièrement douloureuses. Une bonne bastonnade à la badine exige beaucoup de pratique.

Mais c'est justement parce que la badine effraie qu'elle suscite une réaction psychologique autant que physique. Nombreux sont les derrières d'abord récalcitrants qui y ont peu à peu pris goût !

Le fouet

Ah… la beauté, la sensualité du fouet… Mais le fouet exige beaucoup d'adresse. Il est plus difficile à contrôler que la main, la palette ou la badine. Il existe plusieurs catégories de fouets : martinet, chats à neuf queues, gaule, chambrière — pour n'en nommer que quelques-uns.

Le martinet est un fouet à lanières multiples. Il en existe dans une variété de matériaux : peau de daim, cuir de vache, cuir de bœuf, peau de wapiti ou de bison, et même caoutchouc épais. Une flagellation peut être sensuelle et douce ou bien appuyée. Une bonne flagellation énergique ressemble à un massage en profondeur. Le chat à neuf queues est exactement cela : un fouet à neuf lanières tressées. Il a sensiblement le même poids que le martinet mais ses lanières tressées causent plus de dommage que les lanières plates du martinet. Les fouets à lanière unique telles les chambrières mesurant 1,5 m dont on se sert dans le dressage des chevaux ou la conduite des chiens de traîneaux peuvent être dangereux si on ne sait pas s'en servir.

Selon Janette Heartwoood, qui fabrique des fouets réputés, la flagellation comporte trois volets : la précision, l'intensité et le rapport[66]. La précision et l'intensité, dit-elle, sont des « aptitudes manuelles » que l'on acquiert par la pratique sur des objets inanimés — oreiller, animal en peluche ou tabouret à siège rembourré.

La *précision* est l'art de contrôler le fouet de façon à ce que les lanières qui fendent l'air retombent exactement à l'endroit souhaité. « Il importe de considérer le fouet comme un prolongement du bras », dit-elle. Un martinet ou un chat à neuf queues s'enroulera autour des hanches si vous ne visez pas bien. Et puisque l'extrémité des lanières se déplace à une vitesse plus grande que la lanière proprement dite, vous risquez ainsi d'infliger les pires dommages là où vous le vouliez le moins, c'est-à-dire à l'articulation de la hanche et au bas-ventre. Entraînez-vous avec un oreiller tant que vous ne serez pas certaine d'abattre le fouet exactement où vous le désirez, par exemple aux épaules ou sur la partie la plus charnue des fesses.

Ne fouettez jamais les articulations, ni les régions du corps où les os sont plus exposés, par exemple le coccyx, la colonne vertébrale et les côtes. Ne fouettez pas le ventre ou les reins. Évitez le visage. Vous pouvez fouetter les seins et la vulve, mais *délicatement*.

Selon Heartwood, l'*intensité* est le mariage de la « violence » de la sensation et de la « cadence » des coups. La sensation sera plus ou moins sourde ou vive selon l'étendue de la surface des lanières qui entre en contact avec la peau. Si vous êtes très adroite, il vous sera possible de faire en sorte que l'extrémité des lanières frôle votre victime en effleurant à peine

66. Janette Heartwood, Heartwood Whips of Passion, www.heartwoodwhips.com

sa chair. Le pincement n'en sera que plus intense. Un coup direct avec la partie la plus épaisse du martinet provoquera une sensation costaude et lourde aussi satisfaisante pour beaucoup de femmes qu'un massage vigoureux en profondeur.

Le *rapport*, poursuit Heartwood, est l'aspect « éthéré » de la scène qui fait appel à « l'empathie, à la concentration et à la créativité » de la partenaire sévère. C'est l'aptitude à administrer une flagellation satisfaisante tant pour la partenaire soumise que pour la partenaire sévère.

Après une bonne flagellation, il suffit d'effleurer de l'ongle l'épiderme de votre compagne pour l'envoyer en orbite. Le contraste provoquera son fou rire et ses supplications : « Arrête ! Continue ! Non, a*rrête !* »

Il est très possible d'acheter des tas d'accessoires très économiques, mais si vous désirez investir dans un fouet, choisissez un fabricant dont les produits sont reconnus au sein des sadomasochistes d'expérience.

Les pinces

L'usage des pinces entrave la circulation sanguine. Leur pose est douloureuse et il est encore plus douloureux de les retirer, car le sang afflue à la région préalablement compressée. Faites-en l'expérience sur vous-même. Fixez des épingles à linge ou de petites pinces à seins à l'intérieur des bras, sur le côté du sein ou au mamelon.

Il existe plusieurs sortes de pinces à seins (qui peuvent aussi pincer les lèvres de la vulve) : les pinces de type brucelles, les pinces alligator munies de dents (souvent recouvertes de caoutchouc), et les pinces japonaises en forme de trèfle, qui se resserrent lorsqu'on tire dessus. Ces pinces sont vendues en paires, reliées par une chaînette à laquelle on peut suspendre des poids d'une vingtaine de grammes. Ne laissez pas les pinces en place plus de 20 à 30 minutes, car le fait d'entraver plus longtemps la circulation du sang pourrait endommager les tissus et provoquer des lésions nerveuses.

La fermeture éclair est un gadget extrêmement cruel (ou délicieux) que l'on fabrique en regroupant des pinces à linge ordinaires en bois. Glissez une ficelle dans le ressort métallique qui retient les deux bras de la pince et faites un nœud de chaque côté de celle-ci pour l'empêcher de glisser. Refaites le même exercice à intervalles de 5 cm jusqu'à obtenir une chaîne d'environ douze épingles également espacées. Fixez cette chaîne de pinces au bras, à la cuisse ou à la poitrine de votre partenaire pendant une dizaine de minutes. Puis tirez sur la corde pour « baisser la fermeture Éclair ». Ouhlalalala... !

Les jeux sensoriels

On peut manipuler les sensations de mille et une façons. Deux techniques populaires consistent à jouer avec les textures (alternez les plumes ou le gant de fourrure avec les ongles ou la roulette réflexe) ou avec la température (baume de tigre ou cire chaude en alternance avec des glaçons).

Les bougies ordinaires se prêtent fort bien aux jeux à la cire chaude. En fait, on les préfère à la cire d'abeilles, car celle-ci fond à un degré de chaleur beaucoup plus élevé. Votre partenaire est allongée sur le dos tandis que vous tenez une bougie allumée à un mètre ou plus de sa poitrine.

Le code du mouchoir

Portez-vous votre mouchoir à droite ou à gauche ? Un mouchoir porté dans la poche arrière gauche signifie que vous êtes une partenaire agissante ou sévère. Dans la poche arrière droite, il signifie que vous êtes une partenaire réceptrice ou soumise. Ces codes existent depuis très longtemps chez les homosexuels. Comme l'argot des gais, il s'est transmis, en évoluant, de génération en génération et de groupe social à groupe social. Sexuellement parlant, on suppose la plupart du temps que la partenaire agissante est celle qui agit sur sa partenaire réceptrice ou la pénètre, mais, naturellement, tout est négociable.

À gauche	Couleur	À droite
Sadomasochiste dure sévère	noir	Sadomasochiste dure soumise
Fétichiste latex agissante	anthracite	Fétichiste latex réceptrice
Ligotage – sévère	gris	Ligotage – soumise
Sexe anal – agissante	bleu foncé	Sexe anal – réceptrice
Sexe oral – agissante	bleu clair	Sexe oral – réceptrice
Sadomasochiste légère sévère	pervenche	Sadomasochiste légère soumise
Cherche des partenaires menstruées	brun roux	Menstruée
Pénétration du poing – agissante	rouge	Pénétration du poing – réceptrice
Rasage – agissante	rayures blancheset rouges	Rasage – réceptrice
Torture des seins – sévère	rose foncé	Torture des seins – soumise
Gode de ceinture – agissante	rose pâle	Gode de ceinture – réceptrice
« N'importe quoi » – agissante	orange	« N'importe quoi » – réceptrice
Ondinisme – agissante	jaune	Ondinisme – réceptrice
Perçage corporel – agissante	violet	Perçage corporel – réceptrice
Aime les drag queens	lavande	Drag queen
Papa	vert forêt	Cherche un papa
Uniforme – agissante	kaki	Uniforme – réceptrice
Fessée – sévère	fuchsia	Fessée – soumise
Scatologie – agissante	brun	Scatologie – réceptrice
Anilingus – agissante	beige	Anilingus – réceptrice
Cherche novices	blanc	Novice
Scénario victorien – sévère	dentelle blanche	Scénario victorien – soumise
Voyeuse	velours blanc	Exhibitionniste

Inclinez la bougie pour que la cire fondue tombe sur sa poitrine une goutte à la fois.

La cire lui brûlera la peau, mais cette sensation de brûlure se transformera bientôt en une agréable chaleur. Pour accentuer cette sensation, il suffit de rapprocher la bougie.

Maintenant, il faut enlever cette cire durcie ! Cela aussi peut être très agréable. Soulevez chaque petite plaque de cire durcie avec la pointe d'un couteau. La lame de couteau qui gratte très légèrement la peau de votre amie, déjà sensibilisée par la cire chaude, lui procurera une sensation très intense.

Bien entendu, éloignez la bougie allumée de son visage, de ses organes génitaux et des draps de lit !

Le perçage corporel

Beaucoup de femmes aiment les jeux sanglants, notamment les perçages temporaires à l'aide d'aiguilles stérilisées et les jeux de couteaux, avec ou sans incisions. Toute incision ouvre la voie aux émotions. Il faut savoir que ces pratiques comportent une part de risque et tenir compte de l'absolue nécessité de la stérilisation. *Il s'agit de techniques avancées. Ne vous risquez pas aux perçages ou aux scarifications sans avoir été formée au préalable par une adepte très expérimentée.*

L'intensité et l'intimité du perçage temporaire attirent beaucoup de femmes. Les aiguilles utilisées sont des aiguilles hypodermiques (n°s 25 à 16) que l'on insère sous une couche de peau très mince qui laisse voir l'aiguille. (N'enfoncez jamais l'aiguille dans la chair ; glissez-la sous la surface de l'épiderme.)

On peut ainsi percer n'importe quelle région du corps telle que les seins, le torse, les bras. À moins d'avoir beaucoup d'expérience, évitez les régions très innervées telles que le visage. En plus des aiguilles stérilisées, vous devrez vous procurer des gants de latex, des serviettes désinfectantes et un contenant approprié pour jeter les aiguilles usées.

Ne perdez pas de vue que toute lésion de l'épiderme ouvre la voie à l'infection. Désinfectez la peau et portez des gants. Veillez à ne pas vous piquer avec une aiguille usée. Ne réutilisez jamais une aiguille et jetez-la correctement.

Les liens énumérés en fin de chapitre vous donneront accès à des instructions détaillées pour le perçage corporel, de même qu'à des sources d'approvisionnement en aiguilles. Renoncez au perçage ou à tout autre jeu sanglant si vous ne bénéficiez pas d'une formation adéquate.

Éro-Dépôt

Un peu d'imagination et une petite expédition chez votre quincaillier-décorateur vous permettront d'installer un donjon chez vous. (Vous ne verrez plus votre Reno-Dépôt du même œil, et les employés en tablier vert auront pour vous des regards torves...)

Fixez des boulons à œil au plafond, au cadrage d'une porte ou à toute autre surface résistante. Assurez-vous de les visser dans des solives du plafond ou des poteaux muraux, sans quoi le placoplâtre ne résistera pas à vos premiers ébats ! Attachez des chaînes à ces boulons à l'aide de mousquetons et fixez-les aux menottes de poignets et de chevilles. Les mousquetons sont des boucles à ressort que l'on peut ouvrir facilement même lorsqu'elles supportent le poids d'une personne. Vous trouverez des rouleaux de chaînes de toutes les couleurs et de toutes les grosseurs dans une bonne quincaillerie. Examinez-en attentivement les maillons et assurez-vous que leur point de contact est lisse. Une chaîne plus lourde est plus sécuritaire, car elle ne risque pas d'entailler la peau et parce que ses maillons sont moins rugueux. En outre, elle est beaucoup plus impressionnante qu'une chaîne légère. (Bandez les yeux de votre partenaire avant de l'attacher ; donnez-lui tout le loisir d'entendre le bruit que font les chaînes.)

Tout en magasinant pour des chaînes et des boulons, fouinez dans les étalages de cordes, de manilles, de crampons, de pinces à linge, d'ustensiles de cuisine, de bougies et de fournitures de premiers soins et de sécurité.

Vous pouvez acheter ou fabriquer une balançoire en toile à boulonner au plafond ou à un châssis.

Assurez-vous que la pièce que vous transformerez en donjon est bien éclairée et propre, surtout si vous vous adonnez au perçage. Si les qu'en-dira-t'on vous inquiètent, insonorisez votre donjon ou investissez dans un bâillon !

Comment savoir ce que vous voulez ?

« Je me demande surtout comment savoir ce que j'aimerais si je ne l'ai jamais fait ? » s'inquiète une femme que fascine le BDSM mais qui n'a que peu d'expérience. « Comment choisir entre une badine en fibre de verre ou une gaule d'écuyer ? Certes, mon moi enfant, soumis et pervers, a souvent imaginé la bastonnade, mais je ne me souviens pas d'avoir visualisé l'instrument de ce supplice. Qu'est-ce qu'il faut dire, alors, "Si je n'aime pas, je te le dirai" ? »

Les choix sont illimités. Comment savoir ce que vous voulez ? Ce que vous aimeriez essayer ? Voici quelques suggestions.

- *Fiez-vous à vos fantasmes.* Qu'est-ce qui vous excite le plus ? Quand vous fermez les yeux, qu'imaginez-vous ? « J'aimerais avoir les mains liées, pas au point d'avoir mal, mais de façon à ne pas pouvoir toucher mon amante. J'aime sentir qu'elle me désire et savoir que tout ce qu'elle fait, elle le fait de son plein gré. »
- *Soyez votre propre cobaye.* Expérimentez sur vous-même. Des cuillères en bois aux pinces à linge, vous avez sans doute déjà tout un arsenal d'instruments de torture à la maison.
- *Allez magasiner.* Visitez une boutique SM et manipulez les objets. Quels sont ceux qui conviennent le mieux à votre main ? Ceux qui vous excitent déjà ? Vous pouvez aussi faire vos courses en ligne. Vous n'aurez pas de sensation tactile de ces articles, mais vous verrez des photos impressionnantes. Certaines boutiques SM en ligne offrent de magnifiques fouets, cravaches, cagoules et autres instruments de domination.

- *Faites quelques essais avec une amie* — hors de tout contexte sexuel. Donnez-vous tour à tour la bastonnade avec une cuillère en bois ou avec une ceinture en cuir.
- *Négociez un scénario.* Bon nombre de partenaires sévères expérimentées aiment jouer avec des novices. Pourquoi ? Parce que cette expérience renouvelle leur vision du sadomasochisme. Les partenaires expérimentées font appel à toutes sortes d'astuces pour aider les novices à découvrir leurs préférences. Une méthode populaire consiste à habituer la partenaire soumise à calibrer chaque sensation selon une échelle de 1 à 10, 1 étant à peine perceptible et 10 étant insupportable au point où s'impose le mot de passe. Il s'ensuit alors un éventail de sensations, de la caresse légère d'un fouet en peau de daim à l'épouvantable choc d'une palette en bois. La novice découvre ainsi ce qu'elle aime dans un contexte très sécuritaire. La partenaire sévère peut, quant à elle, constater comment sa partenaire réagit à son style et décider si elle souhaite ou non prolonger leurs activités.

« J'aurai l'air idiote si je dis mon mot de passe ! On me prendra pour une femmelette ! » Pas du tout. Endurer une douleur insupportable ne fera pas de vous une meilleure partenaire soumise. Terroriser votre partenaire ne fera pas de vous une meilleure partenaire sévère. Les partenaires d'expérience recourent très souvent à leur mot de passe. Votre aptitude à l'utiliser au besoin fait de vous une compagne agréable avec qui il est possible de jouer en toute sécurité. Il en va de même de la partenaire sévère qui sait réagir correctement à votre mot de passe.

« Mais j'aimerais être sévère. Une partenaire sévère novice, ce n'est pas très convaincant ! » Détrompez-vous. Pourquoi voulez-vous dominer votre partenaire ? Quand avez-vous découvert que vous aimeriez lui faire mal ? Le besoin de dominer est très réel. Ne doutez pas de vos aptitudes. Bon nombre de néophytes sévères ont des rapports avec des néophytes soumises et découvrent ensemble ce qu'elles aiment et ce qui les rebute. D'autres se jumellent à des partenaires d'expérience qui acceptent de les initier. Rien ne vous empêche d'entrer dans une relation de mentorat avec une sado-maso sévère très expérimentée.

Les gadgets BDSM

Vous avez à votre disposition des articles domestiques adaptables (voir le paragraphe *Éro-Dépôt* ci-dessus) ou des instruments admirablement façonnés dans le cuir ou le bois : fouets, badines, appareils de ligotage, cagoules, menottes, bref, tout un éventail d'accessoires. Il n'est pas rare qu'un donjon bien équipé renferme pour plusieurs milliers de dollars d'instruments de toute sorte.

Comment faire pour respecter un petit budget ? D'abord, il est facile de trouver des entreprises de vente par catalogue où vous trouverez des articles à prix raisonnable. Ensuite, faites des choix. Quels articles vous sont indispensables ? Possédez-vous des objets que vous pourriez adapter à vos besoins ? Vous est-il possible d'en emprunter pour en faire l'essai avant de les acheter ?

Les badines et les cravaches ne coûtent pas très cher. On peut transformer en palettes ou en courroies des objets ordinaires. Bien entendu, si vous en avez le talent, vous pouvez aussi fabriquer vos propres instruments.

Tout cela semble très dangereux !

Oui, les jeux SM comportent certains dangers. On ne saurait restreindre les mouvements ou traumatiser le corps sans encourir certains risques. Si vous infligez des punitions à votre esclave, si vous exigez d'elle une obéissance et une patience à toute épreuve, si vous concoctez pour elle des scénarios humiliants ou embarrassants, si vous vous amusez à tester sa tolérance, vous vous aventurez sur un terrain glissant.

Les bonnes partenaires sont toujours prudentes. Leur maxime est « Sécurité, sanité, consentement ». L'usage d'un mot de passe est sécuritaire, l'abstention en cas d'ébriété ou de *high* est saine, voire indispensable, et la négociation assure le consentement.

Toute partenaire sévère SM d'expérience vous dira comment entraver ou ligoter votre partenaire sans nuire à la circulation du sang et sans causer de lésions nerveuses, à quels endroits du corps exactement vous pouvez lui donner des coups de palette ou de fouet en toute sécurité, et quelles fournitures d'urgence vous devez garder dans votre baise-en-ville ou votre coffre à jouets.

Elle vous dira aussi comment veiller sur les émotions de votre partenaire — à quel point il importe de la combler de tendresse et d'éloges, de l'appuyer dans ses désirs, d'encourager ses aptitudes et de respecter ses limites.

En dépit de tout cela, les jeux sadomasochistes ne sont pas sans risques. Les accidents physiques, les blessures psychologiques et la vulnérabilité intense peuvent affecter gravement l'une ou l'autre des partenaires. Mais ce sont des risques que les adeptes du sadomasochisme sont disposées à encourir.

Les jeux BDSM sans risque

Il faudrait des pages entières pour énumérer toutes les mesures sécuritaires qui régissent les jeux SM. Essentiellement : ne faites pas semblant d'avoir plus d'expérience que vous n'en avez. *Si vous ne savez pas comment procéder, abstenez-vous !*

Voici tout de même quelques indications : Assurez-vous que tous vos instruments fonctionnent et que leur qualité est une garantie de sécurité. Ne laissez jamais sans surveillance une personne ligotée. Vérifiez bien que ses pieds et ses mains ne s'engourdissent pas et que ses articulations ne subissent aucun stress. Utilisez des mousquetons à ouverture rapide afin de libérer votre partenaire rapidement le cas échéant et dégagez ses pieds avant de dégager ses bras pour éviter qu'elle ne tombe à la renverse ! Ayez des ciseaux à portée de la main si vous devez rapidement couper une corde. Gardez la clé des menottes, des entraves et des colliers dans votre poche.

Ne fouettez jamais les articulations ou les os. Voir la section « Le fouet », ci-dessus.

Ne participez jamais à de tels jeux sous l'influence de l'alcool ou de la drogue. Ne prenez surtout pas de médicaments qui engourdissent les sens.

Veillez sur votre partenaire après vos jeux. Offrez-lui un jus ou une collation riche en protéines. Il se pourrait qu'elle chancelle un peu après une scène particulièrement intense. Réchauffez-la. Ne la laissez pas seule.

Initiez-vous à ces pratiques dans le cadre d'une partouze avant de vous y adonner dans l'intimité de votre foyer. Les monitrices de donjon et d'autres participantes d'expérience vous apprendront à faire les choses en toute sécurité.

Le milieu encadre encore plus les pratiques SM. Tous les membres d'un groupe doivent répondre de leurs actes. Les adeptes du BDSM se connaissent entre elles. Si quelqu'un vous attire, renseignez-vous pour savoir si on la juge fiable et responsable *avant* qu'elle ne vous attache aux montants du lit !

Où aller pour en savoir plus ?

Le milieu du SM pratique depuis longtemps le mentorat. Nombreux sont les adeptes du SM qui aiment transmettre leur expérience. Pour apprendre à se servir d'un fouet ou de cire chaude, ou pour maîtriser la négociation, rien ne vaut un groupe BDSM reconnu. Vous pouvez aussi visionner des vidéocassettes de pratiques que vous n'avez pas (encore) envie d'essayer. Certains ateliers ou autres activités éducatives sont souvent accessibles aux non-membres.

Liens suggérés

ALTSEX PAGES
   www.altsex. org
THE. SOC. SUBCULTURE. BONDAGE-BDSM FAQ LIST
   www.unrealities. com/adult/ssbb/faq. htm
PLAY PIERCING
   www.sexuality. org/l/bdsm/needle. htm

14

Les partouzes et le sexe en public

J'aime beaucoup avoir des rapports sexuels en public. Être vilaine et courir le risque de me faire prendre en flagrant délit, voilà ce qui m'excite.

Beaucoup de lesbiennes et de bisexuelles aiment faire l'amour en public. Cela signifie-t-il qu'elles s'envoient en l'air sur la banquette arrière d'une voiture, dans les toilettes publiques ou au parc ? Parfois, mais de tels scénarios comportent de très grands risques, y compris celui d'être assaillies et celui d'être arrêtées.

Les rapports sexuels en public peuvent être légitimes et sans danger, et il n'est pas indispensable que des badauds devenus voyeurs y participent malgré eux. Avoir des rapports sexuels en public ne veut pas dire prendre son pied avec sa copine sous la table de billard du bar lesbien du voisinage. Il existe des tas de formes sécuritaires et consensuelles d'activités sexuelles que vous pouvez pratiquer hors de la chambre à coucher, de la fréquentation de spectacles érotiques aux partouzes.

Le commerce du sexe

Lorsqu'on parle du commerce du sexe, beaucoup de gens pensent à la prostitution, c'est-à-dire au troc de services sexuels contre de l'argent. Mais le commerce du sexe peut englober toutes les pratiques et tous divertissements sexuels que l'on obtient contre paiement, de l'achat de livres, de revues et de vidéos érotiques au pourboire que l'on glisse dans la petite culotte d'une strip-teaseuse.

Aux États-Unis et dans un grand nombre d'autres pays du monde, la prostitution est illégale. Par prostitution, on entend généralement l'échange de services sexuels contre de l'argent ; le « service sexuel » comporte un contact sexuel direct. Par conséquent, en bon nombre d'endroits où la prostitution est illégale, il est parfaitement admis qu'un client verse des honoraires à une dominatrice pour une séance privée, que l'on présente des spectacles érotiques ou que l'on organise une orgie. Bien entendu, les lois, les règlements et les mesures pour le maintien de l'ordre public varient d'une localité à l'autre.

Nous n'avons pas l'habitude de considérer les femmes comme des consommatrices de sexe. Pourtant, toute lesbienne qui a assisté à des spectacles d'effeuilleuses lesbiennes, qui s'est procuré un exemplaire de *On Our Backs* ou de *Best Lesbian Erotica*, qui a loué une vidéocassette lesbienne, qui a eu recours à un service de sexe téléphonique, qui s'est inscrite à un site de cybersexe ou qui a assisté à un spectacle érotique a payé pour obtenir un divertissement sexuel.

On sait que de nombreuses lesbiennes et bisexuelles travaillent dans l'industrie du sexe : c'est un secret de polichinelle. Les omniprésentes scènes entre filles des films pornos destinés à un public hétérosexuel sont souvent assumées par des bisexuelles ou des lesbiennes qui se font passer pour des hétéros qui jouent à prétendre qu'elles sont lesbiennes ! Les lesbiennes et les bisexuelles de l'industrie du sexe sont souvent enchantées de constater que d'autres femmes font partie de leur public et de leur clientèle.

Certaines lesbiennes — rémunérées ou non — se déshabillent pour le plaisir de séduire une salle remplie de femmes.

> Je travaille souvent comme effeuilleuse lesbienne lors des soirées lesbiennes d'une boîte de mon quartier. La première fois que je me suis déshabillée, j'avais oublié qu'on glisserait des billets dans ma culotte. Je n'avais jamais vu une strip-teaseuse de ma vie, et voilà que j'en étais devenue une pour rendre service à une copine. Le public m'a beaucoup aidée ! Je me sentais très sexy ! On me murmurait des mots cochons à l'oreille en glissant des billets dans mon cache-sexe. J'avais l'impression d'être la femme la plus sexy du monde. Je n'ai jamais fait de strip-tease devant des hommes, et cela ne me dit rien. Mais devant des femmes, wow !

À moins de fréquenter les spectacles d'effeuilleuses lesbiennes ou les partouzes, vous n'avez sans doute jamais vu d'autres lesbiennes faire l'amour en direct. Les vidéos et les magazines produits par des lesbiennes vous donnent l'occasion de voir de vraies lesbiennes avoir de vrais rapports sexuels. Il est impossible d'insérer la cassette d'un film à petit budget dans le magnétoscope sans se rendre compte qu'il s'agit là de véritables lesbiennes qui ont de véritables rapports sexuels devant la caméra pour le simple plaisir d'exhiber leur lubricité — ce que les femmes ne sont pas censées faire.

Beaucoup de femmes ont leur première expérience de sexe en public par le biais du cybersexe. Entrez dans un bavardoir non modéré, « écoutez » jusqu'à ce que vous vous sentiez à l'aise, puis plongez. Le cybersexe est une excellente introduction au sexe anonyme, puisque vous pouvez « draguer » une autre femme, vous « retirer dans un bavardoir privé » et avoir des rapports cybersexuels sans craindre les MST ou les complications affectives.

Et le sexe en direct ? Où les lesbiennes et les bisexuelles peuvent-elles assister à des spectacles sexuels en direct ? Il y en a dans certaines boîtes de strip-tease. Allez-y en groupe, encouragez les danseuses et payez pour une danse-contact.

Les partouzes

> J'ai eu l'orgasme le plus intense de toute ma vie quand deux femmes me caressaient, m'embrassaient et me pénétraient. Je crois bien que ce fut la plus belle expérience sexuelle de ma vie !

Une partouze est une rencontre où les participants s'adonnent à des actes sexuels. Il y en a de tous les types. Certaines sont réservées aux femmes, d'autres sont mixtes et accueillent tous les sexes, tous les styles et toutes les orientations sexuelles.

Certaines partouzes sont privées et intimes : par exemple, une lesbienne invite trois copines à venir la rejoindre dans son lit. D'autres sont de grands événements publics comptant jusqu'à 200 participantes, mises au courant par une brochure ou une annonce. La plupart des orgies sont semi-publiques. L'organisatrice invite quelques personnes qui en amènent d'autres dont les noms s'ajoutent ensuite à la liste des invitées. La plupart du temps, chaque invitée paie son écot pour couvrir les frais de location, les fournitures, la nourriture et les autres dépenses.

Il y a toutes sortes de partouzes, aussi individuelles que leurs hôtesses. Des réceptions sensuelles avec cuve thermale et buffet somptueux aux donjons orgiaques où les femmes mettent en scène des scénarios élaborés scrupuleusement négociés, il y en a pour tous les goûts. Certaines rencontres commencent par des jeux ayant pour but de briser la glace ; d'autres comportent des rituels destinés à créer une ambiance spécifique.

À quoi ressemble une partouze ? Habituellement, vous y trouverez une zone réservée aux rafraîchissements et à la socialisation, un vestiaire pour enfiler votre tenue fétichiste, et une zone récréative. Dans certains cas, on y trouve aussi des douches. Le donjon est souvent très bien équipé — croix de Saint-André, chevalets, cages, balançoires ; on trouve parfois une table d'examen gynécologique ! Dans certains cas, une pièce recouverte de futons ou de matelas en mousse est à la disposition des invitées.

Des femmes se promènent toutes nues ou en tenue fétichiste — corsets, cache-sexes, ceintures godes, guêtres, talons aiguilles. Certaines observent les ébats des autres, ou bavardent en petits groupes comme dans n'importe quel autre type de réception. On distingue parfois des couples dans des coins sombres, en train de s'embrasser passionnément. On peut apercevoir ici et là des amas de poitrines, de ventres et de membres entrecroisés, ou encore une chaîne de femmes aux maillons reliés par cunnilingus, tandis que des femmes assises dans une balançoire se font pénétrer du poing. Quoi qu'il en soit, on y admire et entend un grand nombre d'orgasmes !

Dans une partouze BDSM, on voit des femmes ligotées à un pilori, à une croix, à une table, à un chevalet et (pour le ligotage en position debout), à des boulons à œil fixés au plafond bas. On entend le claquement d'une chambrière, celui d'une palette en bois sur des fesses et, bien entendu, des soupirs et des cris !

On peut aussi voir des femmes s'adonner à des pratiques à risques réduits. On apprend comment introduire le latex et autres formes de protection dans nos jeux. On aperçoit une femme qui titille sa compagne en enfilant lentement un gant, ou qui lui lèche les cuisses en recouvrant sa vulve d'une digue dentaire. On voit des femmes lubrifier des godes vaginaux et anaux recouverts d'un préservatif et glisser un doigt de gant sur la tête d'un vibromasseur.

Souvent, les règles des rapports sexuels à risques réduits sont affichées. Elles peuvent être très simples (« Aucun échange de fluide organique n'est permis. ») ou expliquer dans quelles circonstances l'usage de gants et de

12 bonnes raisons pour participer à une partouze

1. Vous prendrez soin de l'exhibitionniste en vous. Vous vous donnerez en spectacle devant un public de voyeuses enthousiastes.
2. Vous vous gorgerez de sensations puisque vous regarderez et entendrez les autres faire l'amour tout en faisant l'amour vous-même !
3. Vous laisserez vos inhibitions au vestiaire et vous ferez l'essai de pratiques sexuelles que vous aviez seulement imaginées. Rien ne vaut un changement de décor pour stimuler votre audace.
4. Vous rehausserez votre image de vous-même quand vous verrez qu'on y admire et désire des femmes de toutes silhouettes et de toutes tailles.
5. Vous pourrez crier de plaisir (ou de douleur) sans craindre d'embêter les voisins.
6. On vous encouragera énormément à être une petite salope. Vos orgasmes vous vaudront même des applaudissements !
7. Vous vous ferez des amies et vous trouverez des compagnes de jeu.
8. Vous pourrez faire l'amour à plusieurs et avoir des rapports sexuels avec des inconnues dans un contexte parfaitement sécuritaire.
9. Vous pourrez profiter d'équipements de qualité, par exemple une croix de Saint-André ou une balançoire. Vous pourrez y faire claquer votre tout nouveau fouet de cocher de 3 mètres, nettement trop long pour la salle de séjour.
10. Vous pourrez réaliser votre fantasme préféré de sexe en public sans risquer l'arrestation ou la violence faite aux gais.
11. Vous pourrez avoir des rapports sexuels sans fréquentations suivies ni relations amoureuses, et sans risquer de trouver un camion de déménageur garé devant votre porte le lendemain matin.
12. Vous pourrez mettre du piquant dans votre couple. Même si votre compagne et vous ne souhaitez pas faire l'amour avec d'autres, vous bénéficierez d'un environnement érotique tout à fait nouveau.

Source de l'encadré : Carol Queen, *Real Live Nude Girl : Chronicles of Sex-Positive Culture* (Cleis Press, 1997).

préservatifs est obligatoire. On affiche aussi parfois les règles d'étiquette qui rappellent aux invitées de ne toucher personne sans leur permission et de s'abstenir d'interrompre les jeux des autres. Souvent, dans les partouzes SM, on fait appel à des monitrices de donjon pour assurer la sécurité. Dans de nombreux milieux, « mot de passe » est devenu le mot de passe universel. Si vous criez « mot de passe ! », tout le monde accourra !

Comment faire pour s'amuser à une partouze

Comment peut-on s'amuser à une partouze ? Primo, n'en attendez pas de miracles. Si vous espérez y faire l'amour avec quelqu'un en particulier ou y rencontrer la femme de vos rêves, vous rentrerez chez vous déçue. Ayez des objectifs raisonnables. Par exemple, il serait réaliste, une première fois, de vous contenter d'observer une scène ou de saluer une personne que vous ne connaissez pas.

Ces partouzes sont propices à l'apprentissage de la négociation et du sexe à risques réduits en vue de leur transposition dans le « réel ». Dans la vie de tous les jours, inviter quelqu'un à faire l'amour ou refuser une offre vous met sans doute dans l'embarras. Mais le fait d'être soudainement entourée de femmes qui formulent audacieusement leurs goûts et leurs préférences vous aidera à formuler *vos* désirs. Habituez-vous à dire « Aimerais-tu... », « J'aimerais... » et « Non, merci » dans un contexte érotique.

Accordez-vous la permission de rechercher tous les plaisirs qui vous tentent. Laissez-vous masser les pieds. Acceptez qu'on introduise des fraises entre vos dents pendant que vous admirez des ébats lesbiens. Faites l'essai de nouvelles pratiques sexuelles. Optez pour les jeux de rôles et les costumes. Prenez votre pied avec six femmes — si vous parvenez à en trouver six et si vous en avez le courage ! Ayez des rapports sexuels avec des femmes, des hommes ou les deux, selon votre bon vouloir.

Ne faites rien qui puisse vous mettre dans l'embarras. Participer à une partouze mixte ne signifie pas forcément que vous ayez envie d'avoir des rapports sexuels avec un homme, peu importe que vous vous reconnaissiez lesbienne ou bisexuelle. En fait, rien ne vous oblige à participer à des jeux sexuels, même dans le cadre d'une orgie. On appréciera sans doute beaucoup votre présence enthousiaste de voyeuse !

Vous ne tenez pas à y aller seule ? Faites-vous accompagner de votre amante ou d'une amie, mais assurez-vous de bien clarifier vos attentes et vos intentions *avant* la partouze. Ferez-vous l'amour ensemble ? Avec d'autres aussi ? Accepterez-vous que l'une de vous deux s'adonne sans vous à des jeux sexuels ? L'autre pourra-t-elle regarder ? Que se passera-t-il si l'une de vous veut rentrer chez elle ?

Que faire si vous observez une scène érotique si tentante que vous ne pouvez résister à l'envie de vous joindre au groupe ? Est-ce permis ? Faites *subtilement* sentir votre présence, sans interrompre le jeu et sans vous approcher. Attendez de pouvoir créer un contact visuel. Souriez. Laissez les personnes engagées dans leur jeu créer le premier contact. Si elles ne semblent pas intéressées, passez votre chemin. Si oui, demandez-leur si vous pouvez vous joindre à elles.

Où trouver des partouzes ?

Si vous n'habitez pas dans une grande ville, ou si vous venez de vous y installer, vous devrez faire quelques recherches. Le groupe SM de votre localité ou la boutique érotique du quartier annoncent les partouzes à venir. Si cette solution reste sans effet, demandez aux membres de votre groupe de discussion érotique en ligne s'ils peuvent vous référer.

L'étiquette de la partouze

À ne pas faire :

- Ne touchez personne sans sa permission.
- Restez à l'écart. Si on vous demande de vous éloigner, faites-le gentiment.
- Ne vous joignez pas à des ébats sans y être invitée.
- N'interrompez pas les jeux de qui que ce soit et n'élevez pas la voix.
- Ne portez pas de jugement en restant bouche bée. Ne ricanez pas.
- N'empruntez pas d'accessoires sans en demander la permission.

À faire :

- Respectez les règles de sécurité, même si votre compagne et vous êtes dans une relation de fusion organique. Pourquoi ? Parce que vous donnerez l'exemple et que vous inciterez les autres à adopter des pratiques sécuritaires.
- Laissez l'endroit propre. Essuyez les surfaces que vous avez souillées. Ramassez vos gants et vos préservatifs usagés et jetez-les correctement.
- Ne lésinez pas sur les compliments.
- Apportez de la nourriture quand on vous le demande. De la vraie nourriture : pain maison, trempette de légumes, jus de fruits. Les corps épuisés vous en sauront gré à 3 heures du matin.
- Respectez l'anonymat des autres invités. Vos récits érotiques seront tout aussi spectaculaires sans fiche signalétique.
- Remerciez votre hôte ou votre hôtesse. La tenue d'une orgie est très risquée !

Comment organiser une partouze à risques réduits

Vous pouvez organiser une partouze. Mais sachez que cette initiative nécessitera sans doute beaucoup plus de travail que vous n'aviez prévu et qu'elle repoussera les limites de votre confiance sexuelle. Vous rendez vos désirs publics quand vous organisez un événement sexuel explicite.

Quel type d'orgie planifieriez-vous ? Une soirée intime d'amour à plusieurs ? Une fête sadomasochiste ? Un cabaret érotique avec strip-teaseuses, danse, nourriture et sexe ? (Vous pourriez en faire une levée de fonds avec tirage de gadgets et de vidéos érotiques.)

Les clubs échangistes sont-ils illégaux ? Pourrait-on vous arrêter d'avoir organisé une orgie privée ? Une orgie publique ? Est-il légal de demander un prix d'entrée ? Pouvez-vous faire de la publicité ? Les lois qui régissent le commerce du sexe varient d'une municipalité à l'autre et d'un pays à l'autre. Dans certaines villes, la nudité est illégale dans un établissement où l'on vend aussi de l'alcool. Dans d'autres, les clubs échangistes sont permis si les personnes qui les fréquentent en deviennent membres. Dans de nombreux endroits, de telles entreprises ne sont pas tolérées. Renseignez-vous auprès du propriétaire d'un club échangiste ou d'un sauna gai de votre localité, ou auprès d'une organisation pour la défense des libertés civiques.

Qui aimeriez-vous inviter ? Des amies intimes et des amantes ? Ferez-vous parvenir une invitation à toutes les lesbiennes dans un rayon de 50 kilomètres ? Parlez de vos projets à vos amies. Quel genre de partouze aimeraient-elles ?

Rassurez vos invitées en spécifiant que leur participation active n'est nullement obligatoire. Incitez-les à apporter leurs mets, leurs boissons et leur musique préférés : on se sent plus à l'aise quand on a un rôle précis à jouer. Demandez aussi à vos amies les plus grégaires (et les moins menaçantes) de répondre à la porte à tour de rôle.

N'oubliez pas de demander à vos invitées de ne porter aucun parfum au cas où certaines personnes auraient une intolérance aux produits chimiques. Faites-leur également savoir quelles fournitures de sécurité vous pourrez mettre à leur disposition. Digues dentaires ? Gants de latex ? Lubrifiants à base d'eau ? Gants de nitrile et préservatifs en polyuréthane ? Lubrifiants sans glycérine ? Sinon, faites-leur savoir qu'elles doivent apporter leurs propres fournitures.

Pourrez-vous accueillir des personnes handicapées ? Mentionnez-le dans votre invitation et soyez précise. Ne dites pas « Accessible aux fauteuils roulants » si on doit monter trois marches pour entrer chez vous et si la porte de la salle de bains est trop étroite pour permettre le passage d'un fauteuil roulant. Dites si oui ou non une interprète gestuelle sera disponible. Quels autres problèmes d'accessibilité devront être résolus ? L'occasion est belle pour vous de consulter les lesbiennes et bisexuelles handicapées de votre milieu. Demandez-leur ce qui rendra votre soirée possible pour elles aussi.

Où aura lieu la fête ? Le local sera-t-il assez spacieux pour accueillir toutes vos invitées ? Y aura-t-il un stationnement ? L'endroit sera-t-il accessible par transport public ? Assurez-vous que le chauffage sera adéquat (ou la climatisation) et vérifiez la propreté des lieux. (Rien de plus désagréable qu'un tube gluant de lubrifiant recouvert de poussière !) Devrez-vous emprunter un équipement BDSM ? Des futons ? Recouvrez les matelas et les meubles rembourrés de feuilles de plastique puis de draps de coton. Mettez beaucoup de serviettes de papier, d'essuie-tout et de corbeilles à la disposition des invitées.

Quelques astuces créeront une ambiance propice. Invitez quelques amies exhibitionnistes à réchauffer les invitées, ainsi que le suggère Carol Queen. Ouvrez le bal par un spectacle érotique ou un jeu de société (par exemple, les invitées doivent se passer un godemiché de l'une à l'autre sans l'aide de leurs mains).

Bientôt, même vos invitées les plus introverties seront engagées dans toutes sortes de jeux. Et vous serez trop occupée à leur fournir du lubrifiant et des protections en latex pour vous demander où sont passées vos amies timides qui juraient sur tous les grands dieux qu'elles seraient incapables de « faire » quoi que ce soit !

L'opinion de Carol Queen sur les voyeurs et les exhibitionnistes

Les voyeurs qui ont l'art d'observer avec amour et respect représentent une espèce à part. En un sens, toutes les personnes qui participent à une activité sexuelle publique sont à la fois voyeuses et exhibitionnistes, sinon elles resteraient chez elles. Mais les voyeurs invétérés assurent la cohésion d'une orgie. Loin de s'emparer pour eux seuls de l'énergie sexuelle qui circule, ils projettent la leur sur les autres. Leur présence attentive et ravie réchauffe toutes les ambiances en un rien de temps.

Les exhibitionnistes sont le petit bois qui permet au feu de prendre. Souvent, ma compagne et moi avons tisonné des invitées lentes à se réchauffer en nous adonnant à des pratiques explicites ou outrancières au beau milieu de la pièce. Nous attirons d'abord les voyeuses, puis, bientôt, des couples et des groupes se forment autour de nous. La fête commence.

Liens

ALT. SEX. BONDAGE FAQ
www.altsex. org/altsex-home. html

SOCIETY FOR HUMAN SEXUALITY
Organisation d'événements érotiques
www.sexuality. org/ehee. html

CRAVE
Musique pour événements BDSM : musique classique, New Age, gothique et techno ; documentation érotique et information sur le BDSM d'un point de vue lesbien et soumis.
www.webmistress. org

15

Gadgets et attributs sexuels

Mon gode en silicone présente des cannelures extraordinaires qui massent mon point G à la perfection. Si j'étais sur une île déserte, c'est le seul gadget sexuel que je voudrais avoir emporté avec moi.

Il n'était pas facile de se procurer des gadgets sexuels il y a quelques années sinon dans des boutiques pornos dont la clientèle était essentiellement masculine. Les accessoires du temps n'étaient pas conçus pour des lesbiennes. Mis en marché en tant qu'articles de fantaisie, ces gadgets étaient la plupart du temps de très mauvaise qualité. Les godemichés ridiculement mous et les vibromasseurs à piles finissaient aux ordures avant même que nous n'ayons pu prononcer le mot « préorgasmique ». Certes, il existe encore de ces boutiques érotiques classiques. Si certaines personnes aiment bien les étalages kitsch de gadgets dans leurs emballages voyants, la plupart des femmes détestent les boutiques de ce genre.

Good Vibrations est née en 1977. C'est une boutique propre, à l'ambiance amicale, avec un personnel essentiellement féminin. Good Vibrations s'est donné le mandat de promouvoir « le plaisir sexuel comme un droit de naissance.[67] »

Non seulement Good Vibrations a-t-elle encouragé l'ouverture de nombreuses autres boutiques érotiques lesbo-conviviales (si on me permet le néologisme) dans toute l'Amérique du Nord, mais encore a-t-elle été le terreau où s'est développée la créativité de « sexpertes » telle Susie Bright qui

67. Site Web de Good Vibrations, www.goodvibes.com

y a perfectionné ses connaissances de la sexualité en y vendant des godemichés et des vibromasseurs. Aujourd'hui, il existe des douzaines d'entreprises de vente par correspondance et de boutiques où l'on peut se procurer des godes, des vibromasseurs, des ceintures, ainsi que des tas d'autres accessoires attirants et bien faits, conçus pour les plaisirs lesbiens. Ces entreprises mettent également à notre disposition des renseignements fiables, des conseils, des ouvrages, des magazines, des vidéos, des gadgets, des tenues fétichistes et des fournitures sécuritaires.

Quels sont les gadgets et les attributs sexuels les plus populaires auprès des clientes lesbiennes et bisexuelles des boutiques érotiques ? Heureusement, leurs préférences sont si variées et si individuelles qu'il est inutile de les comparer. Qu'est-ce que cela peut faire si sept lesbiennes sur dix préfèrent ce merveilleux gode de 20 cm en silicone ? L'important est ce que vous aimez, vous. Néanmoins, un petit sondage peut se révéler étonnant.

Les développements les plus récents en matière d'accessoires sexuels concernent surtout les matériaux — godes en Cyberskin™, lubrifiants à la silicone, lubrifiants sans glycérine — et le design de gadgets multitâches haut de gamme, notamment les ceintures auxquelles on peut fixer un gode vaginal ou anal intérieur pour les femmes qui les portent, des doubles dongs réellement efficaces et des vibromasseurs anaux flexibles.

Le Cyberskin est un matériau nouveau dont la texture est celle de la peau véritable. Faits d'un mélange de silicone et de PVC (polychlorure de vinyle), les godes en Cyberskin présentent un centre dur et une couche extérieure flexible. « Le gode en Cyberskin s'ajuste rapidement à la température du corps et il est très résistant: on peut l'étirer et le manipuler tant qu'on veut, il retrouve toujours sa forme[68] », disent les vendeuses de Good Vibrations à San Francisco.

« Lorsque le Cyber Cock est arrivé », disent les gérantes de Come As You Are à Toronto, « il est vite devenu un incontournable. Son apparence et sa texture hyperréalistes en ont fait la vedette d'au moins une partouze lesbienne dont nous avons entendu parler. Ensuite, ç'a été un véritable stampede[69]. »

L'ennui du Cyberskin est qu'il se salit très très rapidement. Sa surface collante attire la peluche et les particules de poussière comme un aimant. Il faut donc absolument utiliser un préservatif avec les gadgets en Cyberskin et laver soigneusement ceux-ci après usage. Puisque le Cyberskin renferme de la silicone, évitez les lubrifiants à la silicone. Voir p. 204 la section « L'entretien de vos gadgets ».

Les lubrifiants à base de silicone tels que Eros Bodyglide, ID Millenium et Wet Platinum sont remarquablement soyeux et beaucoup plus glissants que les lubrifiants à base d'eau. Ils ne sèchent pas et ne deviennent ni poisseux ni filandreux. Il n'est pas étonnant qu'ils soient devenus si populaires. Ils sont aussi compatibles avec les préservatifs, ils ne contiennent pas d'huile et ils n'endommagent pas le latex. Puisqu'ils durent et durent, il faut s'en débarrasser avec de l'eau et du savon. N'utilisez pas un lubrifiant à la sili-

68. Dépliant de produit, Good Vibrations.
69. Correspondance avec Sarah Forbes-Robert et Sandra Haar de Come As You Are.

cone avec un gadget en silicone: le lubrifiant, en se soudant au gadget, pourrait le déformer. Les lubrifiants à la silicone sont beaucoup plus coûteux que les lubrifiants à base d'eau, mais une très petite quantité suffit.

Comment introduire les gadgets sexuels dans vos ébats

Les mêmes aptitudes à la communication auxquelles vous faites appel pour négocier une activité sexuelle vous permettront de familiariser votre compagne avec vos accessoires sexuels préférés. Voir la section « Comment parler de sexe » du chapitre 6, « La communication et la quête de partenaires sexuelles ».

- *Faites part à votre partenaire de l'utilisation que vous souhaitez faire de vos accessoires.* Elle n'a sans doute aucune idée de ce que peut accomplir cet anneau vibrant.
- *Abordez le sujet dans une ambiance détendue.*
- *Adoptez une attitude positive.* Si vous apportez votre vibromasseur au lit sans autres formalités, elle croira sans doute que vous lui reprochez ses inaptitudes. Dites-lui ce que vous aimez de sa technique et ce que vous aimez de vos gadgets sexuels.
- *Fiez-vous à vos sens.* Le caractère artificiel d'un gadget sexuel vous rebute-t-il ? Une femme nous écrit ce qui suit : « Il fut un temps où je croyais que les "vraies" lesbiennes n'avaient que des relations "naturelles", avec les mains, la bouche, la langue, le poing. » Le sang qui engorge votre clitoris, les contractions de vos muscles vaginaux ou anaux, le plaisir qui envahit vos organes génitaux, tout cela est délectablement « naturel » ! Fiez-vous à vos sens, pas à votre raison.
- *Faites-lui une petite démonstration.* Montrez-lui exactement ce que vous aimez faire de votre gadget préféré. Lire la section « La masturbation à deux » du Chapitre 6, « La masturbation ».
- *Amusez-vous. Les gadgets sont amusants ; ce sont des jouets pour adultes.* « Mon amante et moi gardons le lubrifiant au frigo pour mieux créer un effet de choc quand nous laissons tomber des gouttes de lubrifiant glacé sur nos chattes torrides », écrit une femme.
- *Allez magasiner ensemble.* Vos gadgets ne semblent pas exciter votre amie ? Allez magasiner ensemble. Vous serez sans doute étonnée de ce qui attire son attention.
- *Formulez vos appréhensions.* Craignez-vous d'avoir l'air ridicule si vous portez une ceinture gode ? Abordez les gadgets sexuels dans une optique formatrice. « J'ai encore beaucoup de chemin à faire pour me sentir à l'aise quand je porte une ceinture gode », nous écrit-on. « Mais, c'est en forgeant qu'on devient forgeron ! »

Les lubrifiants sans glycérine sont un cadeau du ciel pour les femmes victimes d'infections aux levures dues à la glycérine que renferment la plupart des lubrifiants à base d'eau. La composition chimique de la glycérine est similaire à celle du glucose (sucre), ce qui peut créer un milieu favorable à la propagation des levures. Le lubrifiant de Bodywise, Liquid Silk, est le plus populaire des lubrifiants sans glycérine. « Nos clientes raffolent de ce lubrifiant britannique crémeux[70] », écrit l'acheteuse de Good Vibrations. « Il ne contient pas de glycérine et n'est jamais poisseux. » Liquid Silk est le lubrifiant le plus vendu chez A Woman's Touch, à Madison, dans le Wisconsin. « Pour la pénétration anale et la pénétration du poing, les femmes préfèrent Liquid Silk à son cousin, Maximus. Il n'est jamais poisseux, il est inodore et ressemble à s'y méprendre à de véritables sécrétions.[71] »

Les doubles dongs sont très populaires depuis fort longtemps auprès des femmes qui fantasment sur une pénétration mutuelle simultanée, mais rares étaient ceux qui livraient la marchandise promise. Trop mous ou trop rigides, ces doubles dongs étaient fort mal conçus. « Malheureusement, le rêve d'un gode double est souvent un cauchemar, disent les femmes de Toys in Babeland de Seattle et de New York. Les modèles traditionnels ne conviennent qu'aux femmes capables d'assumer la position en ciseaux et les dislocations d'épaules qu'entraîne forcément un gode double raide comme une barre. » Heureusement, les modèles récents ont corrigé cette situation.

Le Nexus est un double dong en silicone que l'on peut fixer à une ceinture. Il mesure près de 18 cm de longueur sur près de 4 cm de circonférence à un bout, et 17 cm de longueur sur 4 cm de circonférence à l'autre bout. Selon A Woman's Touch, « Les doubles godes plaisent à notre clientèle, car ils leur font éprouver un sentiment de fusion. Le Nexus est populaire, car son design est efficace (avec une ceinture), et parce qu'il procure une stimulation clitoridienne à la femme qui le porte.[72] »

Parmi les nouveaux accessoires multitâches on trouve des gadgets qui, ajoutés à une ceinture gode, permettent une stimulation supplémentaire. Des manchons qui s'ajustent à la sangle centrale d'une ceinture tanga permettent le port d'un gode vaginal ou anal à l'intérieur du harnais. Différents modèles de mini-vibromasseurs clitoridiens peuvent être insérés dans une pochette de ceinture pendant la pénétration pour stimuler les deux partenaires. (Voir « Truc et astuces de Fairy Butch pour jouir avec un gode de ceinture » au chapitre 10, « La pénétration vaginale. »)

Certains gadgets, trop polyvalents, sont mal conçus et mal faits. On ne les achète que sur un coup de tête. Pour les femmes de Toys in Babeland, ce sont des « gadgets à pile, monstrueux et gluants, dont les mouvements rotatifs ou spiralés les conduisent droit à la poubelle.[73] »

---

70. Correspondance avec Sarah Dewhirst de Good Vibrations.
71. Rachel Venning, Toys in Babeland, « I Dream of Dildos », *Girlfriends Magazine,* vol. 1, nº 1, juillet 1994, 32.
72. Correspondance avec Ellen Barnard de A Woman's Touch.
73. Rachel Venning, Toys in Babeland, « I Dream of Dildos ».

> Je mets une ceinture avec un vibromasseur en gelatinex de 18 cm. Un cadeau du ciel ! Il répond parfaitement aux besoins de ma partenaire et sa texture douce et gélatineuse est fabuleuse sur mon clitoris.

Il existe cependant des exceptions, notamment les vibromasseurs en gelatinex et les godes anaux flexibles. L'un de ces gadgets est le Flex-O-Pleaser. « Oui, ce nom est très kitsch », disent les gens de Blowfish, « mais si vous recherchez un vibromasseur pénétrant, celui-ci est très recommandé.[74] » Il s'agit d'un vibromasseur à pile composé d'une hampe flexible de 13 cm terminée par une tête cylindrique de 7,6 cm. Le tout est fixé à une poignée de 13 cm munie d'un sélecteur de vitesses.

Comment choisir vos gadgets sexuels

Le choix des accessoires que vous pouvez utiliser tels quels ou adapter à vos besoins est si vaste que vous ne saurez lesquels choisir. Si vous naviguez un peu dans les sites des boutiques en ligne, vous trouverez un choix pratiquement illimité de gadgets. Vous pouvez aussi inventer les vôtres en adaptant différents articles ménagers à vos besoins, ou trouver de l'inspiration au département des légumes de votre épicerie. Comment savoir ce que vous aimeriez ? Un peu de lèche-vitrines vous aidera, soit dans Internet, soit à la boutique érotique de votre localité. Voici quelques aspects dont vous devriez tenir compte, de même que quelques suggestions d'emploi et quelques mises en garde. Les gadgets et fournitures énumérés ci-dessous sont disponibles par catalogue et dans plusieurs boutiques spécialisées.

Vous aimez la stimulation clitoridienne ?

> Mon Magic Wand de Hitachi me propulse au septième ciel de l'extase orgasmique. Je l'aime parce qu'il est très rapide ; je jouis en quelques minutes seulement. C'est comme une séance éclair, mais avec un gadget.

Les vibromasseurs procurent une stimulation clitoridienne régulière et fiable. Vous avez le choix entre des vibromasseurs électriques, rechargeables, à pile, étanches (dont on peut se servir dans la baignoire), en forme d'œuf (pour glisser dans un manchon de ceinture), et des vibromasseurs en forme de lapin, de castor ou d'ourson !

74. Site Web de Blowfish, www.blowfish.com

Les vibromasseurs

Pour une sensation plus forte, essayez un vibromasseur électrique à serpentin tel que le Wahl, qui produit des vibrations intenses et présente un point de contact réduit qui peut concentrer les sensations sur une très petite zone. Le grand best-seller de tous les temps, le Magic Wand de Hitachi, avec sa tête en forme de balle de tennis, procure des sensations plus diffuses, mais il comprend un accessoire amovible pour des sensations plus localisées.

Les vibromasseurs à piles produisent des vibrations moins intenses que les vibromasseurs électriques et, contrairement à ceux-ci, ils ne résistent pas à plusieurs années d'usage. Mais leurs formes et leurs styles sont beaucoup plus variés et leur coût est moins élevé. Ce sont des gadgets très polyvalents que l'on peut facilement adapter à des godemichés, des ceintures et d'autres gadgets. Ils sont faciles à transporter dans le sac à main, la poche, le sac à dos, la valise et le coffre à gants de la voiture. Voir le Chapitre 8, « Jeux clitoridiens ».

> Pour mes plaisirs solitaires, j'aime le Rabbit Pearl, un gode à hampe rotative renfermant des « perles » tournantes et muni de deux oreilles de lapin qui viennent se placer de part et d'autre du clitoris.... Mmmm !

Vous aimez la stimulation des mamelons ?

Vous aimerez les pinces à linge, les pinces à seins de type brucelles ou les pinces alligator, les pompes mammaires, les ventouses, la cire chaude, les aiguilles, et ainsi de suite. Lubrifiez un mamelon et caressez-le comme s'il s'agissait de votre clitoris. Voir le chapitre 7, « Jeux de seins » et « Apprenez de nouveaux trucs » du chapitre 13, « Sois gentille ! (sinon, gare à toi... »).

Les personnes handicapées et le sexe : la maniabilité des gadgets sexuels

Les propriétaires de Come As You Are, à Toronto, se sont donné le mandat de rendre le sexe accessible à tout le monde, y compris aux personnes handicapées. Leur site Web regorge de conseils précis pour que leur clientèle handicapée puisse utiliser les gadgets sexuels. Voici quelques-uns de ces conseils :

Appropriez-vous vos gadgets sexuels. Faites preuve de créativité pour adapter vos accessoires à vos besoins. Bien entendu, aucun gadget ne convient à tout le monde. Si vous avez besoin d'aide, n'hésitez pas à consulter un ergothérapeute. Même si certains d'entre eux ne partagent pas vos préoccupations sexuelles (ils pourraient même rougir si vous leur demandez d'adapter à vos besoins la poignée de votre vibromasseur), ils possèdent la formation et l'équipement nécessaires pour vous aider à rendre vos gadgets plus fonctionnels.

Tenez compte du poids, de la dimension et de la forme du gadget. Si vous ne parvenez pas à tenir un gadget dans votre main, essayez un vibromasseur que vous pourrez glisser dans une pochette, tels que le Leather Butterfly, dont les sangles entourent les cuisses et passent entre les jambes. Vous pourriez être en mesure d'utiliser un plus gros vibromasseur électrique si vous vous allongez sur le côté. Ne vous allongez jamais sur un vibromasseur, car vous nuiriez à la ventilation de l'appareil, ce qui se révélerait extrêmement dangereux.

Si vous parvenez à tenir un accessoire dans la main mais que son poids vous fatigue rapidement, choisissez un modèle plus léger. N'oubliez pas que le fait de tenir un gadget à la main pourrait vous distraire. Certains vibromasseurs se fixent à la main, ce qui les rend plus confortables à utiliser. Vous pouvez aussi glisser un œuf vibrant dans un gant. Deux occurrences sont extrêmement frustrantes : la pile du vibromasseur meurt au moment crucial, ou vous laissez tomber votre gadget par terre.

Le matériau du gadget. Si vous souffrez d'allergies, de sensibilité à des facteurs environnementaux, ou d'un affaiblissement de vos fonctions immunitaires, évitez les produits parfumés. Beaucoup de gens sont allergiques au latex. On fabrique de nombreux modèles de gadgets sans latex. Mais même les gadgets dits « sans latex » en contiennent parfois de très faibles quantités. Si vous lui êtes particulièrement allergique, tenez-vous-en aux accessoires en plastique rigide ou en silicone.

Le commutateur d'un gadget électrique ou à piles. C'est là que se situe le plus souvent le défaut de la cuirasse. C'est là qu'on constate le mieux que les manufacturiers se fichent de la maniabilité de leurs produits. Certains accessoires sont faciles à mettre en marche ou à arrêter, mais c'est loin d'être toujours le cas. Si vous possédez un accessoire que vous aimez mais qui se révèle difficile à mettre en marche, essayez de trouver quelqu'un qui lui bricolera un commutateur accessible et maniable.

Optez pour un gadget en longueur, comme le Flex-O-Pleaser.

Les anneaux péniens vibrants se glissent facilement sur les doigts. Les anneaux en gelatinex et caoutchouc sont particulièrement agréables. Le prolongement en caoutchouc procure un léger soutien cependant que vous appuyez le vibromasseur contre votre corps.

Le Thigh Harness (harnais de cuisse) et le Night Rider : Le Thigh Harness convient particulièrement aux personnes qui souffrent de lombalgies et dont le dos se fatigue avant elles. Le Night Rider, que l'on peut fixer à un meuble par des sangles, est extrêmement polyvalent ; il est également muni d'un cordon d'alimentation supplémentaire de plus de 3 mètres.

Source de l'encadré : adapté du site Web de Come As You Are, www.comeasyouare.com

Vous aimez la pénétration vaginale ?

> Mon gadget favori est le Champ, un mince gode recourbé en silicone, agrémenté de spirales noires et violettes. Il est élégant et sa couleur est splendide. Sa taille est parfaite pour moi quand je suis très excitée et que je me sens cochonne.

On trouve des godes de toutes formes et de toutes dimensions, du petit Pal (12,7 cm) au gros Prince (25,4 cm). Il en existe en silicone, en caoutchouc, en Cyberskin, etc. Ils sont de toutes les couleurs (noir, lavande, à motifs spiralés, et ainsi de suite). Les anciens godes dits « couleur chair », mais en fait d'un rose bonbon pâlot (qu'un détaillant qualifie de « gode de race blanche, mort à l'arrivée ») sont aujourd'hui relégués aux oubliettes. On peut se procurer des godemichés ornés de motifs abstraits, des godemichés réalistes avec veines et couilles, des godemichés en forme de dauphins, des doubles dongs, des godes vibrants à piles et d'autres dont la base peut recevoir un petit œuf vibrant.

Préférez-vous les poussées profondes à la sensation de présence ? Optez pour un gode long et mince. Assurez-vous qu'il est assez ferme pour conserver sa rigidité. Aimez-vous mieux la sensation d'étirement ? Choisissez un godemiché large et court.

> J'adore mon Jelly Jewel couleur améthyste. Il est juste un peu trop long (25,4 cm) mais d'une largeur parfaite (près de 5 cm). Il est très réaliste : il ne s'excuse pas d'être aussi envahissant.

Les godes sont vendus en fonction de leur longueur et de leur diamètre. Pour fixer à une ceinture, optez pour un godemiché comptant de 2,5 à 7 cm de plus en longueur qu'un gode manuel, puisque le harnais et le corps en absorberont une partie. « Mesurez » la profondeur de votre vagin au moyen d'une courgette ou d'un concombre. Faites l'essai de légumes de différentes longueurs et de différentes circonférences. Quand vous aurez trouvé un légume dont la dimension vous convient, coupez-le en deux dans le sens de la longueur et mesurez-en le diamètre. Un gode se mesure de la base à la pointe. Même si vous préférez les légumes, glissez un préservatif sur ce concombre tout frais !

Vous pouvez aussi faire l'essai de plusieurs godemichés en vous procurant d'abord des modèles économiques en caoutchouc. Quand vous aurez trouvé la longueur, la circonférence, la forme et le style qui vous conviennent, investissez dans un modèle haut de gamme en silicone. N'oubliez pas que vous *devez* utiliser un préservatif avec un gode en caoutchouc : le caoutchouc étant plus poreux que la silicone, il absorbe facilement la poussière. Voir le Chapitre 10, « La pénétration vaginale ».

Vous aimez la stimulation du point G ?

Tout gadget pénétrant, ferme et recourbé peut stimuler le point G. Certes, s'il touche au but dépend de chaque femme. Certaines femmes obtiennent de meilleurs résultats avec des accessoires amovibles qu'elles peuvent fixer à un vibromasseur électrique, par exemple le G-Spotter du Magic Wand de Hitachi. D'autres préfèrent des vibromasseurs à hampe rotative, des godes à cannelures ou munis d'un gland proéminent. Le grand classique des stimulateurs de point G est le Crystal Wand : « 24,5 cm d'acrylique transparent façonné à la main en un S délicat[75] », selon les responsables de Toys in Babeland. Voir le chapitre 3, « L'anatomie et la réponse sexuelle » pour en apprendre davantage sur votre point G.

Vous aimez la pénétration anale ?

> Je possède un gode anal assez petit, en silicone. J'aime le fait qu'il s'adapte à la chaleur de mon corps et qu'il est assez flexible pour ne pas me déchirer ou me faire mal. Il met du piquant dans toutes mes activités sexuelles.

Godemichés et ceintures

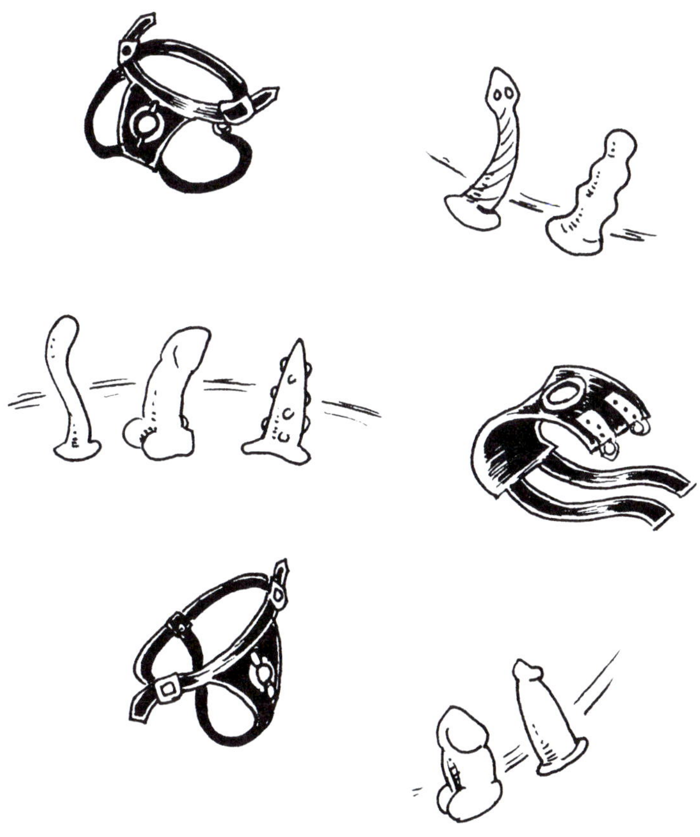

75. Toys in Babeland, « The Crystal Wand », Girlfriends Magazine, vol. 4, n° 6, octobre 1997, 40.

Les godes anaux sont très populaires. Ils ne sont pas conçus pour une pénétration active, mais bien pour être maintenus en place dans le rectum par la contraction des sphincters. Comme les gode vaginaux, il existe des godes anaux de toutes formes, de toutes dimensions — du mini Flirt (à peine plus gros que votre index) au terrible Triple Ripple (plus gros que votre poing) — et fabriqués de toutes sortes de matériaux. Encore une fois, si vous ne connaissez pas exactement le format qui vous convient, procurez-vous des godes anaux économiques en caoutchouc avant de monter en grade et d'acheter des godes haut de gamme en silicone. N'oubliez pas que le godemiché anal qui semble minuscule sur le comptoir du magasin vous paraîtra énorme quand vous l'insérerez dans votre anus.

Les godemichés en gelatinex conviennent très bien à la pénétration anale, car leur douceur n'irrite pas le délicat tissu rectal. À la boutique Grand Opening de Brookline, au Massachusetts, le vibromasseur anal le plus populaire est le Butt Buzzer, qui « marie la douceur merveilleuse du gelatinex » à une « perle » vibrante encastrée dans sa hampe[76]. Bien entendu, les préférences féminines varient en matière de godes anaux. Il se pourrait que vous préfériez un gode en chrome à un gode en gelatinex !

Les stimulateurs anaux

76. Site Web de Grand Opening, www.grandopening.com

Ne négligez pas les chapelets anaux, les vibromasseurs anaux, les godemichés flexibles et les autres gadgets conçus spécifiquement pour la pénétration anale. Voir le Chapitre 11, « La pénétration anale ».

Il convient d'insister ici sur quelques règles de sécurité :

- Le gadget doit avoir une base évasée afin de l'empêcher de disparaître dans le rectum et de se rendre jusqu'au côlon. De même, les billes d'un chapelet anal doivent être solidement fixées à leur cordelette ; celle-ci doit se terminer par un anneau de préhension.
- La surface de l'accessoire doit être lisse, sans éclisses ni parties détachables.
- Il faut pouvoir laver le gadget à l'eau chaude, avec un savon antibactérien.
- Si vous désirez pénétrer profondément votre compagne, vous devez opter pour un accessoire flexible qui épousera les courbes du rectum.
- Ne lésinez pas sur le lubrifiant ! Puisque le rectum ne produit pas ses propres sécrétions, assurez-vous de bien enduire votre gadget de lubrifiant.

Voulez-vous porter une ceinture gode ?

> J'aime beaucoup la ceinture. Mes mains sont alors libres de caresser le reste de son corps. Je n'aime rien autant que de prendre mon amante dans mes bras et de la pénétrer pendant qu'elle jouit.

Il existe des ceintures godes de tout style et en plusieurs matériaux. Elles se fixent aux hanches, à la cuisse, à une chaise et même au visage. Optez pour une ceinture qui convient au type de gode que vous voulez utiliser ainsi qu'à vos pratiques sexuelles.

- *Quelle est la dimension du gode que vous souhaitez utiliser ?* Tous les godemichés à base évasée peuvent s'adapter à une ceinture, si cette base n'est pas trop épaisse pour être glissée dans l'anneau pénien ou l'ouverture de la sangle. Il faut donc choisir la ceinture la plus appropriée. La ceinture Terra Firma est vendue avec trois anneaux péniens en caoutchouc, qui se fixent en place par des boutons pression. En principe, vous pourriez remplacer ces anneaux par des manchons de n'importe quelle dimension et y adapter n'importe quel gode à base évasée, même le Prince de 5 cm. La ceinture Crown peut aussi recevoir des godes petits ou grands. D'autres ceintures ont un anneau fixe ou une ouverture renforcée d'où saille le godemiché. Par exemple, les ceintures Aslan ont une ouverture de 4,45 cm. Votre choix de gode est limité par le diamètre de l'ouverture. Si vous souhaitez adapter une variété de godes à votre ceinture, choisissez-en une munie d'un anneau pénien amovible ou d'une ouverture ajustable.
- *Quels matériaux préférez-vous ?* On trouve des ceintures d'excellente qualité en cuir, en vinyle, en caoutchouc et en nylon. Le nylon est très résistant et moins coûteux que le cuir.
- *Voulez-vous pouvoir lui ajouter des gadgets supplémentaires ?* Si vous désirez porter un gode vaginal ou anal à l'intérieur de votre ceinture, choisissez un modèle à sangle centrale.

- *Quel est votre tour de hanches ?* La ceinture Crown convient à des hanches mesurant jusqu'à 153 cm. Aslan Leather fabrique des ceintures qui conviennent à un tour de hanches de 97 cm et moins, mais ils fabriquent sur mesure des ceintures plus larges. Les ceintures Two-Strap et Terra Firma de Stormy Leather conviennent à des hanches ne mesurant pas plus de 117 cm.
- *Connaissez-vous d'autres façons de porter une ceinture gode ?* En plus de la ceinture, vous pouvez essayer le harnais de cuisse, le harnais de chaise et le harnais de visage (le gode qui se fixe à la hauteur du menton ou du front vous permet de pénétrer vaginalement votre partenaire tout en pratiquant le cunnilingus dans un 69). Il existe même des ceintures godes qui se transforment en ceinture de chasteté. Aslan Leather propose un modèle muni de l'ouverture habituelle pour le gode extérieur, de deux ouvertures supplémentaires pour un gode vaginal et un gode anal intérieurs, et d'une fourche en cuir clouté avec trois verrous !

Voulez-vous explorer votre identité sexuelle ?

> Mon gode préféré est un Cyberskin d'environ 20 cm de longueur, très réaliste, avec des couilles (deux boules mobiles dans un scrotum). Malheureusement, il n'est pas assez rigide pour permettre une vraie bonne baise, mais je l'aime quand même.

Il arrive qu'un cigare *ne soit pas* un cigare ! Si vous voulez un godemiché que vous pourrez porter comme une vraie queue, optez pour l'un des modèles suivants :

- *Vous voulez une texture réaliste ?* Il existe plusieurs modèles de godes Cyberskin : le godemiché réaliste de base, le godemiché vibrant, et un manchon extensible qu'on glisse sur n'importe quel gode ou vibromasseur cylindrique.
- *Vous voulez une apparence réaliste ?* Les godemichés réalistes ont un gland, des veines, des testicules. Prenez-vous pour Jeff Stryker en portant un gode moulé sur la bite de cette vedette du cinéma porno. Ou encore, optez pour le Johnny, 18 cm de longueur et 5 cm de diamètre. Pourquoi une lesbienne voudrait-elle d'une gode avec des testicules ? Mis à part l'aspect et la sensation réaliste d'un tel gadget, les couilles contribuent à stimuler la partenaire réceptrice. Lorsque vous la prenez en levrette, elles viennent battre contre sa vulve.
- *Pratiquez-vous le trompe-l'œil génital ?* Vous aimerez sans doute le Pack 'n Play, un gode semi-rigide de 12, 7 cm qui crée un renflement réaliste dans votre pantalon. Le nom a beau laisser entendre qu'il peut aussi servir à la pénétration, il n'est sans doute pas assez rigide pour une pénétration vigoureuse. Les godes Cyberskin sont assez flexibles pour être repliés dans votre culotte. Il existe tout un éventail de godemichés faits de matériaux doux qui imitent la chair et qui sont assez confortables pour être portés sous vos vêtements sans donner l'impression que vous cachez une batte de baseball dans votre pantalon !

Le trompe-l'œil génital me complète. Je me sens vraie.

Le BDSM vous intrigue ?

Au chapitre 13, « Sois gentille ! (sinon, gare à toi...) », nous nous attardons à l'équipement et aux instruments de BDSM. Assurez-vous que vos accessoires sont de bonne qualité et qu'ils proviennent d'un manufacturier réputé. Certains fabricants de fouets et d'autres instruments SM sont de véritables artisans. Ainsi que l'affirme Janette Heartwood, « ils transposent dans leurs produits leur passion pour ces jeux érotiques de pouvoir[77]. » D'autres mettent à votre disposition des catalogues imprimés. Blowfish, JT's Stockroom et Purple Passion, entre autres, ont une importante collection d'articles de ligotage et d'instruments SM. Certains sites Web donnent des instructions pour l'entretien de leurs produits ainsi que des conseils de sécurité.

Voulez-vous explorer des fantasmes inédits ?

La porno ! Que vous louiez une vidéocassette explicite, que vous lisiez des nouvelles érotiques ou que vous naviguiez dans les sites pornos de l'Internet, vous constaterez que cet exercice stimule votre imagination. Quelle sorte de films pornos recherchent les lesbiennes ? Tous les goûts sont dans la nature : hard, soft, travestisme, fille-fille, fille-gars, gars-gars. Certaines lesbiennes préfèrent la porno homosexuelle mâle en raison de sa représentation très crue de la sexualité.

Que ce soit dans des images de tendresse et d'amour ou de sexe cochon et vulgaire, les lesbiennes recherchent avant tout l'authenticité. Quand on a visionné quantité de films pornos ordinaires où les actrices semblent être des hétérosexuelles qui font semblant, les lesbiennes veulent voir « une chimie et des plaisirs authentiques entre les actrices[78] », ainsi que l'écrit une vendeuse de Good Vibrations.

Vous avez du lubrifiant ?

> J'adore le lubrifiant Thin and Silky de Probe parce qu'il sèche rapidement et n'est jamais poisseux. Il a bon goût aussi, et quand on en met sur moi, ça gliiiiiiiisse tout seul...

Le lubrifiant est l'article le plus important de votre coffre à jouets. Non seulement rend-il le sexe plus agréable, il empêche l'irritation lors de la pénétration vaginale. Le lubrifiant est *indispensable* à la pénétration anale : en effet, le rectum ne produit pas ses propres sécrétions et la friction d'un doigt ou d'un godemiché qui va et vient pourrait en déchirer la paroi délicate.

Chaque personne a ses préférences. Celle-ci aime la marque Probe, une autre ne jure que par ID Liquid, Astroglide ou Wet. Comment savoir ? Si votre pharmacie locale n'offre qu'une seule marque de lubrifiant et que la boutique érotique la plus proche est à 300 km, commandez un assortiment d'échantillons de l'une des entreprises de vente par catalogue. On vous

77. Janette Heartwood, Heartwood Whips of Passion. Site Web : www.heartwoodwhips.com
78. Correspondance avec Terry Morris de Good Vibrations.

expédiera plusieurs petites pochettes contenant une dose de lubrifiant (assez pour une masturbation clitoridienne mais pas assez pour une pénétration du poing !). Quand vous aurez opté pour une marque, procurez-vous un format plus économique. Ces petits paquets individuels sont très utiles en voyage et pour les partouzes, quand toutes sortes de doigts poisseux risqueraient de s'approvisionner à la même bouteille (le partage d'un contenant de lubrifiant, comme le partage des gadgets sexuels, favorise la transmission des MST).

La plupart des manufacturiers de lubrifiants offrent une gamme de lubrifiants à base d'eau, y compris un lubrifiant soyeux et léger pour la masturbation clitoridienne et la pénétration vaginale, et un lubrifiant épais et visqueux pour la pénétration anale et la pénétration du poing. Voici quelques aspects à considérer quand vous achetez un lubrifiant :

- *Est-ce pour la masturbation clitoridienne ?* Essayez un lubrifiant clair et léger tel que ID Liquid, Probe Silky Light, Astroglide, Liquid Silk ou Eros Bodyglide.
- *Est-ce pour la pénétration vaginale ?* Pour la pénétration, certaines femmes préfèrent un lubrifiant léger, d'autres un lubrifiant plus visqueux tel que Slippery Stuff, Maximum et Probe.
- *Est-ce pour la pénétration vaginale du poing ?* Achetez le format géant ! Vous voudrez sans doute faire l'essai d'un lubrifiant épais tel Probe Thick and Rich.
- *Est-ce pour la pénétration anale ?* Faites l'essai de ForPlay, Maximus, Probe Classic ou Slippery Stuff, tous des lubrifiants épais à base d'eau. Certaines femmes préfèrent un lubrifiant à base d'huile, notamment Crisco ou Elbow Grease. Mais attention que ce lubrifiant ne se transmette pas au vagin. L'huile endommage le latex ; vous devrez changer de gant toutes les 15 minutes. Si vous utilisez un lubrifiant à base d'huile avec un gode recouvert d'un préservatif en latex, n'oubliez pas de désinfecter ce gadget. L'huile que renferme le lubrifiant aura détruit le latex.
- *Est-ce pour le sexe oral ?* Si vous prévoyez un contact buccal en plus de la pénétration, optez pour un lubrifiant sans saveur, par exemple ID ou Probe, ou pour un lubrifiant conçu spécifiquement pour le sexe oral, notamment les lubrifiants à saveurs diverses de Wet ou de ForPlay. Évitez les lubrifiants qui renferment du Nonoxynol-9 qui vous engourdira la langue et les lèvres.
- *Utiliserez-vous du latex ?* Tout lubrifiant à base d'eau ou à la silicone est compatible avec les gants et les préservatifs en latex. Évitez les lubrifiants à base d'huile (voir ci-dessus).
- *Utiliserez-vous des gadgets en silicone ?* N'utilisez pas un lubrifiant à la silicone avec un gadget en silicone. La silicone du lubrifiant abîmera votre accessoire en silicone.
- *Êtes-vous sujette aux infections aux levures ?* Optez pour un lubrifiant sans glycérine : Liquid Silk ou, pour un lubrifiant plus épais, Maximus.
- *Désirez-vous un lubrifiant qui dure longtemps ?* Les lubrifiants à la silicone tels que Eros Bodyglide et Wet Platinum ne s'assèchent pas et ne sont jamais poisseux.

- *Êtes-vous sensible aux produits chimiques?* Évitez les lubrifiants qui contiennent du Nonoxynol-9, un détergent que l'on ajoute aux lubrifiants en guise de spermicide.

Votre trousse pour les pratiques sexuelles à risques réduits est-elle bien fournie ?

Remplissez votre coffre à jouets ou votre baise-en-ville des fournitures suivantes:

- Gants de latex, de nitrile ou de vinyle pour la pénétration.
- Doigtiers. Ces petits fourreaux jouent le rôle de préservatifs pour les doigts. Vous avez sans doute remarqué que je n'en ai pas encore parlé dans ce livre. Puisque les caresses du bout des doigts souvent s'étendent aux autres doigts ou à la paume, les doigtiers me semblent offrir une protection insuffisante et c'est pour cette raison que je recommande plutôt les gants.
- Des préservatifs pour vos godes et vibromasseurs vaginaux et anaux.
- Des digues dentaires, des Lollyes ou de la pellicule moulante pour le cunnilingus et l'anilingus.
- Un savon antibactérien tel Hibiclens ou un produit nettoyant tel For-Play Adult Toy Cleanser pour nettoyer godes, vibromasseurs, bouteilles de lubrifiant et autres accessoires après usage. Lavez-vous les mains avec un savon antibactérien.
- Des mini-serviettes imbibées d'alcool pour nettoyer la poignée de vos vibromasseurs et autres gadgets et pour le perçage et autres jeux sanglants.
- Une trousse de premiers soins comprenant un onguent antiseptique, des pansements, du sparadrap et des ciseaux.

Le latex vous donne-t-il des démangeaisons ?

Si le port de gants de latex provoque une irritation cutanée, vous développez peut-être une intolérance au latex. Certaines femmes lui sont allergiques au point de faire de l'urticaire, d'avoir des nausées ou d'éprouver des difficultés respiratoires lorsqu'elles entrent en contact avec des produits en latex.

Qui est à risque? Les personnes qui ont des contacts fréquents ou continuels avec le latex. Non seulement portent-elles des gants à longueur de journée, mais elles respirent les effluves que dégagent ces produits. Ajoutez à cela les pratiques sexuelles sécuritaires et vous comprendrez pourquoi lécher une digue dentaire en latex est un cauchemar pour une femme allergique au latex.

La seule solution est de remplacer les produits en latex par des produits de substitution:

- Les gants de nitrile ne contiennent pas de latex et ils sont plus fins que la plupart des gants de latex. On peut les utiliser avec un lubrifiant à base d'eau, à base d'huile ou à la silicone. Ils sont plus coûteux que les gants de latex cependant. Les gants de vinyle offrent aussi une solution de rechange.

- La pellicule moulante remplace avantageusement les digues dentaires en latex.
- Les préservatifs en polyuréthane d'Avanti peuvent se substituer aux préservatifs en latex. Ils sont plus minces et plus larges que les préservatifs en latex et peuvent être utilisés avec un lubrifiant à base d'eau, à base d'huile ou à la silicone. Ils sont toutefois beaucoup plus coûteux que les préservatifs en latex. *N'utilisez pas* de préservatifs naturels. Ils ne préviennent pas la transmission des virus tels que le VIH.

On peut se procurer des fournitures sans latex chez Cetra Latex-Free Supplies ainsi qu'auprès d'autres entreprises de vente par catalogue.

Quel est votre budget ?

Voici quelques suggestions pour que vous puissiez vous amuser à bon compte.

- Achetez les gants de latex en grande quantité. La plupart des grandes pharmacies ont leur propre marque.
- Procurez-vous des préservatifs gratuitement dans les bars gais et les événements commandités par les organismes de prévention du sida. Il est aussi important de vous protéger que de protéger les autres.
- Utilisez de la pellicule moulante, des gants coupés ou des préservatifs en guise de digue dentaire.
- Gardez un flacon pulvérisateur d'eau à portée de la main. Au lieu de remettre du lubrifiant à base d'eau, ajoutez-lui un peu d'eau pour le réactiver.
- Si vous préférez le lubrifiant à la silicone ou sans glycérine, optez pour des marques plus économiques. Eros Bodyglide et Liquid Silk sont si populaires qu'on trouve maintenant des imitations beaucoup moins chères sur le marché.
- Achetez des godes vaginaux et anaux en caoutchouc. Ils coûtent deux fois moins cher que les articles en silicone. Vous pouvez toujours dissimuler leur texture et leur apparence désagréables sous un préservatif.
- Les ceintures godes en nylon sont beaucoup moins chères que les ceintures godes en cuir et tout aussi efficaces.
- Certains marchands d'instruments de BDSM servent une clientèle qui veut s'approvisionner à peu de frais. Certains accessoires, par exemple les badines et les cravaches, peuvent tolérer d'être de moindre qualité. D'autres, non. Un fouet de mauvaise qualité n'est que cela : un fouet de mauvaise qualité. Servez-vous de votre imagination : une cuillère en bois peut très bien remplacer une palette ; une chaise se prête très bien au ligotage.

L'entretien de vos gadgets

Nettoyez vos gadgets à l'eau chaude et au savon, si possible avec un savon antibactérien tel Hibiclens ou un produit nettoyant tel que ForPlay Adult Toy Cleanser. N'immergez jamais un accessoire électrique ou à piles.

On nettoie la silicone en le faisant bouillir de deux à trois minutes. On peut aussi mettre les godes en silicone au lave-vaisselle. Éloignez les lubrifiants à la silicone des gadgets en silicone.

Le caoutchouc est plus poreux que la silicone et se salit plus facilement. Utilisez toujours un préservatif avec un gode en caoutchouc, et lavez celui-ci soigneusement avec du savon et de l'eau après chaque usage.

Le Cyberskin est difficile à garder propre. Utilisez toujours un préservatif avec un gode en Cyberskin, car il attire la saleté comme un aimant. On ne peut pas faire bouillir le Cyberskin : lavez votre gadget à l'eau et au savon, asséchez-le complètement et saupoudrez-le de fécule de maïs. (*N'utilisez pas* de poudre de bébé ou de talc ; ces poudres ont été associées au cancer de l'utérus.)

Les ceintures en nylon se lavent facilement à la main ou à la machine. Suspendre pour sécher.

Nettoyez les ceintures en cuir avec du savon et de l'eau et laissez sécher à l'air libre. Pour les désinfecter, frottez avec un tampon imbibé d'alcool isopropylique à 70 %, puis lavez à l'eau et au savon. Ensuite, enduisez-les d'un produit assouplisseur spécialement conçu pour empêcher le cuir de se dessécher (ne laissez jamais sécher le cuir au soleil).

Pour nettoyer un fouet en cuir, essuyez chaque lanière avec un chiffon imbibé d'eau savonneuse ou de produit nettoyant pour le cuir, tel Lexol. Désinfectez à l'aide d'un tampon imbibé d'alcool isopropylique à 70 % et essuyez avec un chiffon trempé dans l'eau savonneuse. Ne rangez pas le cuir quand il est encore humide, pour éviter les moisissures. Utilisez un assouplisseur de cuir qui l'empêchera de se dessécher.

Liens

COME AS YOU ARE
 www.comeasyouare. come

GOOD VIBRATIONS
 www.goodvibes. com

PURPLE PASSION
 www.purplepassion. com

16

La Sexualité à risque et la santé gynécologique

Je souffre d'herpès.
Je ne m'en cache pas.

Croyez-vous que le fait de ne pas être sexuellement active avec des hommes vous protège des MST ? Si oui, vous n'êtes pas la seule ! De nombreuses lesbiennes pensent que leur lesbianisme exclusif les immunise contre ces maladies et même contre les ennuis gynécologiques. Ce n'est pas du tout le cas !

Malheureusement, en ce qui concerne les MST, quelques professionnels de la santé sont également de cet avis. Comme ils connaissent peu les pratiques sexuelles lesbiennes, ils supposent que les lesbiennes ne pratiquent pas la pénétration ou le sexe anal. Certains croient même qu'elles n'ont pas de rapports sexuels.

Le plus troublant est que les scientifiques qui étudient la transmission des MST n'en savent parfois guère plus. Dans leurs directives pour une sexualité à risques réduits, ils recourent à des expressions telles que « sexe oral » et « coït vaginal » sans vraiment les définir. Par « sexe oral », font-ils référence au cunnilingus ou seulement à la fellation ? La pénétration par godemiché est-elle un coït ? Comment savoir si cette pratique est sécuritaire ?

Peu d'études cliniques ont été réalisées sur la transmission des MST de femme à femme. Peut-on transmettre la chlamydia en partageant un gode avec une compagne infectée ? Peut-on transmettre l'herpès ou le trichomonase par le frottage ? Peut-on attraper le VIH en léchant une femme menstruée porteuse du virus ? Et l'hépatite ? Un médecin prudent vous dira que, oui, tous ces scénarios sont possibles, mais que les résultats des recherches ne permettent pas à l'heure actuelle d'apporter des réponses concluantes à ces interrogations.

Puisque les femmes qui font l'amour avec d'autres femmes sont le plus souvent exclues des recherches sur la santé, nos besoins ont été négligés. Jeanne Marrazzo, de la Lesbian-Bisexual Women's Health Study de l'Université de Washington, affirme que « parce que les lesbiennes ne correspondent pas à l'habituel profil de risque trop étroit et mal défini, on leur dit qu'en tant que lesbiennes ou bisexuelles il n'est pas nécessaire pour elles de subir un frottis Pap (frottis cervico-vaginal) ou un test de dépistage des MST.[79] »

Rien de tout cela n'inspire confiance quand vous êtes sur la table d'examen en chemise d'hôpital et que le médecin vous demande allégrement si vous êtes « active sexuellement » et quelle méthode contraceptive vous utilisez. Il n'est pas étonnant que rares soient celles qui dévoilent innocemment leurs habitudes et leur passé sexuels.

Mais si la recherche médicale contourne le problème de la transmission des MST de femme à femme et si vous ne vous sentez pas à l'aise d'en parler avec votre médecin, comment votre gynécologue saura-t-il ce qu'il lui faut surveiller ?

Parlez de sexe à votre médecin

Ainsi que le dit Tristan Taormino, « Ce n'est pas le moment, quand vous consultez votre gynécologue, de faire semblant d'être muette s'il ne vous pose aucune question. S'il ne vous demande rien, il vous revient de lui parler.[80] » Votre santé dépend de ce que vous dites à votre médecin traitant. Trouvez un médecin qui vous met à l'aise et auprès de qui vous pourrez vous exprimer librement. Même une gynécologue lesbienne ne peut pas deviner ce que vous faites au lit.

Ne comptez pas sur votre médecin pour vous aider à lui confier votre vie sexuelle. Les médecins américains, par exemple, bénéficient d'à peine 12 heures de formation en sexualité humaine. Le vôtre est sans doute encore plus embarrassé que vous de discuter des détails de votre vie sexuelle, surtout si peu de lesbiennes, de bisexuel(le)s ou de transgenderistes le consultent.

Charles Moser, auteur de *Health Care Without Shame : A Handbook for the Sexually Diverse and Their Caregivers*, vous incite à vous confier à

---

79. Jeanne Marrazzo, LesbianSTD.com, www.lesbianstd.com
80. Tristan Taormino, *The Ultimate Guide to Anal Sex for Women* (Cleis Press, 1997), 123.

votre médecin dès la première consultation, voire plus tôt[81]. N'attendez pas de soupçonner d'avoir contracté une MST. Que devriez-vous lui dire concernant votre vie sexuelle ? Voici quelques aspects qui, selon Moser, devraient être abordés :

- Vos pratiques sexuelles habituelles : sexe oral, pénétration vaginale ou anale par un godemiché, les doigts ou le poing.
- Les précautions que vous prenez.
- Le nombre de vos partenaires.
- Les pratiques auxquelles vous vous adonnez qui risquent d'occasionner des lésions cutanées (bastonnade ou perçage corporel, par exemple).
- Les structures familiales ou relationnelles que vous voulez prises en compte en ce qui concerne le droit de visite à l'hôpital ou les décisions concernant les soins à vous prodiguer[82].

Enfin, si le fait de vous confier à votre médecin vous embarrasse, certains intervenants du domaine de la santé vous suggèrent de lui dire que vous êtes sexuellement active et que vous désirez subir l'ensemble des tests de dépistage des MST.

Les soins gynécologiques

Toutes les femmes actives sexuellement devraient subir annuellement un examen gynécologique comprenant un frottis Pap, un examen pelvien et un examen des seins. Que vous ayez un(e) ou plusieurs partenaires, que vous ayez des rapports sexuels exclusivement avec des femmes ou avec des femmes et des hommes, des soins gynécologiques réguliers s'imposent. Cela, quelle que soit votre identité sexuelle : une butch intouchable requiert elle aussi des soins gynécologiques !

Si vous avez des relations sexuelles non protégées, demandez de subir les tests de dépistage des MST. Si vous pratiquez les relations anales, demandez un examen rectal. Certaines MST infectent le rectum autant que le vagin. Ainsi que vous le verrez ci-dessous, les MST ne présentent pas toujours de symptômes, ou présentent des symptômes faciles à confondre avec ceux de la simple grippe. Un frottis cervico-vaginal, une analyse sanguine ou une hémoculture pourraient être les seuls moyens pour vous de savoir que vous avez été exposée à une MST.

Si le médecin vous donne un diagnostic de MST ou que votre frottis Pap est anormal, vous recevrez un traitement approprié. Il est important que vous respectiez les directives que l'on vous donne concernant ce traitement et le suivi. Votre test Pap annuel ne préviendra le cancer que si vous recevez un traitement en cas de dysplasie ou de toute autre anomalie.

Consultez un gynécologue si la pénétration est douloureuse ou si vous remarquez un léger saignement après une pénétration par godemiché, par les doigts ou le poing. Il pourrait s'agir d'une petite lésion du col de l'utérus.

---

81. Charles Moser, Ph.D., M.D., *Health Care Without Shame : A Handbook for the Sexually Diverse and Their Caregivers* (Greenery Press, 1999), 39. www.bigrock.com/~grennery
82. Moser, *Health Care Without Shame,* 42-43.

Si vous constatez une éruption cutanée ou une ulcération aux organes génitaux ou à l'anus, ou encore des pertes anormales ou des saignements irréguliers, si vous avez des démangeaisons à la vulve, une irritation, des mictions douloureuses, des douleurs abdominales ou pelviennes, de la nausée, de la fatigue ou de la fièvre, consultez. Ne négligez pas ces symptômes.

Les MST et les problèmes gynécologiques

De nombreux problèmes gynécologiques se soignent facilement, mais si on les néglige, ils peuvent conduire à de graves ennuis de santé. Les MST bactériennes se traitent aux antibiotiques. Les MST virales sont « incurables », mais de nouveaux médicaments apportent un soulagement en cas de flambée, notamment en ce qui concerne les flambées d'herpès, et de nouveaux protocoles de traitement du VIH se sont révélés très efficaces dans de nombreux cas.

« Le latex protège n'importe quelle surface qu'il recouvre », disent les chercheurs de LesbianSTD.com[83]. L'usage du latex avec des accessoires pénétrants tels que godemichés et vibromasseurs empêche la transmission des MST bactériennes telles que la chlamydia et la gonorrhée. La pellicule moulante ou les gants de latex préviennent la transmission de virus tels que l'herpès et le papillomavirus. La pellicule moulante lors des rapports oraux représente une protection plus efficace que les digues dentaires conventionnelles qui sont trop petites. Bien entendu, si vous avez des rapports sexuels avec des hommes (pénis-vagin, pénis-anus ou fellation), utilisez un préservatif. (Voir le chapitre 4, « Le chemin du paradis mène à vous », pour des directives plus complètes concernant les méthodes de protection recommandées.)

Voici une brève liste des MST et des ennuis gynécologiques dont vous devriez tenir compte :

Les allergies et les sensibilités chimiques. Si les allergies ne sont pas transmissibles, elles n'en affectent pas moins la vie sexuelle. Les pertes vaginales, les démangeaisons, les irritations qu'elles entraînent peuvent vous inciter à confondre vaginose allergique et infection aux levures. Vous êtes peut-être sensible au latex, à la poudre des gants de latex, à la glycérine contenue dans certains lubrifiants, aux spermicides, aux microbicides tels le Nonoxynol-9 ou à d'autres produits. Le meilleur traitement consiste à s'abstenir d'utiliser l'irritant en question. Voir le chapitre 15, « Gadgets et attributs sexuels ». Pour de plus amples renseignements sur les lubrifiants. les allergies au latex et les fournitures de substitution.

Le Nonoxynol-9 est un détergent que renferment certains lubrifiants (et certains préservatifs lubrifiés) pour tuer le virus du VIH. Le Nonoxynol-9 irrite les muqueuses du vagin et du rectum chez de nombreuses femmes. Certains sexologues et médecins conseillent le Nonoxynol-9 lors de la pénétration pénis-vagin et pénis-anus en guise de protection supplémentaire contre la transmission du VIH[84]. D'autres affirment que les irritations dues

83. LesbianSTD.com. www.lesbianstd.com
84. Patricia Kloser et Jane MacLean Crag, *The Woman's HIV Sourcebook : A Guide to Better Health and Well-Being (*Taylor Publishing, 1994), 75 ; Roselyn Payne Epps et Susan Cobb Stewart (sous la direction de), *The American Medical Women's Association Guide to Sexuality (*Dell Books, 1996), 158 ; June M. Reinisch et Ruth Beasly, The Kinsey Institute New Report on Sex (St.Martin's Press, 1990), 591.

au Nonoxynol-9 l'emportent de loin sur les bienfaits de ce produit. Particulièrement en ce qui concerne les rapports anaux, ils conseillent fortement d'éviter le Nonoxynol-9[85] qui, en irritant les tissus rectaux, favorise la transmission du VIH au système sanguin. Une étude réalisée auprès d'un groupe de travailleuses du sexe de l'Afrique du Sud a montré que l'usage du Nonoxynol-9 provoque des lésions qui augmentent les risques de transmission du VIH[86].

Jeanne Marrazzo n'est cependant pas de cet avis. Selon cette dernière, le Nonoxynol-9 peut prévenir la transmission des MST de femme à femme tout en présentant un très faible risque de lésions vaginales du moment qu'on en fait un usage modéré. Elle conseille aux femmes de renoncer au Nonoxynol-9 si elles constatent une irritation[87].

LesbianSTD.com

J'étais folle de joie la première fois que j'ai visité le site LesbianSTD.com. Enfin ! un site Web consacré à mes préoccupations sur la protection sexuelle. Voici quelques-unes des choses que j'y ai apprises :

- Le papillomavirus, l'une des MST les plus communes, est la cause de verrues génitales et de tests Pap anormaux. Dans certains cas, il peut conduire au cancer de l'utérus.
- Le VIH est transmissible de femme à femme.
- La vaginose bactérienne est fortement associée aux accouchements prématurés et à une insuffisance de poids à la naissance.
- La vaginose bactérienne est souvent diagnostiquée chez les deux membres d'un couple lesbien.
- Le VIH et la vaginose bactérienne ont été détectés chez de nombreuses lesbiennes et bisexuelles, même chez celles qui n'ont jamais eu de rapports hétérosexuels antérieurement.
- La littérature médicale fait état de transmissions de femme à femme du VIH. Les véhicules et les causes les plus vraisemblables de cette transmission sont le sang menstruel, les pertes vaginales en présence de vaginite (le nombre de globules blancs renfermant le VIH est peut-être plus élevé à ce moment), et les pratiques sexuelles sanglantes.

La vaginose bactérienne. Cette affection se transmet de femme à femme à une telle fréquence qu'on la qualifie de « MST lesbienne[88] ». Une étude

85. Tristan Taormino, The Ultimate Guide to Anal Sex for Women (Cleis Press, 1997), XX.
86. « Nonoxy-0: May Increase HIV Risk », Reuters Health, compte rendu des travaux du Dr Roxana Rustomjee, Université de Natal, Afrique du Sud, 18 août 1999.
87. Jeanne Marrazzo, conversation avec l'auteur, 6 octobre 1999.
88. Kathleen Stine, « Sexual Minority Women and Vulvar-Vaginal Infections », Lesbian-Bisexual Women's Health Study, University of Washington Virology Research Clinic, 1999.

réalisée sur la santé des lesbiennes montre un taux de fréquence de 80 pour cent de la vaginose bactérienne chez les couples lesbiens monogames[89]. Mais il n'a jamais été médicalement démontré que la vaginose bactérienne, due à un déséquilibre des bactéries normalement présentes dans le vagin, soit transmise sexuellement[90]. Il n'en demeure pas moins que les couples devraient se faire examiner. Si vous avez des pertes vaginales jaunâtres malodorantes, un prurit ou des irritations, vous souffrez peut-être d'une infection vaginale. La vaginose bactérienne répond bien aux antibiotiques. N'utilisez qu'un lubrifiant à base d'eau dans le vagin, car il est difficile de rincer complètement un lubrifiant à base d'huile. Ne transmettez pas des bactéries anales au vagin. Enfilez un gant propre lorsque vous passez de la pénétration anale à la pénétration vaginale, ou lavez-vous les mains avec un savon antibactérien. Changez de préservatif lorsque vous passez à une autre activité ou que vous changez de partenaire.

La chlamydia et la gonorrhée. Selon la Lesbian-Bisexual Women's Health Study, la transmission de femme à femme de la chlamydia et de la gonorrhée « semble rare », bien qu'elle soit possible[91]. Pourquoi ne connaissons-nous pas avec précision la fréquence de transmission de la chlamydia et de la gonorrhée entre femmes ? Jeanne Marrazzo croit qu'il s'agit d'un problème de surveillance et de signalement. Tant la chlamydia que la gonorrhée infectent l'utérus et sont transmissibles par la pénétration. Les chercheurs assument que les lesbiennes ne pratiquent pas la pénétration. (Il est intéressant de noter que dans l'étude de Marrazzo sur la présence du papillomavirus chez les femmes qui ont des rapports sexuels avec d'autres femmes, 147 des 149 femmes interrogées avaient pratiqué la pénétration avec d'autres femmes au cours de l'année précédant l'enquête ![92]) En fait, Marrazzo est d'avis que la chlamydia et la gonorrhée peuvent être transmises par les mains ou par un gode. Un gode partagé, dit-elle, peut transporter la chlamydia et la gonorrhée d'un col de l'utérus à l'autre, tout autant qu'une main non lavée. Si vous pratiquez la pénétration du poing et qu'ensuite vous vous touchez sans vous être lavé les mains, vous pouvez attraper la chlamydia ou la gonorrhée[93]. Lavez-vous les mains avec un savon antibactérien quand vous changez de partenaire ou que vous passez à une autre activité, et avant de vous toucher[94]. Enfilez un préservatif ou un doigt de gant sur les gadgets que vous partagez et portez des gants.

---

89. J. Marrazzo, L. A. Koutsky, K. Stine et S. Hillier, « Prevalence and Microbiology of Bacterial Vaginosis in Lesbians », LesbianSTD. com, www.lesbianstd.com
90. Marrazzo, conversation, 6 octobre 1999.
91. Stine.
92. Jeanne M. Marrazzo, Laura A. Koutsky, Kathleen L. Stine, et al., « Genital Human Papillomavirus in Women Who Have Sex with Women », *Journal of Infectious Diseases,* vol. 178, 1604-609, 1998. Marazzo a constaté que des 149 femmes étudiées, 147 avaient eu des relations vaginales digitales avec d'autres femmes au cours de l'année précédente. Au cours de la même année, le même nombre avaient pratiqué le cunnilingus, plus de la moitié avaient pratiqué la pénétration par godemiché, plus de la moitié avaient eu des relations anales avec des femmes, et un peu plus d'un tiers avaient pratiqué l'anilingus.
93. Marrazzo, conversation, 6 octobre 1999.
94. *Ibid.*

Le fait de nous confier l'une l'autre notre passé sexuel et de négocier des pratiques plus sécuritaires a transformé ma vie : je me suis rapprochée de ma partenaire. Nous parlons aussi de ce qui nous excite.

La chlamydia, qui infecte 4 millions de personnes par an, est qualifiée d'« épidémie silencieuse » par certains sexologues, car elle est très souvent asymptomatique[95]. En fait, la plupart des femmes atteintes ne présentent aucun symptôme. D'autres constatent une perte vaginale jaunâtre, des mictions douloureuses, des douleurs abdominales ou des saignements irréguliers. Laissée sans traitement, la chlamydia peut conduire à une infection pelvienne inflammatoire (PID), qui est cause de stérilité. La chlamydia est due à la bactérie *chlamydia trachomatis* et répond bien aux antibiotiques.

Les symptômes de la gonorrhée ressemblent à ceux de la chlamydia : pertes vaginales, saignements irréguliers, symptômes de maladie pelvienne inflammatoire (PID). Il arrive aussi qu'elle soit asymptomatique. La gonorrhée, causée par la bactérie *neisseria gonorrheae,* répond bien aux antibiotiques.

L'*hépatite* est une inflammation du foie causée le plus souvent par trois souches virales : le virus de l'hépatite A (HAV), le virus de l'hépatite B (HBV) et le virus de l'hépatite C (HCV). Parmi les symptômes, on note la fatigue, la dépression, la nausée, la perte d'appétit, la fièvre, les frissons, les douleurs stomacales, les malaises généralisés, la diarrhée, la perte de poids, les céphalées et la jaunisse. Certains individus porteurs du virus sont asymptomatiques. Une analyse sanguine révèle la présence de l'hépatite. Dans bien des cas, il s'agit d'une maladie chronique. Si vous êtes atteinte d'hépatite B ou C, ne partagez pas votre brosse à dents, votre rasoir, vos instruments de perçage ou de scarification et n'exposez pas vos partenaires à votre sang menstruel.

L'*hépatite A (HAV).* L'anilingus non protégé, sans distinction de sexe, favorise la transmission de l'hépatite A. Si vous pratiquez l'anilingus sans protection, faites-vous vacciner contre l'hépatite A et utilisez une protection en latex ou en pellicule moulante lors d'un rapport oral-anal.

L'*hépatite B (HBV).* Le cunnilingus, surtout pendant les menstruations, favorise la transmission de l'hépatite B, mais ce virus est plus susceptible de se transmettre lors du partage de seringues pour l'injection de drogues par voie intraveineuse, d'aiguilles de tatouage ou de perçage, et de piqûres accidentelles. Si vous pratiquez le cunnilingus sans protection avec une partenaire menstruée ou si vous vous adonnez à des pratiques sexuelles sanglantes quelles qu'elles soient, faites-vous vacciner contre l'hépatite B. Utilisez une digue en latex ou en pellicule moulante pour le cunnilingus.

L'*hépatite C (HCV).* On estime à plus de 5 millions le nombre d'individus atteints d'hépatite C aux États-Unis seulement, et à quelque 200 millions dans le monde entier. Dans la plupart des cas, l'hépatite C demeure asymptomatique pendant des années, voire des décennies, avant de progresser vers une atteinte hépatique aiguë. De très nombreuses personnes atteintes d'hépatite C ignorent qu'elles ont été contaminées. Manifestement, l'hépatite C est épidémique[96].

95. Unspeakable.com, www.unspeakable.com/facts/chlamydia.html
96. C. Everett Koop, www.epidemic.org

Le risque de transmission sexuelle de l'hépatite C n'a pas encore été déterminé, bien que celui-ci soit vraisemblablement plus élevé lors de rapports sanglants sadomasochistes ou en cas de contact avec du sang lors des rapports sexuels. L'hépatite C *pourrait* aussi être transmise de femme à femme, par le cunnilingus en période de menstruations. L'hépatite C se transmet le plus souvent lors du partage de seringues pour l'injection de drogues par voie intraveineuse et d'instruments de perçages ou de tatouage, ou lors d'une piqûre accidentelle. Utilisez une digue dentaire ou d'autres formes de protection pour prévenir la transmission pendant le cunnilingus. Il n'existe pas de vaccin contre l'hépatite C.

L'herpès. On estime à 150 millions le nombre d'Américains qui ont été exposés au virus de l'herpès[97]. L'herpès est une MST virale chronique extrêmement contagieuse.

- La plupart des personnes atteintes de l'herpès ne savent pas qu'elles ont été contaminées.
- La plupart des gens croient que ce virus ne se transmet que pendant sa phase active. Faux. Le virus de l'herpès est transmissible en période d'élimination du virus même en l'absence de symptômes visibles.
- L'herpès se transmet par contact cutané, y compris par le frottage (sans vêtements), et par le contact main-vulve ou main-anus.
- Les lésions herpétiques peuvent apparaître non seulement *sur* les organes génitaux, mais sur les zones avoisinantes. Les préservatifs et les digues dentaires n'offrent sans doute pas une protection suffisante contre la transmission lors d'une flambée du virus.
- L'herpès peut se transmettre d'une muqueuse à l'autre: de vulve à bouche et de bouche à vulve. La partenaire réceptrice dans un cunnilingus peut contracter l'herpès génital au contact d'une partenaire atteinte d'herpès buccal. La partenaire agissante dans un cunnilingus peut contracter l'herpès buccal au contact d'une partenaire atteinte d'herpès génital.

L'herpès est dû à deux virus: *L'herpès simplex type 1 (HSV-1)*, c'est-à-dire l'herpès buccal, et l'*herpès simplex type 2 (HSV-2)*, c'est-à-dire l'herpès génital. Une éruption est souvent précédée de symptômes similaires à ceux de la grippe, ou de démangeaisons et de chatouillements de la zone affectée. Un système immunitaire affaibli ou le stress peuvent favoriser une éruption du virus. Les professionnels de la santé diagnostiquent l'herpès génital par un examen visuel et une analyse des tissus de la lésion. L'herpès est incurable, mais il existe des médicaments qui peuvent prévenir une flambée d'herpès ou en atténuer les symptômes. Portez des gants pour la pénétration des doigts ou du poing et utilisez une digue de pellicule moulante pour les rapports oraux. Enfilez un préservatif ou un doigt de gant sur vos accessoires. Changez de préservatif et de gant lorsque vous changez de partenaire.

Le *VIH (virus de l'immunodéficience humaine)* se transmet lorsque le sperme, le sang, les sécrétions vaginales ou le lait maternel d'une personne

97. *The American Medical Women's Association Guide to Sexuality*, Roselyn Payne Epps et Susan Cobb-Stewart (sous la direction de). (New York: Dell Books, 1996), 140.

infectée pénètrent dans le système sanguin. De minuscules lacérations ou irritations de la bouche, de l'anus, du vagin ou de la peau favorisent la transmission du VIH. Les lésions herpétiques ou d'autres MST sont des voies de transmission reconnues. Voilà pourquoi le risque d'infection par le VIH augmente si vous êtes atteinte d'une MST.

Le VIH étant présent dans le sang et dans les sécrétions vaginales, il est possible de le transmettre en pratiquant le cunnilingus sans protection surtout lorsque la partenaire réceptrice est menstruée et que la partenaire agissante a des lésions buccales ou des saignements aux gencives. Quoique rare, la transmission du VIH de femme à femme est possible. Le plus souvent, les femmes qui ont des rapports sexuels avec d'autres femmes acquièrent le virus lors du partage d'aiguilles avec une personne contaminée, à l'occasion d'une insémination artificielle ou lors de rapports hétérosexuels.

Les risques de transmission de femme à femme sont difficiles à évaluer, entre autres raisons parce que les modèles de signalement des cas d'infection par VIH ne tiennent pas compte des rapports sexuels lesbiens. Une lesbienne ou une femme bisexuelle porteuse du VIH qui a d'autres comportements à risque (par exemple, la pratique du coït anal non protégé avec un homme, l'usage de drogues par voie intraveineuse, le perçage ou le tatouage, le recours à du sperme non testé lors d'une insémination artificielle), n'est pas comptabilisée dans les cas de transmission de femme à femme.

La plupart des personnes porteuses du VIH ne présentent aucun symptôme, car le virus demeure latent pendant des mois et que des années peuvent s'écouler avant l'apparition des premières manifestations du sida. Les symptômes du VIH chez les femmes ressemblent à ceux d'autres MST : infections aux levures récurrentes ou qui répondent mal au traitement, ou maladie pelvienne inflammatoire (PID). Portez des gants pour la pénétration digitale ou du poing, et protégez-vous avec une pellicule moulante lors du cunnilingus. Recouvrez les accessoires d'un préservatif ou d'un doigt de gant. Ne partagez pas les aiguilles, les rasoirs, les instruments de perçage ou de scarification et n'exposez pas vos partenaires au sang de vos menstrues.

Le papillomavirus. Le papillomavirus est le plus souvent associé aux verrues génitales et anales et au cancer du col de l'utérus. On a du reste établi récemment que la presque totalité des cancers du col de l'utérus (99 pour cent) sont dus au papillomavirus. Toutefois, il semble que seules quelques-unes des nombreuses souches de ce virus soient responsables du cancer du col de l'utérus[98].

La transmission du papillomavirus de femme à femme semble certaine, même chez les femmes qui n'ont jamais eu de rapports hétérosexuels[99]. Selon certains sexologues, sa prévalence est telle, aux États-Unis, qu'il est omniprésent[100].

98. « Human Papillomavirus Is a Necessary Cause of Invasive Cervical Cancer Worldwide », par Jan M. M. Wallboomers, Marcel V. Jacobs, M. Michele Manos, et al., *Journal of Pathology*, vol. 189, première livraison.
99. Marrazzo, Koutsky, Stime, et al., « Genital Human Papillomavirus », 1604-1609.
100. Stine.

Comme l'herpès, le papillomavirus se transmet par contact cutané en période d'élimination du virus et même en l'absence de verrues génitales ou anales.

Le papillomavirus peut se transmettre par frottage (sans vêtements) et lors d'un contact main-vulve ou main-anus. On acquiert le papillomavirus en touchant la région affectée chez sa partenaire puis en touchant ses propres parties génitales sans s'être d'abord lavé les mains.

Comme pour l'herpès, le papillomavirus est transmissible d'une muqueuse à l'autre: de la vulve à l'anus à la bouche.

> Dès notre premier rendez-vous, j'ai avoué à ma partenaire que j'étais porteuse du VIH et que j'étais atteinte du papillomavirus. Quelle soirée intense! Nous avons aussi parlé de nos préférences sexuelles. La nuit qui a suivi ces longues confidences a été très *hot*!

La présence de verrues génitales ou anales pourrait vous alerter. La plupart du temps, cependant, le papillomavirus est détecté lors d'un frottis Pap. On procède alors à l'ablation des verrues génitales et anales externes ainsi qu'à une colposcopie du col utérin, à une biopsie et à d'autres procédures pour le diagnostic et le traitement des lésions cervicales. Le papillomavirus continue d'être contagieux suite à l'ablation des verrues et à la disparition de la dysplasie. Il est incurable, mais on peut prévenir le développement du cancer du col utérin par des examens et un suivi gynécologiques réguliers. Portez des gants lors de la pénétration digitale ou par le poing, et une protection de pellicule moulante lors des rapports oraux. Recouvrez vos accessoires d'un préservatif ou d'un doigt de gant. Enfilez un gant ou un préservatif propre lorsque vous changez de partenaire.

La *syphilis* est rarement transmise lors des rapports sexuels lesbiens, bien que la chose soit possible[101]. Son premier symptôme est l'apparition d'une lésion ou d'un chancre. Elle est due à la bactérie *treponema pallidum*. On la traite à la pénicilline. Abstenez-vous de tout rapport sexuel non protégé jusqu'à la guérison complète.

La *trichomonase* est transmissible lors des rapports sexuels lesbiens, par contact des sécrétions vaginales[102]. On la contracte en touchant la zone affectée de la partenaire puis en touchant ses propres parties génitales. Les partenaires d'une personne atteinte de trichomonase devraient subir un test de dépistage. La trichomonase peut demeurer latente pendant de nombreuses années. Ses symptômes ressemblent à ceux de la vaginose bactérienne: pertes vaginales, sensation de brûlure, irritation, miction douloureuse et mauvaises odeurs vaginales. Elle est causée par un protozoaire, le *trichomonas vaginalis*. Portez des gants lors de la pénétration digitale ou par le poing, et une protection de pellicule moulante lors des rapports oraux. Recouvrez vos accessoires d'un préservatif ou d'un doigt de gant. Enfilez un gant ou un préservatif propre lorsque vous changez de partenaire.

101. *Ibid.*
102. Marrazzo, conversation, 6 octobre 1999.

Les *infections urinaires*. Il ne s'agit pas à proprement parler de MST, mais les infections urinaires sont dignes de mention en raison de leurs fréquentes apparitions lorsque des bactéries pénètrent dans l'urètre pendant la pénétration. Souvent, les femmes qui ont des rapports sexuels après une période d'abstinence souffrent d'infections urinaires, et c'est pourquoi on leur a donné le surnom de « maladie de la lune de miel ». Vous savez que vous souffrez d'une infection urinaire lorsque vous ressentez un besoin constant et douloureux d'uriner, même quand votre vessie est vide. Si vous croyez avoir une infection urinaire, consultez un médecin immédiatement afin de prévenir une infection plus grave. Vous pouvez aider à prévenir les infections urinaires en buvant beaucoup d'eau (huit verres par jour) et en urinant avant et après les rapports sexuels vaginaux.

Les *infections aux levures*. Aux dires de la Lesbian-Bisexual Women's Health Study, on ignore si les infections aux levures sont transmissibles sexuellement de femme à femme[103]. Dieu sait qu'elles sont très courantes ! Les infections aux levures sont dues à un déséquilibre des levures normalement présentes dans le vagin. On croit que l'ingestion de grandes quantités de sucre peut les aggraver — certaines femmes constatent que cela inclut l'usage de lubrifiants contenant de la glycérine —, de même que le stress ou le port de vêtements humides. Une perte vaginale blanche et compacte, des démangeaisons et une sensation de brûlure dans le vagin en sont les principaux symptômes. Les infections aux levures se traitent au moyen d'un antifongique. Les infections récurrentes ou qui répondent mal au traitement sont parfois un indice de diabète, de VIH ou d'herpès.

Que faire quand votre partenaire refuse toute protection ?

Vous avez le droit d'employer des méthodes de protection même si votre partenaire refuse de croire que les MST sont transmissibles sexuellement de femme à femme.

Les méthodes protectrices doivent faire partie de toute négociation sexuelle. Comme pour tout autre aspect de votre communication, vous devez savoir ce que vous voulez pour être en mesure d'en faire part à votre partenaire. Quels sont vos critères en matière de sexualité à risques réduits ? Exigez-vous la digue dentaire pour l'anilingus ? Le gant pour la pénétration du poing ? Dites-le à votre compagne.

Si une femme refuse toute protection lors des caresses buccales, qu'elle refuse de porter un gant pour la pénétration, qu'elle refuse d'enfiler un préservatif sur son gode ou d'utiliser un lubrifiant, rien ne vous oblige à avoir des rapports sexuels avec elle. De nombreuses femmes aimeraient avoir des relations sexuelles avec vous tout en respectant vos exigences en matière de santé !

103. Stine.

Les rapports sexuels à risques réduits : ce n'est pas seulement une question de latex

Les femmes de AABL/The Northwest Network of Bisexual, Trans and Lesbian Survivors of Abuse nous rappellent que les rapports sexuels à risques réduits ne se limitent pas aux rapports protégés. La sécurité affective et physique doit également être prise en compte. Comment savoir si vous vivez une relation de violence ? Voici quelques interrogations qui vous y aideront :

- Vous arrive-t-il souvent d'avoir des rapports sexuels pour « éviter les problèmes » ou parce que vous êtes lasse de résister ?
- Votre partenaire vous a-t-elle déjà forcée à avoir des relations sexuelles contre votre gré ?
- Votre partenaire a-t-elle refusé de se protéger en dépit de vos demandes ?
- Votre partenaire se moque-t-elle de votre sexualité ? Est-ce qu'elle vous ridiculise en raison de votre poids ou de votre apparence ? Vous méprise-t-elle ou vous humilie-t-elle lors de vos rapports sexuels ?
- Votre partenaire exige-t-elle que vous lui fassiez part de vos masturbations ? Est-elle d'avis que vous ne devriez pas vous masturber parce que la masturbation équivaut à une trahison ?
- Votre partenaire exige-t-elle que vous lui fassiez part de vos fantasmes ? Vous rend-elle honteuse de vos désirs ou de vos fantasmes sexuels ?
- Votre partenaire vous accuse-t-elle de la tromper ? Menace-t-elle de vous tromper bien que vous ayez convenu d'une relation monogame ?
- Votre partenaire vous a-t-elle déjà accusée de n'être pas une « vraie » lesbienne ?

Si vous croyez être dans une relation de violence psychologique ou physique, cherchez de l'aide. Contactez le service de téléassistance pour la violence domestique et sexuelle de votre localité ou de votre région. Certains de ces services font appel à des volontaires sensibles aux lesbiennes et aux transgenderistes. N'oubliez pas que les lesbiennes et les femmes bisexuelles ont fait beaucoup de bénévolat dans les centres régionaux féministes contre la violence faite aux femmes (dans certains cas, elles les ont fondés). Mais sachez que les bénévoles qui œuvrent au sein de ces organismes ne comprennent pas tout et ne sont pas tous sensibles aux besoins des clients bisexuels, transgenderistes ou lesbiens. Contactez l'association des gais et lesbiennes de votre région pour trouver des centres d'aides dans votre région.

Source des encadrés : LesbianSTD.com, reproduit avec la permission de www.lesbianstd.com
« La sexualité à risques réduits : ce n'est pas qu'une question de latex », tiré d'une brochure de la AABL/The Northwest Network of Bisexual, Trans and Lesbian Survivors of Abuse. Reproduction autorisée.

Que faire si vous avez une MST ?

> Parfois, je me sens sale et j'ai l'impression que personne ne voudra de moi. Quand ma copine ne veut pas faire l'amour avec moi, j'en déduis tout de suite que c'est à cause de mon hépatite, même si je sais que cela ne concerne qu'elle, comme elle me l'a souvent dit. Tout de même... si j'y pense trop, je m'en veux d'avoir attrapé l'hépatite C.

Les soins gynécologiques ne suffisent pas. Assurez-vous d'obtenir tout le soutien psychologique dont vous avez besoin. Une MST peut détruire l'estime de soi. Vous avez honte, vous croyez ne pas avoir droit aux caresses. Étant donné que même dans les milieux les plus progressifs on tend parfois à envisager les MST d'un point de vue moral plutôt que physique, vous pourriez avoir l'impression que toute vie sexuelle vous est interdite. Vous avez pourtant droit au plaisir autant que jamais, mais *vous devez prendre la responsabilité* de ne pas transmettre votre MST à vos partenaires. Les rapports sexuels protégés vous empêcheront aussi d'aggraver votre cas par une autre MST.

Voici quelques aspects dont vous devriez tenir compte :

- *Faites-vous soigner.* N'essayez pas de poser vous-même un diagnostic et de vous administrer un traitement.
- *Obtenez un suivi gynécologique.*
- *Prévenez vos partenaires* afin qu'elles se soumettent à des tests de dépistage.
- *Prenez soin de vous-même* comme vous le feriez pour n'importe quelle autre maladie. Évitez les occasions de stress, alimentez-vous convenablement, accordez-vous huit heures de sommeil chaque nuit.
- *Ne vous flagellez pas (psychologiquement, s'entend !).* Les maladies transmises sexuellement sont dues à des bactéries et à des virus, non pas à une dépravation morale !
- *Soyez responsable.* Ne transmettez pas votre MST à vos partenaires. Pratiquez une sexualité à risques réduits (voir le Chapitre 4, « Le chemin du paradis mène à vous », ainsi que les pages qui précèdent).
- *Faites part de votre MST à vos nouvelles partenaires.* Elles sont responsables de leur santé sexuelle comme vous êtes responsable de la vôtre. Votre franchise leur permettra de prendre des décisions éclairées.
- Il existe dans certains milieux des groupes de soutien pour les femmes atteintes d'herpès et d'autres MST. S'il n'y a pas de structure formelle de soutien dans votre localité, sollicitez l'appui de vos amies ou recherchez un groupe de soutien en ligne. Il est important de pouvoir se confier à quelqu'un.
- N'oubliez pas que vous avez le droit d'avoir une vie sexuelle enrichissante et saine. Ce n'est pas parce que vous avez contracté une MST que vous perdez ce privilège ! *Soyez prudente !*

Bibliographie et ressources

Livres

Érotisme

Best Lesbian Erotica 2000, textes choisis et présentés par Joan Nestle, directrice de la collection Tristan Taormino, San Francisco, Cleis Press, 2000.

Best Lesbian Erotica 1999, textes choisis et présentés par Chrystos, directrice de la collection Tristan Taormino, San Francisco, Cleis Press, 1999.

Best Lesbian Erotica 1998, textes choisis et présentés par Jewelle Gomes, directrice de la collection Tristan Taormino, San Francisco, Cleis Press, 1998.

Histoires qui fondent sous la langue, collectif, Paris, Éditions de La Cerisaie, 2003.

Hot and Bothered: Short Fiction of Lesbian Desire, sous la direction de Karen X. Tulchinsky, Vancouver, Arsenal Pulp, 1998.

Pillow Talk: Lesbian Stories Between the Covers, sous la direction de Lesléa Newman, Los Angeles, Alyson Publications, 1998.

AUBONEUIL, Anne. *Le bouillon de Sylvaine*, Paris, Éditions Double Interligne, 1998.

AUGER, Louise. *Ev Anckert*, Laval, Éditions Trois, 1994.

BAILLY, Cécile. *Malice*, Paris, KTM Éditions, 1999.

GARRÉTA, Anne F. *Pas un jour*, Paris, Éditions Grasset, 2002.

GONZALEZ-FREI, Irène. *Ton nom écrit sur l'eau*, Paris, Éditions Robert Laffont, 1997.

MATSUURA, Rieko. *Natural Woman*, Paris, Éditions Philippe Piquier, 1996.

ROFFINELLA, Martine. *Les indécises*, Paris, Éditions Phébus, 2002.

WATERS, Sarah. *Caresser le velours*, Paris, Éditions Denoël, 2002.

YUNG, Cy. *Cul nu*, Paris, KTM Éditions, 2001.

YUNG, Cy. *Es ist eine Poulette*, Paris, KTM Éditions, 2000.

YUNG, Cy. *Once upon a poulette*, Paris, KTM Éditions, 1998.

Essais

Attirances: lesbiennes fems / lesbiennes butchs, sous la direction de Christine Lemoine et Ingrid Renard, Paris, Éditions Gaies et Lesbiennes, 2001.

BONNET, Marie-Jo. *Les deux amies*, Éditions Blanche, 2000.

BONNET, Marie-Jo. *Les relations amoureuses entre les femmes*, Éditions Odile Jacob, 2001.

CASTANEDA, Marina. *Comprendre l'homosexualité*, Paris, Éditions Robert Laffont, 1999.

CLIFFORD BARNEY, Natalie. *Éparpillements*, Paris, Éditions Persona, 1982.

DE BEAUVOIR, Simone. *Le Deuxième sexe*, Paris, Éditions Gallimard, 1986.

DUFFY, Léa. *Féminin Féminin*, Paris, Éditions Fixot, 1996.

LABELLE, Anne-Marie. *Scènes de vies conjugales – Les Femmes*, Montréal, Éditions Labelle, 2002.

LAMBLIN, Bianca. *Mémoires d'une jeune fille dérangée*, Paris, Éditions Poche, 1997.

LE GARREC, Évelyne. *Des Femmes qui s'aiment*, Paris, Éditions du Seuil, 1984.

PERRIN, Élula. *Bulles et noctambules*, Paris, Éditions Double Interligne, 2000.

PERRIN, Élula. *Les Femmes préfèrent les femmes*, Paris, Éditions J'ai Lu, 2000.

SAVARD, Claudette. *L'Amour entre elles : une réalité méconnue*, Montréal, Éditions de L'Homme, 1999.

Manuels et guides sexuels

BRIGHT, Susie. *Susie Sexpert's Lesbian Sex World*, San Francisco, Cleis Press, 1998.

CASTER, Wendy. *The Lesbian Sex Book*, Los Angeles, Alyson Publications, 1993.

DION, A.H. *The Strap-On Book*, Oakland, Greenery Press, 1999.

DODSON, Betty. *Sex for One : The Joy of Selfloving*, Phoenix, Crown Press, 1996.

DOUGLASS, Marcia et Lisa DOUGLASS. *Are We having Fun Yet? The Intelligent Woman's Guide to Sex*, New York, Hyperion Books, 1997.

SEMANS, Anne et Cathy WINKS. *The New Good Vibrations Guide to Sex*, San Francisco, Cleis Press, 1997.

TAORMINO, Tristan. *The Ultimate Guide to Anal Sex for Women*, San Francisco, Cleis Press, 1997.

Orgasme

BARBACH, Lonnie. *L'accomplissement sexuel de la femme*, Paris, Éditions Buchet-Chastel, 1997.

HEART, Miyaka. *When the Earth moves : Women and Orgasm*, Berkeley, Celestial Arts Publishing, 1998.

HEIMAN, Julia R. et Joseph LOPICCOLO. *Becoming orgasmic : A Sexual and Personal Growth Program for Women*, New York, Fireside/Simon & Schuster, 1993.

Romans

AMORI, Murielle. *Le Beau Sexe*, Paris, Éditions Pocket, 1999.

ANCHEE, Min. *L'Azalée Rouge*, Paris, Éditions J'ai Lu, 1998.

BAILLY, Cécile. *Émois et moi*, Paris, KTM Éditions, 2000.

BANK, Melissa. *Manuel de Chasse et de Pêche à l'usage des filles*, Paris, Éditions Rivages Poche, 1999.

BEST, Mireille. *Hymne aux Murènes*, Paris, Éditions Gallimard, 1986.

BOURASSIN, Catherine. *Gais Matins*, Paris, Éditions de La Cerisaie, 2002.

BROSSARD, Nicole. *Baroque d'aube*, Montréal, Éditions L'Hexagone, 1995.

COMPAGNY, Flavia. *Donne-moi du Plaisir*, Paris, Éditions Flammarion, 2001.

DE MONFERRAND, Hélène. *Les Enfants d'Héloïse*, Paris, Éditions de La Cerisaie, 2002.

DUMAS, Cécile. *Taille unique*, Paris, KTM Éditions, 2001.

DUREUIL, Valérie. *Folles avoines*, Paris, Éditions de La Cerisaie, 2002.

FLAGG, Fanny. *Beignets de Tomates Vertes*, Paris, Éditions J'ai Lu, 1993.

FRANÇOIS, Jocelyne. *Les amantes*, Paris, Éditions Gallimard, 1998.

GIRARD, Éliane. *Magali, Yourcenar et moi*, Paris, Éditions JC Lattès, 2003.

HABERSAAT, Edith. *La vie d'en face*, Paris, Éditions L'Harmattan, 2000.

HIGHSMITH, Patricia. *Carol – Les Eaux dérobées*, Paris, Éditions LGF, 1991.

JAPP, Andréa. *Et le désert*, Paris, Éditions Flammarion, 2000.

MAHÉ, Anne-Laure. *360, rue des degrés*. Paris, Éditions de La Cerisaie, 2002.

MALLET, Axelle. *Retour de flamme*, Paris, KTM Éditions, 2003.

MCNAB, Claire. *Antipodes*, Paris, KTM Éditions, 2002.

O'CONNELL, Tyne. *Sexe, mensonges et quiproquos*, Paris, Éditions J'ai Lu, 2000.

OLIVIER, Corinne. *So*, Paris, KTM Éditions, 2001.

PASTRE, Geneviève. *Ondes Concentriques*, Paris, Éditions Geneviève Pastre, 2000.

SCHULMAN, Sarah. *Rat Bohemia*, Paris, H&O Éditions, 2002.

SCHWARZENBACH, Anne-Marie. *La Mort en Perse*, Paris, Éditions Payot, 1997.

SCOPPETTONE, Sandra. Je te quitterai toujours, Paris, Éditions Pocket, 2001.

SCOPPETTONE, Sandra. *Toi ma douce introuvable*, Paris, Éditions Pocket, 2001.

SCOPPETTONE, Sandra. *Tout ce qui est à toi*, Paris, Éditions Pocket, 2000.

SCOTT, Anne. *Superstars*, Paris, Éditions Flammarion, 2000.

VALDES, Zoé. *Cher Premier amour*, Paris, Éditions Actes Sud, 2000.

VERFLOEDE, Élisa. *Latence*, Paris, KTM Éditions, 2000.

WALKER, Alice. *La couleur pourpre*, Paris, Éditions J'ai Lu, 1999.

Santé et corps féminin

ENSLER, Eve. *Monologues du vagin*, Paris, Éditions Balland, 1999.

LOVE, Susan M. et Karen LINDSEY. *Dr. Susan Love's Breast Book*, Oxford, Perseus Press, 1995.

LOVE, Susan M. et Karen LINDSEY. *Dr. Susan Love's Hormone Book : Making Informed Choices About Menopause,* New York, Random House, 1998.

PEPPER, Rachel. *The Ultimate Guide to Pregnancy for Lesbians : Tips and Techniques from Conception to Birth – How to Stay Sane and Care for Yourself*,

San Francisco, Cleis Press, 1999.

WILTON, Tamsin. *Good or You : A Handbook on Lesbian Health and Wellbeing,* London, Cassel Press, 1999.

Magazines

Angleterre

Diva Magazine
116-134 Bayham St., Londres NW1 OB4
http://www.divamag. co. uk/diva/

Canada

Entre-elles
Casier Postal 24068, Comptoir postal de La Pointe, Québec,
H1A 4Z2
Téléphone : 514-642-0491

Siren Magazine
Box 266, 128 Danforth Avenue, Toronto, Ontario, M4K 1N1
http://www.siren.ca/

France

Lesbia Magazine
20 rue Émile-Lepeu, 75011 Paris
http://www.lesbia-magazine. com/

La dixième Muse
Les éditions lydiennes
128 rue du Fg de Douai
59000 Lille
http://www.ladixiememuse. com/mag/

Films

Aimée et Jaguar, Max Van Färberböck, 1999.

Amours mortelles, Damian Harris, 1999.

Anne Trister, Léa Pool, 1986.

Avec ou sans hommes, Herbert Ross, 1995.

Bar Girls, Anne Wheeler, 2000.

Beignets de tomates vertes, Jon Avnet, 1991.

Better than Chocolate, Anne Wheeler, 1999.

Bound, Andy et Larry Wachowski, 1995.

Boys Don't Cry, Kimberly Peirce, 1999.

But I am a Cheerleader, Jamie Babbit, 1999.

Butterfly Kiss, Michael Winterbottom, 1994.

Chutney Popcorn, Nisha Ganatra, 2000.

Claire of the Moon, Nicole Conn, 1992.

Créatures célestes, Peter Jackson, 1994.

Desert Hearts, Donna Deitch, 1985.

Fire, Deepa Mehta, 1996.

Forbidden Love, Aerlyn Weissman et Line Fernie, 1987.

Fucking Amal, Lukas Moodysson, 1999.

Gazon Maudit, Josiane Balasko, 1994.

Go Fish, Rose Troche, 1994.

High Art, Lisa Cholodenko, 1998.

If These Walls Could Talk 2, Jane Anderson et Martha Coolidge, 2000.

It's in the Water, Kelly Herd, 1997.

Julie Johnson, Bob Gosse, 2001.

Le jupon rouge, Geneviève Lefebvre, 1987.

Les galons du silence, Jeffrey A. Bleckner, 1994.

Muriel fait le désespoir de ses parents, Philippe Faucon, 1995.

Rebelles, Léa Pool, 2001.

Siren, Sarah Swords, 1999.

Stolen moments, Margaret Wescott, 1997.

The Company of Strangers, Cynthia Scott, 1990.

The Hunger, Tony Scott, 1983.

The Incredibly true adventure of two girls in love, Maria Maggenti, 1994.

Thelma et Louise, Ridley Scott, 1990.

When Night is falling, Patricia Rozema, 1996.

Table des matières

Achevé d'imprimer au Canada
en septembre 2003
sur les presses de Transcontinental
Division Imprimerie Interglobe